路上觀察學入門

赤瀬川原平
藤森照信
南 伸坊——合編

目錄

四——觀察之眼

一、宣言

我如何成為路上觀察者

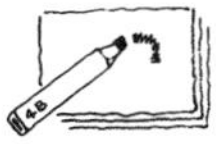

赤瀨川原平

就像考現學出現時一樣。或許「考現學／路上觀察」的眼光，
就是在破壞與重建的交會點才得以啟蒙吧。

就讓我說說自己的例子吧。

我小時候就是藝術家。說來不好意思，我其實是不擅長打架的強壯小孩；也不是那種擅長指使別人動粗，有領導力的孩子王；沒有商業頭腦、不愛唸書，除了畫畫之外沒有別的興趣跟專長，幸好畫出來的作品還常得到稱讚。

以前的兒童畫都是寫實主義，跟現在舉目所見野獸派的畫風完全不同。當時的美術教育並不鼓勵孩子自由表達感受，要求嚴格，一定要把眼中所見的景物如實描繪出來，千篇一律都在寫生。對我而言，寫生其實就是一種觀察。

此外，一直到初中二年級，我尿床的情形相當嚴重。由於尿床這件事完全無法控制，我開始懷疑自己的身體，連帶也懷疑起整個世界。這促使我對周遭事物產生強烈的觀察欲，觀察範圍包括我個人世界的重要支柱——父母，以及其他親人、住的房子，還有身邊各種東西。

還有，在我剛步入青年時期，為了打工在身上掛著廣告板，長時間站在路旁當「三明治人」。打工時只能站在街角，完全不能自由活動，如果腦海一片空白恐怕會非常無聊，所以我在許可範圍內開始從事眼球運動，觀察起路上各種事物，包括路人的衣著、表情、走路節奏，還有街道的轉角、路上的擺設、掉在地上的東西、馬路的寬窄、電線桿的傾斜度等。因為擔心看膩了無事可作，所以對於任何細節或些微動靜都不能放過，這幾乎已內化為我體內的基本脈動。

當藝術少年成長為藝術青年，創作欲也開始擴張，無法再侷限於方方正正的畫框內。這時，所謂的藝術已經逸出在畫布上用畫筆、顏料構成作品。彷彿為了逃避，或是急於想尋求出口，我使用生鏽的鐵釘或鐵絲、壞掉的燈泡、破損的舊輪胎等雜物，當成「作畫」的「顏料」。只要稍加留意，所有無用的廢棄物都能取代畫布、畫筆跟顏料；彷彿藝術的本質經過昇華，超越畫框限制，擴散至日常生活空間。當時正值一九六〇年，國會前原本筆直的馬路變得曲折，布滿障礙，整座城市呈現非常時期的景象。（譯註1）

就這樣，我以藝術家的眼光挖掘日常生活的平凡事物，只為尋找適合的「顏料」；我在街上到處物色垃圾、破銅爛鐵，多半是些普通的日用品。不論身處室內或戶外，我都習慣沿途邊走邊看，這時，我的藝術眼光開始轉向藝術以外的領域，甚至還跑到市郊的垃圾回收場。人類在生活中產生的廢棄物堆積如山，種類包羅萬象，這種非刻意形成的聚集物本身極具震撼力，遠超過藝術家有意識的創作。

後來，我雖然持續進行藝術創作，但作品數量日漸減少。與其純粹擷取日用品作為裝置藝術，我更傾向於把人們的舉止反應當成偶發藝術（譯註2）。藝術一旦發展到這個階段，已脫離空間、物件或生活的範疇，僅留下觀察人類生活世界的眼光。

後來遭到起訴的作品《千圓鈔》，正是我從靜物裝置藝術過渡到偶發藝術的分水嶺。為了舉證抗辯，我開始收集市面上各種各樣的玩具鈔票，同時也留意散布在生活四周的印刷品，如傳單、報紙廣告、街道旁的告示等，進而收集觀察火柴盒標籤、日本酒的酒標、納豆的包裝紙等商品外包裝；其間為了收集宮武外骨（譯註3）的出版品頻跑舊書店，因而接觸到今和次郎、吉田謙田的「MODERNOLOGIO」，才首次知道有考現學這門學問。回想起來，大約是一九六八、六九年左右的事吧。

一九七〇年代，我以〈櫻畫報〉為手段，進行對各報章雜誌的諧擬、反諷，其中也包含我對世上各種事物的符號學觀察，可說是具體將「路上觀察」的精神發揮在平面媒體的成果。

我也在一九七〇年開始擔任美學校（譯註4）的講師，將考現學當做授課主題，藉著極度放大、臨摹報紙角落的內容或雜誌中的低俗小廣告，在平面媒體上進行「路上觀察」實驗。我也帶著學生們走上街頭，實地觀察牆壁或電線桿上的告示、海報、標識、招牌等，觀察它們所傳達的訊息。每當我們看到路旁堆放的木材，或是發現任何尋常物件呈現非尋常的狀態，乃至道路施工挖掘出的坑洞與土堆、閃閃發光的警告號誌等物體，就會指著這類東西說：

「現代藝術耶！」

這當然是針對那些只存在於展覽廳的藝術形式的一種調侃。從這裡開始延伸，一九七二年我和松田哲夫、南伸坊在四谷的祥平館旅館外牆發現「純粹階梯」，並從中發掘出「超藝術」的成分；後來還賦與它一個專有名詞，稱其為「湯馬森」（Thomasson）（譯註5）。

所謂「湯馬森」，是指城市建築遺留下來的各種無用之物；必須對生活環境有非常仔細地觀察，才能研判一個物件究竟是真的「湯馬森」、還是疑似「湯馬森」。可以說，「湯馬森」是人類行為、意識、情感與經濟活動加乘的總和，再經去除後留下的殘留物；我們不僅四處探查湯馬森，也以考現學的眼光，觀察人類社會生態與結構的細節。

「超藝術湯馬森」出現在一九七〇年代初

期，那時主張打倒一切的各種社會運動剛結束，人行道的地磚都被撬起來，派出所也被放火燒了，大家都恣意走在車道上。城市樣貌天翻地覆。

就像迷你版的關東大地震吧。

大地震之後，所有事物都分崩離析，變成毫無價值的碎片，舉目所見盡是一片荒野。人們從搭建臨時克難屋開始，一點一滴地重建城市。今和次郎的考現學，就是在那樣的時代背景誕生。

這麼說來，正是一九六〇年安保鬥爭之下的社會動盪，使藝術逸出校園，擴及生活領域；就像考現學出現時一樣。或許「考現學／路上觀察」的眼光，就是在破壞與重建的交會點才得以啟蒙吧。

高舉「路上觀察」的大旗

藤森照信

「最後的自由」……似乎有點誇張，更具體地說，應該是當我們在街上漫步，發現有趣的東西時會感到如釋重負，彷彿這時眼睛才又真正屬於自己，整個城市似乎也比較令人自在。

現在這個時代，**連神也隱藏在路上**。如果說得更具體一點，整個時代的趨勢如下：

紙上↓路上

鑑賞↓觀察

大人的藝術↓兒童的科學

空間↓物件

接下來，就讓我為各位說明：為什麼會變成這種下場。

*

首先，談談今和次郎這個人。

他從小就是個藝術家，個子小小的，臉長得就像隻小猴子，功課不好，只喜歡畫畫。他的老家在青森縣的弘前市，唸小學的時候，就自己一個人沿街一棟棟畫下寺町一帶的房子。

由於小時候就有這種傾向，他長大後自然而然養成「觀察」的習慣，師事柳田國男，開始進行田野民俗調查。大正六年（一九一七）至十一年（一九二二）間，今和次郎跟隨柳田至各地農村，以素描記錄傳統民屋的茅草屋頂，從中練就採集與觀察的方法。然而，經過五、六年之後，他漸漸對柳田民俗學感到「莫大的空虛」。

冥冥中彷彿自有安排。大正十二年（一九二三），東京因關東大地震受到重創，在一片焦土中，他著手進行兩件工作。

其中之一是，利用現成的材料，裝飾臨時搭建的克難屋。他與美術學校的伙伴組成「克難屋裝飾社」，在街頭散發廣告傳單；只要有人委託，就扛起梯子、提著油漆桶，趕去「以達達主義的風格進行克難式裝修」。

另一項是觀察人們怎樣在燒毀的斷垣殘壁中重新打理生活，特別是物質層面。從形形色色的木板招牌，到流落街頭的災民們身上穿的衣服，只要看到，就以速寫的方式留下記錄。這正是今日考現學的濫觴。日本近年來所進行的各種考現學，譬如：赤瀨川原平發起湯馬森觀測中心的四處搜查、南伸坊的招貼（ハリガミ，類似告示的張貼物）考察、藤森照信與堀勇良等人組成的東京建築偵探團的尋找洋樓作業、林丈二的人孔蓋採集、森伸之的高中女生制服觀察、一木努的建築碎片收集等……追溯所有觀察的源頭，正是當年今和次郎走過的路。

我們或許可說：今和次郎將他自己的觀察視線，從鄉間田埂轉移至都市的街道，就此建立了考現學。

他本人在災後重建告一段落後，就不再繼續從事考現學；「考現學」這三個字從個人用語，演變至今成了報刊上頻頻出現的常用詞了。

不過，這個名詞似乎也開始出現濫用的傾向。就像只喜歡男人肌肉發達，卻對其內在毫不在乎，許多雜誌也只是愛用這個詞彙罷了。譬如動不動就在美食版加上「〇〇考現學」的標題，連賓館評比也冠上了個「新潮流考現學」的名目（譯註6）。若以懷舊的語氣，說明今日的考現學究竟為何，那就是：

「此乃高度發達之資本主義體制下，為促進消費與刺激銷售量的媒體宣傳手法是也～」

簡單地說，近年來考現學受到商業界的過度利用。請大家別理會田中康夫，回想一下今和次郎與吉田謙吉當年的姿態與風範（詳見第二部，頁七十）。他們不是觀察店面的商品，而是研究商品旁的招牌。掛什麼樣的招牌會賣得比較好，並不是他們關心的事情；他們只是純粹覺得招牌有其可看之處，所以留下記錄。在意的是為物件作記錄，不能摻雜對色相或美食的欲望。

所以，像康夫君那樣走進店裡拿起商品，或直接在餐桌前坐下都不妥。今和次郎與吉田謙吉兩人就是名符其實的路人，從頭到尾都待在路上。

「消費」打叉，「觀察」畫圈；「店內」打叉，「路上」則要畫圈再加星號。

這才是考現學的正確心態。我們要延續今和次郎與吉田謙吉的眼光，用自己的眼睛觀察事物。暫時擱下舊舊髒髒的考現學，說穿了，我要提出的就是：

路上觀察

就是這四個字。路上兩字帶有「穿越」的感覺，似乎具有相當的「困難度」；而觀察兩字的「科學性」則有一定的「艱澀感」。我想今先生應該也會贊同吧。

＊

既然提到「路上」與「觀察」，當然就會跟「反路上」、「反觀察」的領域產生衝突。這樣說似乎有些誇張，但我覺得在這些領域之間，的確有細微卻深刻的鴻溝存在。

路上觀察者最直接的假想敵，正是剛剛提及目前與我們短兵相接的消費帝國。長久以來，這個帝國的領土只維持在店內，向來與我們路上王國相安無事。然而，近來消費帝國對我們祖傳的路上疆域漸露野心；根據消息指出，他們不斷儲備侵略的武器。例如東京D大街上H堂的老闆就曾惡聲惡氣地說：「如果不進店裡買東西，就別從這走過去。」在這場將街道商業化的戰役中，敵方可說已成功搶登灘頭。

面臨這樣的危機，要特別注意的是：消費帝國不像過去一樣，使用大量製造、大量消費的商業武器，採取船堅炮利的攻勢；他們已經開發了新武器，既可吸引個人的目光，還讓人覺得有種通行無阻的自由感。我猜想，新武器裡所裝的火藥，主成分裡一定摻進了「路上感覺」。

然而，真正純粹的路上感覺，是看到磨損的人孔蓋，萌生都會特有的哀愁感；觀察路旁截斷成「阿部定」（譯註7）的電線桿、牆頭的招貼，會心生憐愛之情；凝視廢棄生鏽的鐵製手搖幫浦中長出的繁縷草，可以隱隱看到大千世界——應該是這種感覺。像這種可遇不可求的事，怎麼可能拿來當做商業手段？如果真能辦得到，我倒想見識見識！

話雖如此，近年城市學興起，無形中助長了消費帝國的勢力。報紙上的出版廣告，只要是跟都市有關的書，左邊三行往往會看到這樣的文字：「都市不啻一場節慶」、「感性與欲望雙重驅策下的現代人，在城市的舞台化身為劇場主角，追尋訊息或符碼。本書將為您解讀都市豐富的密碼，訴說城市空間的魅力」。「慶典」或「空間的魅力」出現頻率之高，幾乎快變口頭禪了。這樣的評語雖然沒錯，卻也是兩面刃，結果好像總是單方面對消費帝國有利。時至今日，幾乎沒有任何概念能倖免不被消費帝國利用，所以我們「路上觀察」也不能掉以輕心。

關於消費帝國與路上王國的領土糾紛，暫此告一段落；接下來要針對下一個假想敵進行說明。

它叫做「藝術」。不過說它是敵人似乎

不太正確，藝術與路上觀察其實不算對立，從歷史角度來看，藝術是路上觀察的故鄉之一。今和次郎與吉田謙吉都是學美術出身的；但路上觀察之所以對故鄉保持距離，是因為過去的陰影——幼小時，曾在藝術原鄉遭到霸凌，因此才離鄉背井到首都發展。

唉，不過回頭想想，被霸凌也是活該，因為明明只是個小鬼，卻動不動叫囂著「打倒藝術原鄉！」還闖入村落神社的林蔭道，腳踹歷史悠久的寶物——「美」，所以也怪不得別人。關於這些過往，路上觀察界的小鬼頭赤瀨川原平已在本書一開頭便坦白交代，我在此更進一步說明自一九六〇年代起，從藝術的原鄉「離鄉」的幾個不同階段：

美術館的藝術階段（在藝術界以視覺形式表現自我的時期。如舉辦不設名次的獨立美展之類）

←

路上的藝術階段（在路上身體力行自我表現的時期。如合組「Hi-Red Center」前衛藝術團體之類）

←

路上的觀察階段（消滅自我表現的時期。如發掘「湯馬森」之類）

這一連串宛如三級跳般的躍進，目標無非是近代藝術無需明言的大前提「表現自我」。甚至連署名都省了，遠超過杜象，大概再也沒有人能達到這個境界。但講得這麼厲害，難道也只是回到在路上晃蕩的少年時期嗎!?

所以說，對於路上觀察者而言，藝術並非敵人，而是過去。就像對待自己的故鄉一樣，每年總會想回去幾趟，讓心靈得到慰藉；但身處現代緊張忙碌的都會，故鄉彷彿越來越遠。或許等到老了會想要回去吧，但是在路上這件事，還是趁身體健全時及早進行比較好。

我要在此指出：藝術與路上觀察，就像父與子的不同。

藝術的定義是：創作者發表作品，其中必定蘊含了創作者的心理、思考、對美的想法，如此才形成所謂作品；而作品必須放在美術館被鑑賞。然而，路上觀察注視的對象則是人孔蓋、湯馬森、消防栓、建築碎片、改造成雞籠的電視機等，這其中不存在所謂

改造成雞籠的舊電視機（攝影：林丈二）。

的鑑別（依照前例，評斷其優劣）或欣賞。作品具有創作者的意念，所以可「鑑」、「賞」，但像人孔蓋或鋸斷的電線桿底座這類東西既沒有思想、也不帶有情感，根本不具意圖，頂多只能稱為物件。對於物件，自然不能「鑑賞」，只可「觀察」。

當然，我並不是說觀察的層次低於鑑賞，觀察這個行為，就像「暑假作業・觀察牽牛花」，心態與做法都要講求科學性。所謂科學，倒不是要使用現代最先進的技術或電子儀器，深入肉眼看不到的細微處，而是偏向每個人都看得出來，屬於「兒童的科學」（譯註8）那種科學性。至於什麼是兒童的科學，就交給淺田彰（譯註9）去深入探討吧。如果我們想為觀察下定義，首先就一定要把觀察跟鑑賞區分開來。

那麼，藝術作品的鑑賞與路上物件的觀察，究竟哪邊勢力較大呢？雖然目前以藝術鑑賞占壓倒性的勝利，但聽說近年來藝術鑑賞有逐漸高齡化的趨勢，說不定美術館最後只會剩下阿公、阿嬤這些族群；相反地，路上觀察卻有年輕化的趨勢。只是如果因此說路上觀察幼稚，那也太嚴苛了，畢竟相較於梵谷的《星空下的絲柏路》、米勒的《晚禱》這些西洋名畫，路邊東倒西歪的奇妙物件自然更能引發年輕人的好奇心。在目前這個時代，對事物的好奇心顯得越來越重要。

不過，倒不是說所有的造形美術都已垂垂老矣，在繪畫的領域，還是有不少跟路上觀察者的觀察角度非常相似的例子；博物畫就是其中之一（詳見第四部，頁二八五）。博物畫是在歐洲工業革命時期，拜蓬勃發展的博物學（真響亮的名稱！）所衍生而成，屬於記錄手段之一。以科學的觀察，將在深山採集的珍稀動植物或礦物繪製成圖，竟然還能夠具備藝術鑑賞價值，說來還真不可思議。當然，博物畫本質上仍屬於自然科學領域；就像「觀察牽牛花生長的每日一畫」是兒童科學的出發點，只追求將觀察對象精確重現，無關自我表現或個人喜好。只是透過這樣的形式，即使以科學為本，也能夠源源不絕地流露繪畫的味道。

日本當然也有過博物畫。江戶後期，許多草木蟲魚的圖鑑紛紛出現；至江戶末期，不少畫家雖然不是專門從事博物畫，但卻以同樣的眼光——路上觀察者的眼光——將景物入畫，如若冲（譯註10）、慶賀（譯註11）、華山（譯註12）、北斎（譯註13）、源內（譯註14）等人。有趣的是，他們都沒有受過當時如狩野派、四条派等正統美術教育，僅透過旁門的觀察磨練技法。

現代的漫畫家杉浦日向子（詳見第四部，頁三三八），也與上述那幾位江戶時期的路上觀察畫家具有類似眼光，她從追求正確重現物體的博物畫世界，轉向時代考據的漫畫領域，是個很有意思的例子。而且她還是位美女。

路上觀察學與藝術本源的關係就解說至此，接下來要說明它與學問之間的關係。這就有點複雜了。

以前的學問多半都得自路上觀察。光說「路上」還不夠精確，應該說是在路上與山中行走，將眼中觀察所見的事物記錄下來，然後才成為學問。不論生物學、地理學、民族學、氣象學，源頭都是觀察萬物的博物學。博物學與藝術一樣，都是路上觀察學的故鄉。然而在工業革命時期，隨著近代的開展，博物學產生了各種有用的後代，自己卻步入衰亡。原本，那些後代與博物學的連結還十分具體，隨著分工日漸專業，也漸漸無法辨識了。

那麼，究竟該怎麼辦呢？

工學或理學分門別類，逐漸形成龐雜體系，未來亦將這麼走下去，因為秋津洲瑞穗（譯註15）現今就是以科技立國。反正人文領域與經濟發展無關，索性停止繼續衍生，再回溯到博物學的源頭，重拾邊走邊觀察的老方法。如果嫌「路上觀察」四個字不夠學術味，那就稱「田野調查」（field work）好了。

以當代公認的重要學者荒俣宏，還有早出生三十年應該會獲頒勳章的四方田犬彥為例，他們腦袋裡原本就塞滿了汗牛充棟的知識，又正好受到路上的風迎面吹拂，讓目光靈活起來，投入路上博物誌或「荒地」的研究（詳見第四部，頁三二五）。不論什麼樣的思想或文學，一旦目光呆滯就完了，而博物學正是最適合鍛鍊眼光的學問。

*

讓我們擱下消費帝國、藝術本源、專業分工的學問，就此轉回到路上。這時，我們會察覺到周圍有許多相似的觀察者，這些人正是所謂的「空間派」觀察者。

這種視線帶有相當誘人的魅力，過去十年間，從長谷川堯的《都市迴廊》（都市廻廊）開始，接連出現前田愛的《都市空間中的文學》（都市空間のなかの文学）、陣內秀信的《東京的空間人類學》（東京の空間人類学）等知名著作。他們同樣以路上觀察為基調，可說是我們的兄弟，但在重要關鍵處仍有差異。

其中差別究竟為何？只要一起走到溝渠或河川這類有水的地方即可分曉。

空間派會把注意力放在水邊的空間，如溝渠旁的倉庫或石頭砌成的護欄，或是觀察渠道的分合。空間派試圖解讀隱藏在空間中的秩序，有點類似符號學的手法，「解讀城市」或「破解符碼」都是空間派的絕招。如果說解讀後參悟了什麼，大抵是昔時的美好秩序，不外乎老江戶城的親水設計、下町巷弄安排妥適等，諸如此類結論，然後對破壞原有空間秩序的「近代」提出抨擊，主張建立新秩序云云。這種「藉批判前近代指涉現代」的鏗鏘論調洋洋灑灑，叫人眼花撩亂。

不幸得很，我們的看法就不一樣了。我們走到溝渠旁，不是觀測水域，而是盯著漂浮在水面上的物體，譬如壞掉的玩偶、木頭、瓶瓶罐罐之類；說來怪不好意思，我們對物件比對空間敏感。關於這種觀察角度的傾向，可從南伸坊同學十六年前（一九七〇年）交給赤瀨川老師的作業裡找到答案。（詳見第三部，頁一三三）

如果對物件本身感興趣，就會對漸次入眼的個別趣味點留下印象，而對連貫整體的秩序視若無睹。我們或許可將對物體特有的敏銳度稱為「物件感覺」。從這個角度看，近代以前講求整體的秩序，習慣從大局著眼，總是將個別的物體埋沒在整體中，既不有趣也不夠刺激。

只有在脫離整體秩序時，物體才會展現個別的特色。只有逸出空間——也就是整體秩序的別名——物體，似乎才能真正成為所謂的「物件」。

只要一一參考路上觀察同好採集的實例，便可以明白這個道理，每一樣東西都脫離了原本的狀態。

以「海部純粹隧道」為例，這個湯馬森物件脫離了實用性（亦即世界上最強大的秩序），而顯的很滑稽。明明是鐵路隧道，但上面既沒有山也沒有丘陵，支撐的只不過是空氣罷了。

即使像人孔蓋這樣講究實用功能的玩意，除了實用之外，有時也會流露出其他表情；就因為這個緣故，使它不幸淪為採集對象。比如在京都行走時，我就會看到刻著㊙字樣的鐵製人孔蓋，置身在地磚之間喃喃自語：「我是個人孔蓋……」這是擁有細膩心思的路上觀察者，才能聽的到耳語。

另外還有些物件是逸出原本的位置或規模。比如在京都，除了龍安寺或苔寺這類名庭，還隱藏著無人能探訪的「壺庭」：在柏油路上直徑十公分大小的凹穴裡，長出綠意盎然的小草，有時甚至還有小石礫點綴其中，

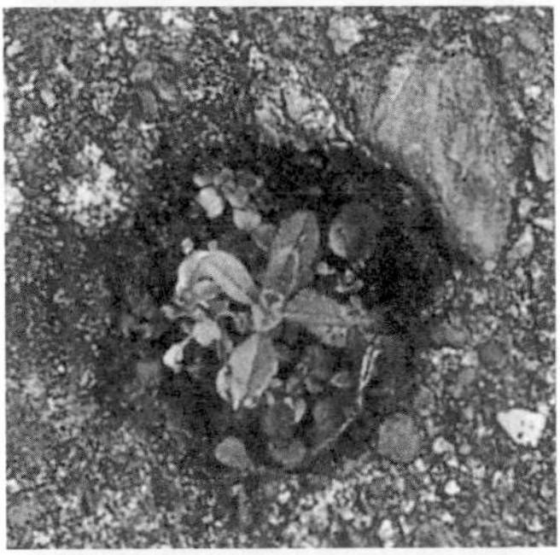

上：純粹隧道（德島縣・牟岐線海部站）
左：京都的壺庭（吉田山附近）
左下：石庭型的壺庭（京都・上京區）
下：鞋跟狀的壺庭（京都・東山區）
以上三處壺庭照片出自《藝術新潮》，1986，4月號。

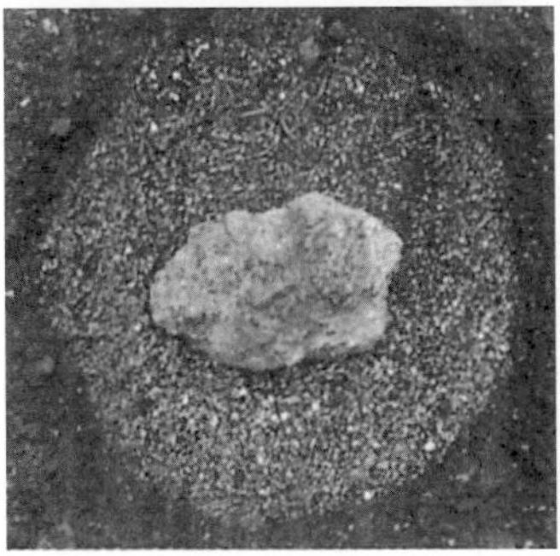

展現出難得一見的風情。像這類京都風格的壺庭，最近剛被發現，已成為同好熱烈討論的話題；而且根據通報，目前已找到各式各樣的變種，藏身在比如古井的手動幫浦、人孔蓋上的小縫，甚至賓館前未乾水泥留下的鞋跟狀窪痕等處。

不過，有一點必須注意，不可因為喜歡這類風格的景致，心存脫軌或顛倒的意圖，刻意製造出仿諷或搞怪的效果。所謂觀察，是一種科學行為，所以自始至終都要以自然形成的景觀為對象。

為什麼要強調這一點呢？我們之所以將目光轉至路上，正是因為不想關注「有意圖的事物」。不論是一意追求美感的藝術、刻意解構的前衛藝術、意有所指的仿諷，或是原本就為提供消費而製造的商品，這些通通都必須排除。放眼所及，我們周遭絕大多數的東西幾乎都是刻意製造出來的，看多了難免令人倦怠。當然，世界上所有物體都是基於某種目的而製作，但我們就是要找出其脫離原本意圖的部分。

既然路上觀察的物件只有在脫序時才會成立，那麼空間派與物件派這一對同樣在路上東看西瞧的兄弟，關係就變得有點複雜了。雖然還不至於反目成仇，但彼此之間的看法到底有些出入。

空間派的內心暗藏願望，希望回歸和諧的整體性；相對於此，物件派卻試圖脫離整體秩序，放手追求最後的一點點自由。若說是「最後的自由」……似乎有點誇張，更具體地說，應該是當我們在街上漫步，發現有趣的東西時會感到如釋重負，彷彿這時眼睛才又真正屬於自己，整個城市似乎也比較令人自在。

說得嚴重一點，空間派如同布爾什維克黨，物件派則是無政府主義者，這兩派之間的鬥爭，又將如何繼續在路上進行下去呢⋯⋯

有志於路上觀察的人都會經歷一個時期，就是站在鏡子前，努力分辨自己的眼珠子究竟偏紅色，還是黑色。像我的右眼是紅的，左眼卻是黑的，我為此深感困擾；大部分的人恐怕都是紅黑混雜，差別只在比例不同而已。但林丈二竟然完全凌駕凡人，擁有百分之百純黑、不含添加物的純粹之眼。事實上，正是因為昭和六〇年（一九八五）一月二十三日在豊島園門口附近，碰到大家心目中這位「路上觀察之神」（這段感人肺腑的經過請見第二部，頁九十八），才終於讓我們一鼓作氣，高舉起路上觀察的大旗。

我在前面脫口將空間派與物件派的差別，比喻為布爾什維克黨與無政府主義者的鬥爭，其實一語道出了我們的世界觀。

在路上觀察者的眼中，路上的一切都可用「事物」兩字概括。路上的世界完全都是由事件與物體兩者構成。所謂「事物」分為「事」與「物」，針對具體的事物，後面再各自加上一個「件」字，名為「事件」或「物件」，並各有專人處理；在住商混合的大樓中，事件由二樓偵探社的人接手，物件則由一樓的房屋仲介商包辦。可悲的是，在現實生活中，不論「事件」或「物件」這樣鄭重其事的詞語，大概都只能從房地產仲介口中聽到。如今，「**物件**」已被納為業界用語，但我們希望能恢復原先「物體」的意思，與「事件」重新建立兄弟關係。

路上觀察者似乎專以物件為對象，但在觀察的背後，也始終意識到事件的存在。就說路上觀察者尤其喜歡觀察背後隱含著事件的物件，應該也不為過吧。我們就是以偵探調查事件的眼光觀察物件。

就拿首件湯馬森物件（即四谷祥平館的「純粹階梯」，又名「四谷階梯」）來說，發現者在當下無疑嗅出其中那股「事件」的**氣味**。當然，這不是說現實中真的發生什麼事件，而是指具有一種就算暗藏事件也不足為奇的**氣味**；之所以把電線桿鋸斷後的根部稱為「阿部定」，也是基於同樣道理。

回到剛剛提到的水岸空間。當我們站在水邊，由於周遭環境很平靜，看不出有什麼事件；可一旦水面上漂來瓶子、玩偶或胎兒（詳見第三部，頁一三八）等引人側目的東西，就會飄散出濃濃的**事件氣味**。

建築偵探專門探尋的洋樓也是如此。洋樓在日本的都市空間中顯得格格不入，因而成為觀察對象，似乎先天就容易埋藏事件；怪人二十面相（譯註16）就總以古舊洋樓作為藏身據點。

*

所以，路上觀察是以藝術和博物學為

故鄉、考現學為母，長大後脫離各種專門學問，並與消費帝國對抗，甚至和同根生的兄弟「空間派」分道揚鑣；一回神，才發現自己置身於陌生的環境，孤伶伶顫抖著。這裡究竟是時代的最前端，還是已經快到盡頭了呢？我們究竟身在何處啊！

一九八六年
天上有哈雷慧星
地面有路上觀察者
地下有地下生活者

二、街道的呼喚

赤瀨川原平
藤森照信
南伸坊
會談

松田哲夫 主持

源自藝術與學問

脫離藝術圈

松田：我們這些只要在路上看到奇怪的東西，就喜歡觀察的人，今天聚集在這裡，可以試著討論一下；如果順利的話，說不定能搞個路上觀察的學會，到各地進行訪查，或是田野調查、集體研究什麼的。這也是請各位聚集在這裡的用意。

藤森教授出身學院，但也從事路上觀察；赤瀨川兄是脫離了藝術圈，跨界到這個領域。南伸坊則是在美學校赤瀨川兄的課堂開始接觸「考現學」……

南：我從一開始就走上這條路了（笑）。

赤瀨川：從出生就開始了吧。

松田：我想就來討論這個主題吧：各位為什麼會養成這種奇特的嗜好？

赤瀨川：我從懂事以來就喜歡畫畫，所以一直專注於繪畫，當周遭開始出現「偶發藝術」（happening）這些藝術類型時，自己正好也進入青年期，於是就不知不覺脫離繪畫的領域。這麼說來，不論本來是玩音樂、演戲，大部分人大概都經歷過類似的情形吧。那時正好是六〇年代初期，我不僅喜歡畫畫、表現藝術理念，也很喜歡觀看；就像小朋友會因為好奇，一直蹲著看木匠做工一樣。到了六〇年代中期，我的創作漸漸停頓下來，大概正好走到一個週期的尾聲吧。對了，我會在作品中用上「野次馬」（譯註17）這個詞彙，可能就是因為一直保有那份觀察木匠手藝的好奇心。「野次馬」這個詞一開始在〈櫻畫報〉或其他報章雜誌上還經常出現，不過後來也不怎麼提了。

現在回想起來，我當時正朝藝術以外的領域發展，並且從旁觀察藝術圈。如果從局外人的角度看現代藝術，其實會覺得很滑稽，因為與那些「藝術品」類似的東西，在街上隨處可見。譬如所謂的現代藝術會在藝廊裡堆放木材，但是這種東西本來就很常見，只是把畫廊的框架直接套到路上，就變成了現代藝術。剛開始，我就是以這樣的心態得到許多樂趣。

藤森：聽你這麼一提，前幾天我到六本木，看到某棟大樓前有一大塊像是花崗岩一類的異物，雖然猜可能是施工的人暫時放在那裡，但還是怎麼看都不對勁……

赤瀬川：那是藝術品嗎？

藤森：是藝術品沒錯，後來仔細一看，旁邊有塊寫著藝術家名字標示牌。

自從杜象在小便斗上簽名，向世人宣稱它是藝術品，就已揭露出這一點：現代藝術與一般物品的差別只在於標示牌，唯一的證據是自己的名字，一旦抹掉就不代表什麼了。對於這點，赤瀨川老師是否覺得無所謂？

赤瀬川：不，我當然介意。

藤森：可是路上觀察跟有署名的作品不同。即使在街上發現什麼，你也只能說：這很有趣，而且也僅止於此。

赤瀬川：試圖脫離藝術圈真的相當費力，因為要擺脫這個圈子的「引力」。尤其自己長期以來一直致力於藝術工作。那時候我就像是乘著太空梭脫離，多少出於某種程度的自虐心態。

南：聽起來跟我的狀況完全不同耶。

赤瀨川：你原本就處於無重力狀態，這也理所當然。這點我很清楚。

南：所以赤瀨川老師的體驗說不定比較有趣，因為一直有一股牽制的力量，禁止自己做出愚蠢的事情。

赤瀨川：是有這種感覺沒錯，我可是一直都惶惶不安的哩。

垃圾分類場的巨大衝擊

松田：現在回想起來，有什麼具體的因素促使赤瀨川兄踏上「路上觀察」這條路嗎？

赤瀨川：大概就是破銅爛鐵、廢棄物吧。六〇年代初期，我運用像廢鐵、水壺蓋等日常生活的雜物來創作，這些破銅爛鐵也就是所謂的廢品藝術（Junk Art）。一直以來，我都是用刻意準備的顏料跟畫布作畫；但漸漸地，好像身邊每件東西都可以變成素材，所有的東西都沒有差別了，看起來充滿新鮮感，連煙灰缸都可以顛倒過來

南：那一瞬間一定很刺激吧。

赤瀨川：感覺自己的眼光就像回到嬰兒時期一樣。

南：這時眼中所看到的其實是物體本身，而不是藝術吧。

赤瀨川：沒錯，雖然物體本身也蘊含著藝術，但著眼點還是會包括它的功能或觸感什麼的。又好比被棄置在路旁的東西，價值重新歸零，什麼都沒有差別了。垃圾分類場正是這類物品的大本營，日用品聚集在這裡，自然形成一種藝術……日用品在垃圾分類場呈現藝術的狀態，那個回收垃圾的分類場實在是……

藤森：再跨一步，就擺脫引力了。

赤瀨川：對呀，就此脫離了。

藤森：你過去一直堅信，所謂「藝術」是源自個人內在的表現方式；但一到垃圾場，這些既有的想法就消失了。

赤瀨川：沒錯，消失得無影無蹤。

藤森：可是原有的標準忽然間消失了，不會覺得惶恐嗎？

赤瀨川：我想這大概因人而異吧。我自己是很想擺脫那些束縛，跑在別人前面，嘗試新的事物。好像一種本能，覺得拋開原有價值觀就是最大的創新。

藤森：到了這個時期，也就表示既有的藝術表現應該結束了吧；所謂的近代藝術，幾乎已到了盡頭……

赤瀨川：是這樣沒錯，就連所謂的近代，也差不多進入尾聲。

杜象的拋物面天線

藤森：近代藝術其實只是虛構出來的，我想杜象很清楚這個道理吧。他在小便斗上簽名，宣稱那是一件藝術作品，其實就已揭露事實。原來現代藝術根本什麼也沒做，就只是把手邊正好有的現成物冠上名稱而已。雖然杜象已發掘出真相，但大家還是默認遊戲規則，在作品的標示上署名。赤瀨川老師或許已超越這一步。

赤瀨川：我大概對思考比較感興趣，所以追求的不是在自己的作品上簽名，也不在乎個人作品的原創性那些東西，而是想藉由作品表達一些理念。就像在自然科學領域，也沒人會特別掛什麼名字吧。我想產生一些讓人覺得有吸引力或很有意思的概念。該怎麼說呢，就是透過有趣的想法引起注意，就像在行動上標示自己的名字。

南：就像說「這是我先想到的」。

藤森：對，沒錯沒錯，就是這類表現方式。所以的確有人這麼作吧。

赤瀨川：嗯，因為仍然無法擺脫引力的影響，我組了「Hi-Red Center」（由高松次郎、赤瀨川原平、中西夏之於一九六〇年組成的前衛藝術團體），彷彿在捨棄之前的作為，朝更特別的方向發展。現在回想起來，在自己過往各種嘗試中，帶有「自然科學觀察」要素的比重的確越來越明顯。

這種形態的藝術有點類似科學，也有點偏向所謂的「認識論」。我覺得杜象透過藝術表現出科學未能實現的部分，多少帶有這樣的層面。

藤森：既不能歸類為藝術，也不算是科學，透過這種思維到底要做什麼呢？

赤瀨川：對杜象而言，某種逸出常規的東西當然要比科學有趣。在藝術的領域，我們可利用某種不確定的狀態探索世界。

松田：類似某種實驗……

赤瀨川：可以這麼說。所以與其說杜象追求藝術方面的表現，感覺上似乎更像在拚命地打造「拋物面天線」。

藤森：是為了接收到什麼吧。

赤瀨川：我是以這樣的方式去理解他的作品。

藤森：即使我不明白杜象究竟希望感知些什麼，但他的確表達出一些不同的想法。

赤瀨川：是這樣沒錯。

藤森：宇宙間有所謂的重力波，也就是愛因斯坦提出的，光波、電磁波以外的另一種波長。只是目前都還是理論，也沒有什麼儀器能偵測出來。

杜象的「inframince說」

赤瀨川：我覺得杜象是想藉由藝術形式傳達一些想法，不論從他的作品或是其他物品都可以感受到這一點。在他的遺物中，有關於「inframince說」的筆記，感覺上都是些尚未完成，還在準備階段的便條，幾乎可以算是手稿中的「湯馬森」了。杜象創造出法文詞彙inframince，意思是「極薄」、「超薄」。譬如

「Hi-Red Center」的首都圈清掃整理促進運動（拍照日期：1964年10月6日）。

「地下鐵的車門眼看就要關上，在這極薄的一瞬間，有人閃進了車廂」。雖然不是很清楚他到底在說什麼，不過滿有趣的。

藤森：我好像可以體會喔。

南：是不是像「人站起來，椅子上還留著極薄的餘溫」？

赤瀨川：或是跪在榻榻米上用膝蓋前進，「燈蕊絨質料的褲子，兩隻褲管磨擦時發出口哨般極薄的聲音」，這跟我們所說的湯馬森有點異曲同工之妙。

松田：這不是文學上的隱喻，也跟現代詩完全不同。

赤瀨川：不沾染任何情緒。

藤森：它既不是詩，也不是美術作品，更不是科學觀察。

赤瀨川：不過的確有些類似認知的部分。

松田：我們之所以拿現代藝術來開玩笑，其實是因為他們老是直接把實物拿來當成作品，所以感覺有點無聊。

赤瀨川：沒錯沒錯。

南：其實我第一次看到畫廊裡直接擺上一截木頭，覺得還挺妙的……應該說，那種突兀的感覺很有趣。

松田：但如果一而再、再而三以這種方式呈現其他作品，就會讓人覺得乏味。因為已經失去驚奇的感覺。

赤瀨川：這時畫廊的空間本身就是作品了吧。雖然現代藝術有它新鮮有趣的一面，一旦制度化以後就變得乏味了。我們秉持著一開始的想法，接著一直開玩笑，最後得到這樣的結果。只擷取經過沉澱的認識。

藤森：所謂「認識」，一般是指對事物的認知。但杜象似乎想表達他對事物的感受，這類感受就像所謂的「重力波」，只是我們目前還不是很清楚。

赤瀨川：或許可命名為「認識波」（笑）。

松田：聽起來好像某種超自然現象。要是大家一聽就相信真有這種事物存在，反而會很無趣耶。

赤瀨川：的確很無趣，好像又回到在作品上簽名了。

藤森：也可能會被當成宗教。

松田：然後許多事物通通都被歸在神明或教祖的名下。

鑑別「湯馬森」

南：走出畫廊，發現各種藝術品，就會覺得實在很有意思。因為看到的是諧擬。某樣作品雖然宣稱是現代藝術，但外面明明有很多一模一樣的東西，這種煞有其事的態度令人發噱。不過呢，藝術家正是用這種一本正經的眼光看待物品，與一般人不同，正常人大概不會這樣（笑）。假設你一直盯著人孔蓋，看著看著它就不再是普通的東西了（笑）。這就是藝術家才會做的事情；譬如林丈二不是特別注意人孔蓋嗎？我想，他看事物的邏輯應該跟一般人不一樣，因為他花了很多時間盯著大家踏過卻視而不見的人孔蓋。

這已脫離日常生活的層面；「藝術」聽

起來好像很崇高，其實根本不是，應該說是令人感到煩惱。有人對生活適應困難，結果卻形成有趣的案例，我想的確有這樣的情形。譬如有人一直想成為不同的人，於是就有生意人開設「扮裝館」之類的場所，讓他們實現變身願望。只要有需求，就會有生意。不過，像湯馬森就不太適合變成一門生意（笑），自己在路上看看就好了。

藤森：我覺得湯馬森、路上觀察好就好在這裡，不能拿來當成生意，也不必非要有什麼成果，這點真的很好。

南：就算有，頂多就是整理成書，就像我們正在作的事（笑）。

松田：森伸之的作品《東京高中女生制服圖鑑》，真的是個滿有趣的主題。

森伸之，《東京高中女生制服圖鑑》，弓立社，1985。

南：書名乍看之下可能會引發錯誤聯想，不過書中還是有通俗跟易讀的部分，整體調和得很好。剛知道要出這本書時，我心想：嗯，應該會賣得不錯吧。還有渡辺和博的《金魂卷》也是。不過以湯馬森為題材的書大概很少人會買，因為既不夠通俗，也不容易引起共鳴。

松田：可是《超藝術湯馬森》的銷量滿不錯，一般書籍還賣不到這樣的成績。

南：白南準（譯註18）訪日時，赤瀨川老師送他關於湯馬森的書。他邊翻邊說：「喔，這種書不好賣吧」（笑）。他說得沒錯，這類型的書不會成為主流。

赤瀨川：仔細想想，大概是日本人對湯馬森現象有種特有的體悟吧。透過觀察就會得到不同的發現。即使走在普通的路上，看著常見的景象，只要轉換自己的想法，感覺上事物的價值就完全不同了。

松田：其實從江戶時期，日本人就已經開始對事物分類了。

赤瀨川：如果說得誇張一點，是這樣沒錯。所以日本列島原本可能就有這樣的磁場，有種整理分類波之類的（笑）。

松田：我自己好像也有這種習慣，不論看到什麼，自然而然就會想要替它分個類。

南：分類好像就是理解的過程，把自己腦海中的東西重新整理一遍，其實也滿好玩。在整理時，把過去已知既定的事物，依照新的分類方式歸位；就像把行李箱中的東西先全

赤瀨川原平，《超藝術湯馬森》，白夜書房，1985。

部拿出來，再重新裝進去，如果過程很順，心情也會很愉快。所謂的規畫也是把東西通通先攤出來，再重新分類，享受整理的樂趣。

赤瀨川：就像好好打掃一番的時候，過程會有種快感……

「湯馬森」的誕生前史

松田：各位是從什麼時候開始形成「湯馬森」的構想？

南：以前在美學校聽赤瀨川老師等人提到過「分散主義」，靈感是來自不動產界「分讓住宅」的概念，特別是像階梯、走廊等空間。

藤森：什麼是分讓住宅？

南：我也忘了當初為什麼會講到這個。

赤瀨川：一開始是在講房子的事，後來又提到外送。

南：對對對，我們在討論外送與房子之間可以怎樣作結合。

赤瀨川：不是啦。是說房屋的概念還可以再升級，譬如參考外送的原理……

松田：是呀，因為這個時代地價一直上漲，導致居住條件越來越差，譬如地段方便，但卻空間狹窄之類的。

赤瀨川：我們一開始是提到，工作場所要跟住家分開、廚房可以挑便宜的地點租，然後就越扯越遠……

南：其中最典型的例子，是就像假設今天收工後想洗澡，就脫了衣服，圍上毛巾去搭電車（笑）。

赤瀨川：因為浴室蓋在遠處的市郊。

松田：原本洗澡不是還要經過家中走廊嗎？如果繼續升級的話，走廊可以設在東京杉並區，浴室則是在江東區（笑）。

赤瀨川：你是說通過杉並區的走廊，搭電車去江東區……

南：如果還想上二樓的話，就更不得了（笑），樓梯可能在豊島區，而且既然上了樓就得再下樓。我們正好就是在發現四谷祥平館的階梯之前討論這些事情。

藤森：啊，就是「純粹階梯」，湯馬森第一號。

赤瀨川：那是一九七二年……說不定還要再早一點。

南：原本腦中早已有些想法，一看到「純粹

湯馬森一號，四谷「純粹階梯」。

階梯」立刻就豁然開朗了。

赤瀨川：是這樣沒錯。

松田：如果大家想了解什麼是「分讓住宅」，可以參考赤瀨川兄以尾辻克彥為筆名發表的短篇小說〈風吹過的房間〉（風の吹く部屋）。

赤瀨川：是的，我把這些想法轉換成文學的形式，藉由這本小說發表。若以傳送「熱水的聲音」提供泡澡的外送服務，可說是外賣形態的革命吧。

南：叫外送時，要說清楚自己點的是什麼。我們正想著如果外送的範圍能更廣泛就好了，不知不覺就延伸出許多有的沒的……不過一開始的確是想到泡澡的外送服務。

赤瀨川：其實是澡堂的外送服務。後來我們就聯想出各種各樣的宅配，但這樣一來，外送的種類太多，可能會造成交通阻塞，然後政府就下令禁止外送服務了（笑）。如果還想堅持下去，違法繼續進行，就會遭到機關槍噠噠噠噠掃射（笑），但即使身上負傷，外送人員還是努力維持麵店小二騎腳踏車端著木箱的姿勢；後來我們就把腦筋動到升級上去了，因為我一直很喜歡這個概念。

松田：這好像也算是一種分類。

赤瀨川：的確是，將社會結構或系統分類。

松田：每個人都有自己的理解方式，即使聽不懂，只要先以外送或分讓作為譬喻，接下來就……

南：大家就開始不甘示弱了。

松田：踴躍發言。好比罵人吧，先開口的人搶得先機，聽到的人心裡不舒服，就會想出更有力的詞彙。如果我們以分讓或外送為例，自然會衍生出許多其他的想法。

南：人會對無關緊要的事特別認真。

赤瀨川：會喔。尤其要是特別感興趣的事，甚至會衍生出一種社會結構。

松田：這麼一來，真是越想越有趣。如果大家都採取這種分割的形式，各種功能都不在一棟完整的屋子裡，想洗澡或想上廁所還必須出門（笑）。

南：即使附近就有浴室，但只能用自己家的，所以很麻煩。

赤瀨川：這最後當然沒有實現，只能在腦中幻想（笑）。要是上廁所時，沖水開關的拉繩位於東中野，廁所的玻璃窗卻遠在北千住就糟了（笑），所以果然有點異想天開……

南：「純粹階梯」的概念雖然不易理解，但跟分讓相比，感覺上好像比較簡單。

赤瀨川：這也算現代藝術的一種。比如我想製作刊登分讓訊息的報紙，說千葉縣我孫子市的空地價格很便宜，可以把走廊設在這裡；再拍攝照片，或是用插畫的方式呈現，模擬相關報導。

南：如果把樓梯蓋在空地上也不錯喔。

赤瀨川：腦海中已經浮現出畫面。

藤森：如果真的出現那種景象，不就成了湯馬森了嗎？

南：我還真的滿希望看到實物呢。

街頭成為舞台

松田：通常這樣的構想，會發展成科幻小說或很荒謬的故事吧。

赤瀨川：有喔，是有這樣的作品。

松田：而且還有可能為了寫科幻小說，真的去模擬一個實境出來。

南：想怎麼發揮都可以。

赤瀨川：我自己倒只喜歡想像或觀看。

南：我記得那時你好像不是很喜歡別人拿作品來詢問你的意見？

赤瀨川：這樣有點小氣吧？啊，我想起來了，有這回事。那已經不只是作品了耶。

松田：藤森教授應該也會受託看一些文獻資料吧。

藤森：我從小就調皮搗蛋，所以有時候想想，自己也搞不清楚怎麼會進學術圈。

赤瀨川：原來如此（笑）。

藤森：總覺得外頭好像有某種波長，讓人忍不住想出門到街上去。

赤瀨川：到底是什麼波，不如給它取個名字吧（笑）。

藤森：既然接觸到這種波就會想跑出去；那就叫它「路上X波」吧。

松田：一九六〇年代後半，東京進入一個時期，街道彷彿變成了舞台。但赤瀨川兄恐怕不是因為全學共鬥會議或當代思潮的影響，而是看到路面上的地磚都被撬起來了，所以感到震撼吧？

南：當時的景象一定超壯觀的，不是有種說法「地磚被撬起來後露出砂地」？

松田：那是在講法國五月革命啦。有趣的是，同樣是學運，法國與文學息息相關，日本卻離不開科學技術，譬如在街頭抗爭時，哪一帶的地磚會被撬走之類的。所以赤瀨川兄的〈櫻畫報〉真的非常有意思……

赤瀨川：是呀，〈櫻畫報〉一開始在《朝日新聞》（朝日ジャーナル）週刊連載，所以我想以週為單位，即時刊登東京都殘留地磚分布圖。

南：這根本就是考現學嘛。

赤瀨川：但在準備刊登時，整個局勢就平定下來了。

松田：那時已是一九七〇年，學運即將結束。

從紙上到街上

松田：赤瀨川是兄從藝術圈跨界到路上觀察學，那藤森教授呢？

藤森：我們在一九七四年正月成立建築偵探團，尋找的目標跟湯馬森有點類似。湯馬森一號是在什麼時候發現的？

松田：一九七二年。正好在十三年前。（對談時間為一九八五年）

赤瀨川：其實也可以算是同時。

松田：都是被路上X波……

南：百分之百就是。

藤森：赤瀨川來自藝術圈，而我的背景卻是學術研究（笑）。我研究的是建築史，專攻明治以後的西洋建築歷史。這個題目我從研究

出自《櫻畫報大全》，青林堂，新潮文庫，1985。

所時期就開始研究了。但當時跟現在不同，一般人對這個主題不感興趣，我也不知道為什麼，就是很喜歡，所以一路研究下來。但因為是作學問，所以要讀很多書面資料，像是目前已發表的論文、相關文獻等，一直待在書庫裡。後來我開始覺得厭煩，於是就想跟比我小兩屆的學弟堀勇良一起出去看看。

松田：一定是路上X波來襲（笑）。

藤森：我們搭地下鐵，不知不覺在國會議事堂前下車，車站出口正好就在首相官邸附近。當我們看到首相官邸，想到該往國會的方向前進，於是沿著那一帶坡道走，發現國會山丘跟東急飯店之間有塊很奇妙的窪地。

赤瀬川：那裡的建築物很像廢墟，有一邊爬滿長春藤。

藤森：沒錯，遠遠望過去，大概有十棟住宅並排，外觀看起來有點舊。我們繼續往下走，發現跟昭和初期萊特設計的集合住宅很像。都是兩層樓的建築，還採用大谷石作為建材。那裡沒什麼人，只有貓在那裡出沒。通常沒人住的老房子就會有貓，不過還晾著衣物，又證明有人住在那裡。在都心竟然遺留著這樣的建築，讓我們非常驚訝。過去一直透過書本認識建築，這下發現街道實在很有趣，所以後來總會找機會不時出去走走逛逛。

松田：那些住宅現在還留著嗎？

藤森：還在還在，很不可思議，就像被世界遺忘的角落。

赤瀬川：應該是國會議員宿舍後面吧？

松田：建築的正式名稱是什麼？

藤森：總理府職員宿舍。從那邊再走一段，應該會通往麴町，然後會看到一棟老建築，那是知名建築家堀口捨己的作品。因為他很重要，所以文獻資料都有記載相關作品。我也是很久以前在雜誌上看過堀口的照片，沒想到可以在大白天親眼目睹照片上那位建築師蓋的房子，感覺很震撼。

南：是呀（笑），這是理所當然的。不過我了解你的感受。

藤森：當時，我才忽然意識到自己作的學問有多弔詭。城市裡明明留存著數不清的建築案例，但我們卻只在紙上研究建築。

那天真是收穫豐富。發現東京竟有戰前遺留下來的驚人世界，同時也驚覺到，我們在紙上研讀的東西都真有其物。這樣說很奇怪（笑）。學問本來就是從現實世界來的……

松田：因為你們研究的是建築啊，又不是哲學（笑）。

藤森：但這門學問也存在很久了。

南：這我了解，我很了解那種興奮的感覺。

藤森：在街道上對建築物進行研究，自然而然會形成體系。不過，由於前人已留下許多紀錄，就算不去實地觀察，也還是可以寫出論文。利用現有的資料寫論文，是最簡便的一種方法。譬如要是以明治或大正、昭和的建築物為研究題目，很少人會先去街上實地探尋，再展開研究。

松田：就像哥倫布立蛋一樣。（譯註19）

赤瀨川：你當時大概很興奮吧，就像科幻片中的飛碟出現在眼前（笑）。

發現看板建築

藤森：我們真的就像忽然看到飛碟一樣。直到那個時候，才發現有個與紙上紀錄不同的立體建築世界；不過這話聽起來大概很傻吧

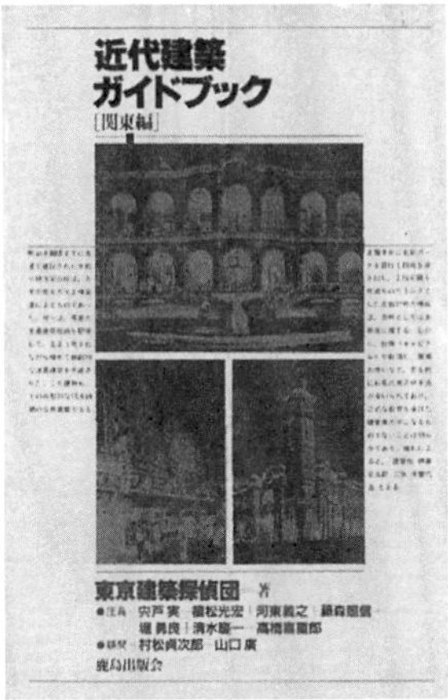

東京建築偵探團，《近代建築指南「關東篇」》，鹿島出版會，1982。

（笑）。從那時候起我開始對觀察著迷，彷彿街道在呼喚著；又好像沒人挖掘過的寶山，等著我們去發掘（笑）。於是就從第二天起，我們開始到神田一帶漫遊。當地有些稱得上「名作」的建築物，也包括今日列入重要文化財等級的建築。但我們到了當地，才發現其實不確定在哪兒。

另外，我們也在街道上，發現文獻資料沒記載的事物。其中之一就是看板建築。

南：什麼是看板建築？

藤森：就是在木造的商店建築正面用磁磚、灰泥或銅板加上一層裝飾。神田一帶有很多這種房屋，多半是書店或理髮店。因為覺得很有趣，所以想到這個稱號。

赤瀨川：看板建築這個名稱究竟是什麼時候

開始的？好像也很久了。

藤森：我記得是在昭和五十年（一九七五）向日本建築學會提出的。那時我其實有點擔心，因為學會畢竟是滿嚴謹的組織，他們真的容許研究生擅自提出新類型並命名嗎？

赤瀨川：你脫離了學界的引力。

藤森：雖然覺得有些疑慮，但我還是試著提。後來果然遭到批評。

赤瀨川：因為是在學會發表嗎？

藤森：聽到宣布「接下來輪到第幾號的藤森同學」，我就上台說明「自己在市區觀察到這類建築覺得很有趣，想在此提出『看板建築』這個名稱。」

松田：應該會引發各種不同意見吧。

藤森：沒錯，其中之一是認為我發表的不像論文，反而像報導。

於是我就反駁「看板建築是地震後的重建時期產生，本身就具有話題性，並不是我刻意取了個引人注意的說法」（笑）。

最有趣的是，大家都覺得「看板建築這名稱好像有點太輕率」，但批評的人邊說「看板建築實在有點……」說著說著卻也習慣了，最後大家乾脆都照著講了（笑）。

在「人孔蓋」的採集上晚了一步

松田：洋樓建築與湯馬森都位於街道旁，但大家有沒有注意過，其實地面也藏著有趣的部分？

藤森：當時還沒有這樣的概念。我們會注意

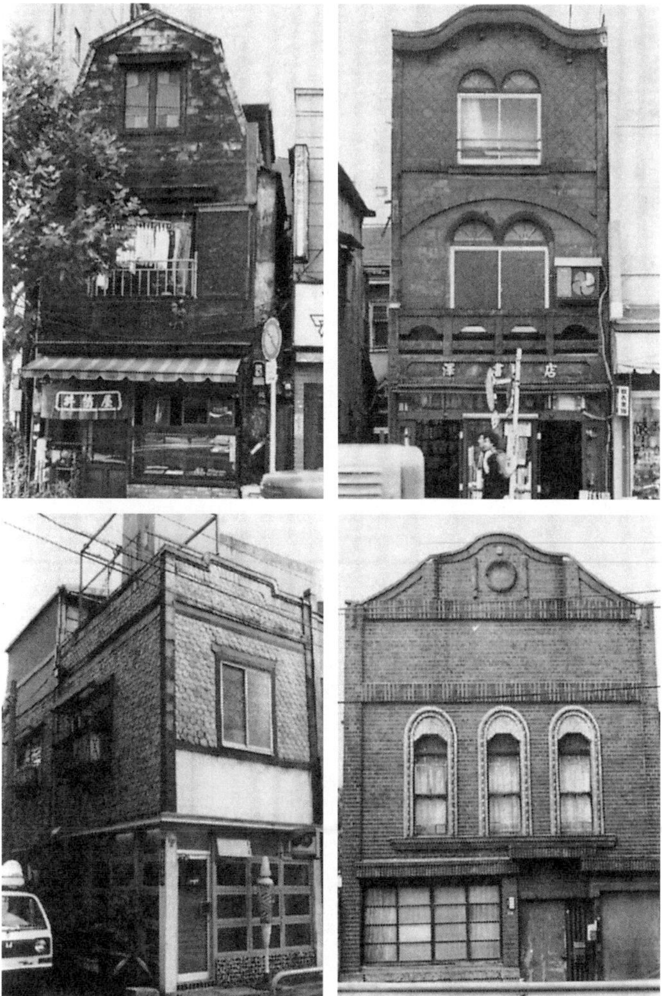

看板建築代表。右上：澤書店，左上：井筒屋商店，右下：鈴木洗衣店，左下：吉田理髮店。

到而且覺得有趣的，多半是火警瞭望台、煙囪、舊電線桿、門柱、舊門牌、信箱這類；另外有些屋簷的設計，現在看來也算湯馬森的一種，只是當時還沒意識到其中的樂趣，其實兩者之間還滿接近。後來湯馬森的概念建立後，才發現被搶先一步了（笑）。

赤瀨川：以前還差一塊「晶片」。

藤森：我們的湯馬森研究還有些不足，其實林丈二的人孔蓋也還差一點點。在建築偵探團成立前不久，堀勇良曾去兵庫縣的深山，探尋一座有百年歷史的鐵橋。

赤瀨川：所謂的「鐵橋」，真的是用鐵打造出來的嗎……

藤森：不只用鍛鑄的金屬架設橋墩，整座橋都是鐵作的。當我們看到這座橋時，覺得光是用鐵就能鍛造出各種形狀，真好！而且鑄鐵有種特殊的紋理，我們開始了解這種造就工業革命質材的趣味。鑄鐵不同於現在的不鏽鋼，或是以前的鐵刀；既不是工藝品，更不同於現代講求實用的鐵製品，正好介於中間，所以特別有意思。

赤瀨川：就是忍不住愛上鑄鐵的意思囉。

藤森：因為沒經過冶煉，所以鑄鐵質地既堅硬又脆弱，不適合用在大型的東西上。但既然是工業革命時期，當然會又拚命造橋。

所以我第一次看到林丈二的人孔蓋收集時，心想：「啊，這就象徵著那座鐵橋所代表的世界。」如果我之前更敏銳的話，一定會要建築偵探團進行人孔蓋採集……

松田：真是太可惜了！

藤森：不光是我，堀勇良應該更不甘心吧，他已經開始進行人孔蓋的研究了。他去函館調查明治時期的下水道，發現很久以前的人孔蓋，於是走上街頭，繼續追查其他人孔蓋。我那時覺得他投入的目標很奇怪，不過他已經有些想法成形了。有一天林丈二去找他，說全日本的人孔蓋自己都看過了，堀勇良心想：「竟然被搶先一步了」；這也是我們這群人跟林丈二的首次接觸。堀勇良放出「發現林丈二」的風聲，於是透過我、赤岩奈穗美、中村宏子、赤瀨川原平、松田哲夫、南伸坊，按照順序一路傳下來，到今天大家都知道這號人物了。

赤瀨川：真是千鈞一髮啊（笑）。

藤森：我覺得自己對湯馬森比赤瀨川慢了一拍，堀勇良則是在人孔蓋方面比林丈二晚了一步。

松田：說不定你們只是少了一塊晶片罷了。不過赤瀨川兄跟藤森教授當時對湯馬森的見解應該旗鼓相當吧。

林丈二，《人孔蓋「日本篇」》，科學家出版社，1984。

南伸坊與考現學的第一次接觸

南：感覺上兩位是有共通點的，就像在藝術方面，赤瀨川老師已確立作為藝術家的地位，對所謂藝術領域也有明確的範疇；而藤森教授則是透過書面資料，構築學問的世界，兩人都是一點一點脫離既有的體制，就像隔代遺傳一樣，呈現出讓人意外的成果。

藤森：說來好像都是從觀察開始的。

南：我雖然也是學藝術出身的，但從頭到尾就覺得那個領域很怪異。

我對畫單格漫畫也很有興趣，或許是出於漫畫家的自覺，潛意識裡總認為藝術家很做作。我喜歡的是像這樣的漫畫：譬如有兩位紳士站在蒙德里安的畫作前，說：「你覺不覺得這邊的線條有點歪？」（笑）

松田：把畫作當成地圖來看了。這種眼光正適合考現學。

南：不光是看大家覺得很厲害的部分，有一點偏。正好那時上了赤瀨川老師的課，聽到關於考現學的事情，覺得很有趣，也還滿合自己的胃口。

赤瀨川：那時候有出考現學的暑假作業，學生每週要交一份報告，很好玩的。

松田：這就是南伸坊的第一份作業。

赤瀨川：觀察他家附近的住戶。

南：我家在第二十四棟，這是我家前面那棟。

赤瀨川：這也就是那棟住宅「八點半觀察到的景象」。

南：是從我家廁所的窗戶望過去，說穿了就是偷窺啦（笑）。天氣很熱，所以窗戶是開著的。我上小號很慢，就順便往外看，反正很有趣，而且不知不覺正好解決完畢。當然，我把褲子拉鍊拉上後還是繼續在觀察。正確來說，這份報告是在我拉好拉鍊以後，才拿筆記本記錄下來的。

藤森：「兔子在陽台跑來跑去」，這是什麼啊？

赤瀨川：描寫得滿不錯的呢。

藤森：「小學三年級左右的男生拿蒼蠅拍追蒼蠅」（笑）。

松田：感覺好有畫面。

赤瀨川：簡直就像置身現場一樣。

松田：「窗簾下伸出一隻腳，頂著陽台」（笑）。

1970年7月20日 PM 8:30～50 文花集合住宅23號館 外部觀察實況 考現學1

501 像重考生的人坐在桌前埋頭苦讀	502 房間很亮卻見不到人影	503 房間很亮卻見不到人影	504 40歲左右的主婦正在鋪床	505 30歲左右的男子不停地穿脫及膝衛生褲	506 坐在和室椅上看電視（男子）	507 房間很亮卻見不到人影	508 一家人躺在榻榻米上看電視
401 暗暗的看不清楚	402 小學3、4年級的姊妹打枕頭排球	403 窗簾（紅色）拉上看不出來	404 穿著及膝衛生褲的男子坐在陽台的木椅納涼	405 小學3年級左右的女生正在做廣播體操	406 暗暗的看不清楚	407 2歲的男孩在客廳繞著圈子跑	408 50歲左右的主婦正在收晾乾的衣服
301 房間很亮卻見不到人影	302 30歲左右的主婦在打掃房間；老婆婆穿著浴衣站在陽台	303 40歲左右的主婦懷疑地往我這個方向看	304 30歲左右的主婦和3、4歲的女兒及5歲的兒子玩煙火	305 兔子在陽台跑來跑去	306 30歲左右的主婦開始晾衣服	307 窗子關著窗簾也拉上（綠色）	308 房間暗暗的，有人在裡面看電視，房間顏色隨著螢幕變換
201 30歲左右的主婦盯著陽台的洗衣機看	202 小學三年級左右的男生拿蒼蠅拍追蒼蠅	203 暗暗的看不清楚	204 房間如同魚市場般沉睡	205 窗簾（綠色）下伸出一隻腳，腳頂著陽台	206 暗暗的看不清楚	207 暗暗的看不清楚	208 暗暗的看不清楚
101 暗暗的看不清楚	102 女人不明所以的走來走去，隔著窗簾（白色）看不太清楚	103 暗暗的看不清楚	104 窗簾遮著看不清楚	105 家具擺得很複雜，看不清楚	106 30歲左右的女性，肩上披著布、正在梳頭髮	107 暗暗的看不清楚	108 暗暗的看不清楚

南伸坊的第一份考現學作業（詳見134頁）。

赤瀨川：「三十歲左右的男子不停地穿脫及膝衛生褲」(笑)。

南：不曉得他實際上在作什麼，但我看起來的確就是這樣。

赤瀨川：也許打算去睡，或正要去洗澡。接下來這個最棒：「三十歲左右的主婦盯著陽台的洗衣機看」(笑)。真有趣，這一則很有意思。

藤森：簡直像赤瀨川的小說(笑)。

南：應該是正在洗衣服，所以對著眼前的東西看吧。

赤瀨川：但也可能正想著好幾筆債務，或是昨晚丈夫的言行舉止，不然就是人生的種種課題……南伸坊在信上說，正好這一帶前兩三天有色狼出沒，所以很難觀察，總覺得有人盯著自己看。

藤森：原來如此，難怪這裡寫著：「四十歲左右的主婦懷疑地往我這個方向看」。

赤瀨川：我想南伸坊家大概就在這一戶對面。

南：好厲害，我家正是在四樓。

藤森：這麼說來，南伸坊打一開始從事的就是考現學哩。

南：我毫無準備就開始了。

赤瀨川：沒錯，不過他很快就進入狀況了，成果也滿不錯。我自己因為還受制於藝術圈的「引力」，出手就沒這麼俐落。

藤森：八成是南媽媽懷孕時被路上X波掃到，是胎教啦。

赤瀨川：這是他的第二份作業，也很精彩喔。

藤森：這要一直走在路上才觀察得出來吧。

南：嗯，就是路邊常見的垃圾桶，外面的架子是黑的，中間的桶子是綠的。各地的情形都不一樣，就我的觀察心得，每個垃圾桶的命運都不同。

松田：這也在你家附近嗎？

南：沒錯。

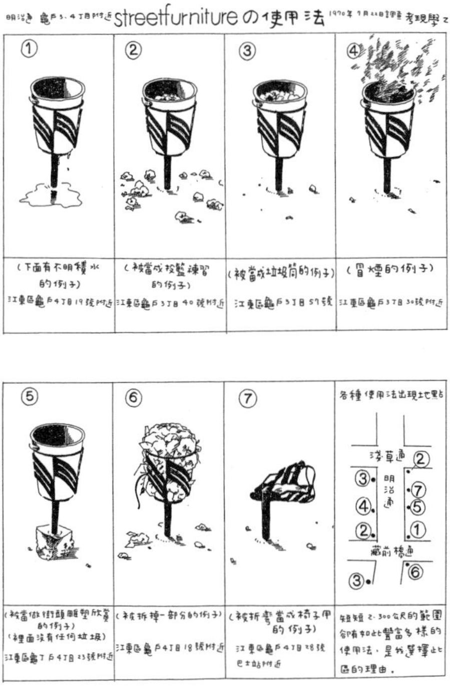

南伸坊的第二份考現學作業(詳見136頁)。

觀察報告者的眼光

藤森：不過當時為什麼會進美學校呢，不是打算要從事前衛藝術嗎？

南：其實我也喜歡現代藝術那些東西。在美學校的第一年，赤瀨川老師還沒去開課，到第二年的時候他來了，而且據說要講宮武外骨，我就迫不及待想上他的課。

赤瀨川：也只有他那麼認真地交暑假作業。

南：那是一定的。當時才剛認識赤瀨川老師，在暑假前只上了一點課，還沒聽到什麼就放假了，一聽到要寄信當作業就……

藤森：所以其實你是寄粉絲信寄給現代藝術大師——赤瀨川老師。原來如此，我想八成是這麼回事。

赤瀨川：不過他好像很輕易就完成了。

藤森：線條畫得很漂亮耶。

赤瀨川：而且很容易理解，所以不是深奧的藝術。這就對了，我們要的不是藝術，而是觀察。

松田：這很像今和次郎與林丈二自己做的那些調查。

赤瀨川：他的第三份作業，幾乎可當成文章來讀了，這也很有趣喲。

南：觀察主題本身就帶有文學性。在藏前通有座橋，下面流過一條叫十間川的小溪，感覺有點像水溝，附近還有派出所。

赤瀨川：他記錄溪裡的漂流物。

松田：可是第二十九項是胎兒耶，所以這份報告很特別。

墨田區文花1-2 北十間川 花王香皂前　**堺橋附近的漂流物**　1970年8月9日 3PM調查　考現學3

1	發泡保麗龍 可爾必思盒子裡的填充物 1個	16	涼鞋 1只
2	電視映像管 2個	17	相片顯影時使用的方形琺瑯容器(綠邊) 1個
3	球(籃球、壘球、軟式棒球)各1個 共3個	18	牛皮紙袋 1個
4	裝在透明袋子裡的吐司 1個	19	蕃茄 1個
5	Guronsan口服液的空盒 1個	20	玩具刀(綠、黃色) 1個
6	老鼠屍體 1隻	21	郊遊用的免洗盤 1個
7	橡皮圈10幾條 散落在水面上	22	賽馬報 1份
8	化粧水的瓶子(牌子不明)	23	裝汽油的容器(半透明塑膠材質) 1個
9	浣腸藥 1個	24	木片 木板 方形木柴 數個
10	玉米梗 1個	25	天婦羅油的罐子 1個
11	啤酒空罐(純生、麒麟)各1個	26	啤酒瓶(麒麟) 牛奶瓶(明治)各1個
12	芬達橘子汽水(罐) 1個	27	蝙蝠傘(黑) 1個
13	優格口味糖果的盒子 1個	28	抱枕 紅色橡膠材質 1個
14	口袋瓶威士忌牌子不明 1個	29	胎兒 1個
15	透明的蛋盒 1個	30	

南伸坊的第三份考現學作業（詳見138頁）。

南：倒不是其他人作不到，我只是看到什麼就記下什麼，而且一路寫下去。

赤瀬川：如果要挑毛病的話，你還可以再多寫一點，更進一步分析。

南：嗯。

赤瀬川：不過寫得很簡潔，不拖泥帶水。

藤森：這說不定喚醒了他潛在的科學眼光。

赤瀬川：沒錯，所以看起來很舒服。

藤森：我這樣講沒有不好的意思。南伸坊畫出來的線條，就像植物學家描繪植物一樣。

南：這我明白。

赤瀬川：這不是藝術表現，是觀察報告，所以非常有趣。

藤森：其中同時還包含了對自己的觀察。

赤瀬川：對對對，也觀察了自己。

松田：譬如記錄去派出所時的心情變化，這個滿不錯。

藤森：真不錯，所以「南伸坊全集」的開頭已經有了……

南：那是一九七〇年的事呢。

從考現學說起

關東大地震與克難屋裝飾社

松田：藤森教授，你早就知道路上觀察的老祖宗考現學，還有它的創始者——今和次郎的事吧？

藤森：因為今和次郎也算是建築人，我才會曉得有這麼一個人，一個出了名的怪人，還有他那些事蹟。今先生地位頗高，有回應邀去帝國飯店開會，但衣著一如往常，因此被擋在門外。一聽「你好歹也打個領帶吧」，他當場就把鞋帶拆下來當領帶。這是當時在場的人親口說的。我有一位建築界朋友重村力，今和次郎曾託他辦一件事，然後說「謝囉，那你就來領錢吧。」他依約到指定的地點，竟然是在一座神社裡面。一到了那兒就看到今先生坐在那裡等，只說「喏！」也沒說清楚前因後果。我的朋友就這樣莫名其妙抱著現金回去了（笑）。

南：真是敗給他了。

藤森：不過，我當時真正感興趣的其實是神田附近的災後建築。那些建築形式很接近看板建築，還有達達主義風格的電影院也挺有意思。

松田：你是指神田的東洋戲院？

藤森：對，一旦發現這種建築，就想弄清楚它的時代背景，所以我先從現場觀察開始，然後才回頭去找文獻資料，把它當做一門學問那樣深入研究，過程中又查到各種相關藝術活動，包括村山知義的MAVO藝術團體。MAVO雖然由前衛畫家組成，但也參與過一些建案，像是吉行淳之介他媽媽以前工作的美容院。聽說還有家MAVO理髮廳，我覺得很好奇，翻電話簿去找，結果還真的有。我趕緊去一探究竟，那家店的小老闆說：「店名是我老爸取的，真傷腦筋！」

從MAVO又知道有個克難屋裝飾社，他們在克難屋上彩繪。這群人所做的事相當

街角的達達主義——東洋戲院。

奇妙，只要有人委託，他們就拎著油漆罐過去，大筆一揮，把克難屋變成達達主義風，大家就那樣開開心心到處亂塗。說「亂塗」可能有點言過其實，不過他們的確在滿目瘡痍的廢墟上自得其樂，甚至還發傳單招攬生意。根據我的調查，考現學正是在災後重建這段熱潮中形成。

松田：在大地震後的斷垣殘壁中源源不斷地冒出各種新事物，呈現新舊雜處的景觀，這已經不能用考古學的方法了。大概就是這樣子吧。

考現學誕生

藤森：一旦碰到大地震，一切都化為灰燼，人們要從零開始生活。用焦黑的鐵皮遮風蔽雨，做菜、吃東西都得用同一個坑坑疤疤的鍋子，這也是一種全新的體驗。彷彿剛來到這個世界，看什麼都覺得很新鮮，好像經歷開天闢地一樣。吉田謙吉覺得這個很有意思，今和次郎也有同感，所以他們結伴上街頭，還自己畫觀察紀錄。這種新奇的感受，令他們耳目一新，彷彿親身經歷世界創造的過程。考現學或路上觀察學最難的一點，就是絕不能失去觀看事物時的新鮮感，否則只是單調的記錄罷了。所以說，啟發他們的轉捩點應該就是那場大地震。

赤瀨川：當我知道考現學是隨著大地震之後發展起來，心想原來如此——因為物件的感覺很鮮明；這說不定是由於我個人經驗所造成的感受。在這之前，人類社會文明大概像五重塔一樣，層層向上堆疊。但大地震把這一切震垮，全部歸零，原先井然有序的各種物體全都攤在地面，這跟我在垃圾分類場感受到的新鮮感很像，屋瓦旁有嬰兒車，旁邊露出一口時鐘，簡直就是……

松田：超現實主義的表現手法，空間錯置（dépaysement〔法文〕）。

赤瀨川：是沒錯，就像空間錯置的效果，所有的東西看起來好像都失去價值。

藤森：就算想用過去的眼光去看世界，但一切都已經面目全非了。

赤瀨川：只好改變眼光了，因為過去的秩序消失，不得不用一種全新的眼光看事物。

藤森：秩序都已經崩解了嘛。

松田：赤瀨川兄經歷過戰爭的衝擊，那又是有別於大地震的另一種破壞……

赤瀨川：沒錯。壞掉的東西總是帶些趣味，新奇的感覺讓人期待，因為自己的眼光變了，看什麼都覺得很有感覺。應該說，這兩種因素都有一些吧。黑市交易紛紛在經過戰火荼毒的焦土上進行，日益猖獗……

南：一般人大概都覺得：「哇，怎麼會變成這樣」，感到很苦惱。覺得有趣的人應該很少吧。

赤瀨川：還是有喔。

南：可是，有一種論調，說地震後根本沒人有那種心情苦中作樂。那種人應該真的非常苦惱（笑）。

赤瀨川：被「路上X波」照過才會吧。

南：我想是吧。但有些人可能真的發現一些不同，察覺到其中的趣味。

吉田謙吉、今和次郎的觀點

藤森：就我所知考現學最早的文獻，是大正十三年（一九二四）吉田謙吉於《建築新潮》發表的〈東京克難招牌之美〉（バラク東京の看板美）。

今和次郎曾說：「吉田謙吉說有些東西很有趣，還給我看很多素描，我自己才開始注意。」所以，第一位考現學家非吉田謙吉莫屬。他自己這樣寫道：

我在鄉間某處陌生的車站下車，顧不得先找好當晚的住宿地點，不管三七二十一就寄放了行李，把筆記本跟鉛筆塞進口袋，開始在街上四處繞行。

從這段話可看出來，吉田謙吉從大白天就在到處觀察了。還有一段敘述：

一九二三年災後的東京，很快就出現櫛比鱗次的克難屋，店頭與街上出現多處很精采的看板。……若是習慣在鄉鎮走動的人，看到東京到處都是克難屋，恐怕會張望個不停，邊走邊看吧。

所以吉田謙吉可說起步很早，這篇文章正是第一份觀察報告。至於招牌，他在鄉下也沒放過，還註明是一九二三年的三条町，

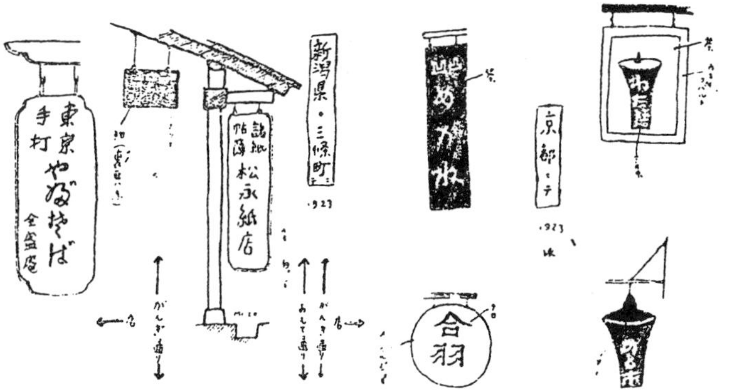

吉田謙吉繪，京都與新潟三条的招牌（1923）。

這裡說不定就是考現學的發源地呢。我們哪天一定得去瞧瞧，看三条町現在是什麼樣子。緊接著他就開始進行災後東京的觀察，像附圖第一例的京橋通，燈籠就懸掛在燒到只剩樹幹的行道樹上賣，形成湯馬森行道樹，這個就很讚。第二個例子是藥房招牌：「調配藥劑。捕蚊紙一片四錢，面具十錢」，還有一個：「泥鰍鍋、紅豆湯，明日營業」。好棒，超有感覺的（笑）。下面這段「可代替鐵皮使用。石棉瓦、螺釘」，搞不好是把燒剩的東西拿來賣，這跟我們南伸坊的《招貼考現學》還滿像的。這大概是世界上第一份考現學研究吧，在大正十三年呢。

松田：那時算是有「招牌美」的想法，但考現學的概念還不明確。

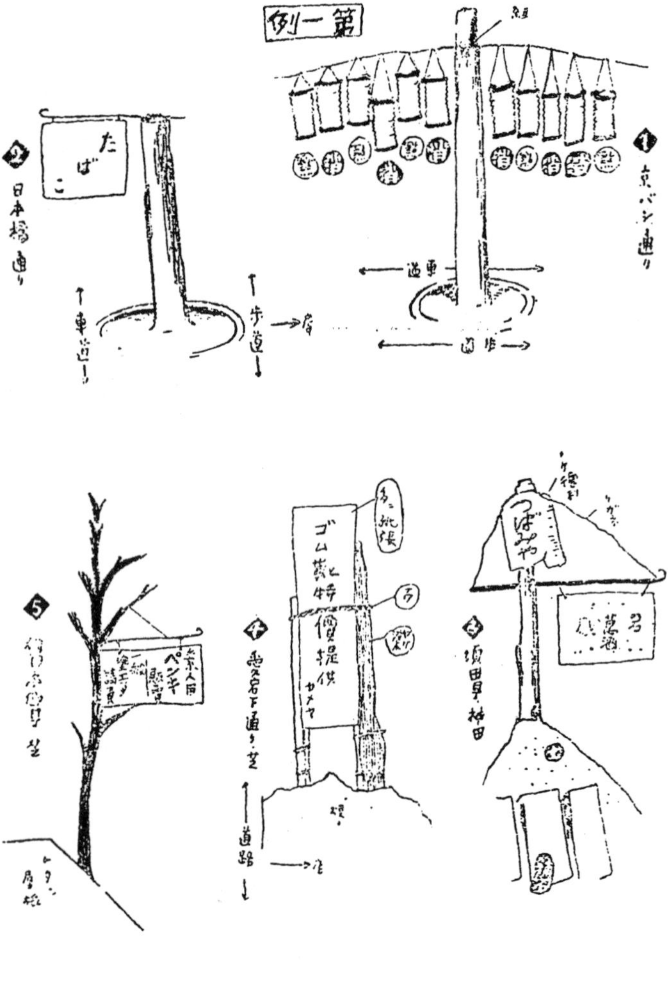

吉田謙吉繪，京都與新潟三条的招牌，第一例。

（圖中文字說明：1京橋通／車道／步道。2日本橋通／「香菸」。3神田／津羽見屋。4愛宕下通／芝區／橡膠鞋特價供應／龜屋／（拉線說明）紙板／繩子。5（地名無法辨識）／芝區／油漆）

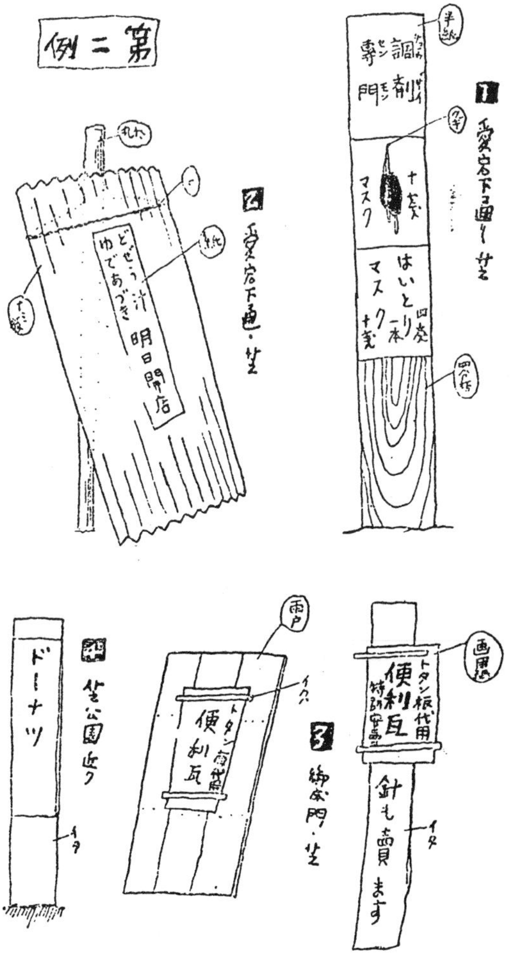

第二例。

（圖中文字說明：1愛宕下通／芝區／調配藥劑／十錢／面具／捕蚊紙／一片／四錢／（拉線說明）半紙／釘。2愛宕下通／芝區／泥鰍鍋／紅豆湯／明日營業／（拉線說明）紙／木棍。3御成門／芝區／可代替鐵皮使用／石棉瓦／特價販售／也有賣固定螺釘／（拉線說明）圖畫紙／木板。代用浪板／便利瓦／（拉線說明）遮門。4芝公園附近／甜甜圈／（拉線說明）木板）

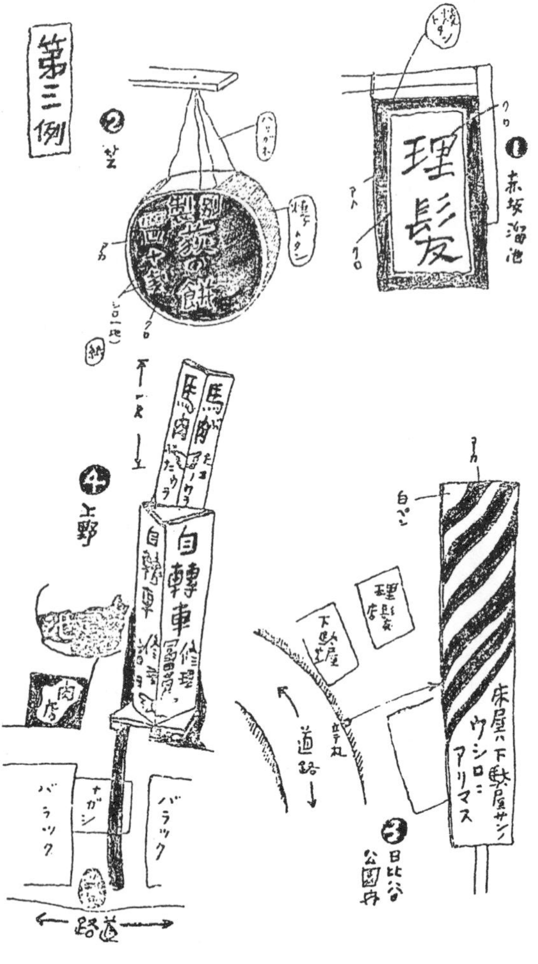

第三例。

（圖中文字說明：1赤坂溜池／（拉線說明）黑色／鋅板／藍色／黑色。2芝區／糯米糰子／四十錢／（拉線說明）鐵絲／特製／紅／白紙／黑。3日比谷公園／理髮店、木屐店，就在後面。4上野／馬肉／自行車，修理、買賣／肉店／克難屋／水坑）

南：要不是這批人把克難屋仔細記錄下來，這些肯定全部都會失傳吧。

藤森：連今和次郎的全集都沒有收錄相關內容。他的文章當時都發表在一些很少流傳下來的雜誌上。

譬如他在《住宅》雜誌發表〈荒郊野外的居住工藝——簡樸工法〉（郊外住居工藝—素朴なるテイクニックス），開頭是這樣寫的：「這篇文章寫於星期天晚上，因為我寫的東西遭到許多讀者批評，難登大雅之堂，所以小心翼翼地動筆……」（笑）。他好像也有寫到「我是個觀察者」。

赤瀬川：噢～

藤森：「最近我感覺到，自己終於可充分一展長才（？），如同看展覽般觀察世間許多物品，不是設計得完美精緻的東西，而是些怪里怪氣的玩意兒。大概是我特別奇怪，我做出來的東西、或真正想做的東西，常常不符一般人的喜好；選擇的工作也往往偏離自然；自己像隻專門在濕地上匍匐前進的蝸牛，天生有種奇異的觸角，而且還特別發達，前端甚至還長出眼珠子了。我就這樣默默地受到命運捉弄，依照所謂的進化法則變成今天的樣子。由衷希望在陽光下昂首闊步的諸君千萬別學我，才不會淪落到像我這樣的地步。」（笑）還有，「我誠心祝福各位，務必要在正統的優秀文化下建立自己的人生，為了後世，你們要好好過有意義的生活，認真工作。」這真是太棒了。

從古民俗到現代風俗

藤森：當時今和次郎還在早稻田大學當教授，不過是個怪人。

赤瀬川：他是教建築嗎？

藤森：沒錯，他是建築學系教授。他曾追隨柳田國男研究日本民家，「民家」這個詞彙就是今和次郎創立的。後來他脫離柳田門下，發展出考現學。

柳田國男後來說：「我最近想到，我的『民俗學』在分類上大概可算今和次郎『考現學』的分支。」雖然稱不上背叛師門，但今和次郎的確是從柳田門下獨立，自成一派。

松田：對今和次郎來說，柳田的確是一位很重要的老師，所以難免會想脫離他的影響吧？

藤森：我想是。今和次郎雖然跟著柳田國男下鄉作民俗調查，但日子久了，似乎漸漸開始對柳田先生的態度產生一絲絲疑惑。柳田一直在追尋過去的東西，難免不太關心當下的事物，也把鄉下古老的事物看得太高，而今和次郎卻不喜歡那樣。另外還有一個原因，他對於「從都市到鄉村進行調查」這件事本身就抱持懷疑，覺得好像在研究印第安人一樣，心裡逐漸產生反感。柳田把全副心力放在弄清楚日本人的生活文化根源上頭，自然不會注意到助手心情這類細微的小事……但今和次郎始終改不掉弘前的東北腔，對田野調查也越來越覺得乏味。

這時正好發生關東大地震，於是他下定

決心調轉方向，從鄉村到都會，從古民俗改成現代風俗，於是同時創立克難屋裝飾社與考現學。

松田：一開始就用「考現學」這名稱嗎？

藤森：不，那倒不是。當時他們畫了許多災後廢墟跟生活場景的速寫，在《婦人公論》雜誌上連載，後來好像還舉辦展覽。邀請他們辦展覽的人就是紀伊國屋書店的田辺茂一（譯註20）先生。展覽會的入口寫著「考現學」，這大概就是日本考現學的起點吧。

松田：那吉田謙吉又是個什麼樣的人呢？

藤森：吉田從藝術大學圖案科（前東京美術學校圖案科，即現在東京藝術大學美術學部設計科）畢業，比今和次郎晚幾屆，除了跟他一起發展考現學，後來也當劇場美術設計，曾為築地小劇場設計舞台。他是日本舞台設計的先驅，在這個圈子很有名。

南：最後好像都是這樣，要真的派上用場，恐怕也只能用在舞台設計上吧。

赤瀨川：沒錯，妹尾河童也是如此。

藤森：總覺兩者間好像有點相似。舞台是虛構的世界，但看起來很真實。

南：每個人都多少會希望自己的研究能派上用場，最有可能運用得上的地方就是舞台。

松田：說不定他們也覺得城市就像一個舞台。對一般人而言，城市是生活空間的一部分，但他們有不同的感覺。

藤森：眼光獨到吧。

南：就像把涵管視為藝術品。

赤瀨川：沒錯，就像舞台的延伸。

藤森：不過，剛才唸到今和次郎的文章，那段「……由衷希望在陽光下昂首闊步的諸君千萬別學我，才不會淪落到像我這樣的地步。」簡直就是赤瀨川現在的寫照，這兩人根本踏上同樣的命運了嘛（笑）！

赤瀨川：這個嘛……（笑）

藤森：據他女兒說，今和次郎小時候功課完全不行，只有畫畫還可以，於是跑到街上，從畫自家附近的房子素描開始。

松田：在《建築偵探的冒險「東京篇」》這本書，藤森教授曾提到他當初接觸今作品的經過。你們可以找來讀，內容非常動人；而且大家會發現，藤森教授這批建築偵探們在觀察時，也沿用了今和次郎的方法論，成為跟今先生感覺很像的考現學派建築偵探。

藤森：回想起來，那時我們成立建築偵探團，發現有趣的建築就發表在專刊上，曾經有過這樣的例子：有篇文章刊出時寫著「作者不詳」，結果有一天突然接到電話，是個老先生打來的，他說「那是我做的」。我們就登門去拜訪。他保留著以前家中的照片，室內設計相當有特色。「這是誰做的？」一問之下，「喔，這是今先生作的。」他家全套的餐具、金屬器皿、加熱鍋等，都是今和次郎設計的作品，那位老先生甚至還保存整組當年設計湯匙的模型，今和次郎以日本厚朴為原料，先手工削出湯匙的雛型，然後用石膏翻模，最後再灌鉛。確認OK之後，再請工匠製作；整個過程都有留下記錄。

赤瀨川：真了不起。不過委託人恐怕也很有

今和次郎設計餐具的一部分，出自季刊《銀花》第58期，文化出版局(攝影：石橋重幸)。

錢。

藤森：的確，他非常有錢。今和次郎設計的東西幾乎都沒有留下來，他後來也沒有再製作什麼。剛剛那篇文章也寫說他後來就不做東西了，因為「我是個觀察者」。所以那批餐具應該是很早期的作品。在老先生家附近，還有位叫遠藤健三的建築師。我們建築偵探團曾以考現學的方法在那一帶觀察過好幾回，說來好像有種不可思議的緣分。

松田：又是路上X波（笑）。

藤森：最早的路上X波，可能就是在大地震的災後重建時期來襲的吧。

關於《物趣》雜誌

藤森：在座各位是什麼時候開始聽到「考現學」這三個字的？

赤瀬川：這個嘛，這本油印雜誌《物趣》（いかもの趣味），是我大約在一九六八、六九年從古書市買到的，版權頁上印著「昭和十年（一九三五）出版」，所以當時的確已經有「考現學」這個詞。這份小船乘客考現學，實在太鮮活生動了，看著各艘船上有男有女，好像小船之間也越划越近了（笑）。光用記號標示就能夠這麼有趣，真令人吃驚。

藤森：這油印的效果真好。

赤瀬川：我後來才知道，磯部鎮雄本身就是從事油印這一行。你們看，他做的煙屁股考現學令我甘拜下風。我有段時間出庭千圓鈔事件，也繼續參加現代藝術展。當時參展的伙伴中（這裡要說的不是刀根康尚（譯註21）先生）有位幸美奈子小姐，她把形形色色的煙屁股翻製成石膏模型，再一個一個放入昆蟲標本箱，儼然就是一件現代藝術作品。外面再一一貼上「某月某日採集於畫家瀧口修造（譯註22）先生的書房」之類的說明標籤，當時我認為那是一件很酷的作品。但相較之下，這個更早

磯部鎮雄，《物趣》考現學專號，1935。

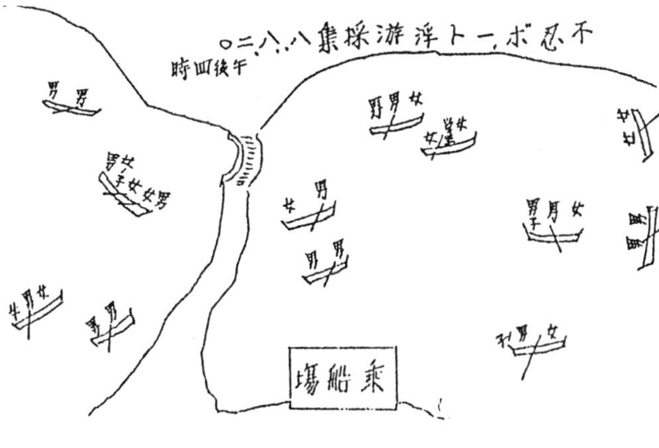

喜多川周行，「考現學浮世統計」，出自《物趣》。

（圖中文字說明：不忍池船隻浮游採集／乘船處）

出現的油印版考現學，沒有冠上藝術這頂帽子，又勝一籌。

南：林丈二兄收集的車票屑，就有這種味道。

赤瀨川：沒錯，還有把籤上的記號一個接一個依序排列下來，簡直到了變態的程度（笑）。另外，這位磯部鎮雄還成立過「江戶町名俚俗會」哩。

松田：我有大學同學曾經是會員。以前有種江戶區分地圖，通常都賣得奇貴無比，他們就透過油印的方式，讓會員只要花一點錢就能拿到紙樣，然後再自行上色。如果是非常熱中這個嗜好的人，可能會追求更昂貴的原版，但他們想作的不是這樣的事，只是想藉油印推廣老地圖。

磯部的這本書出現在昭和十年（一九三五），今和次郎、吉田謙吉編的《考現學》則是在昭和五年（一九三〇）。

赤瀨川：我想這大概是我最早找到的跟考現學有關的出版品。以前我跟松田為了收集與宮武外骨相關的書籍跟雜誌，經常跑古書展。當時真的是下了一番決心才買下這本書，現在依然記憶猶存。當然，現在看到的話，一定二話不說馬上買下，但第一次看到時，覺得標價兩千圓很貴，所以沒買。我當場心想：不過就是油印本嘛。所以雖然心裡想買，但還是猶豫了很久。

松田：結果沒賣掉，下一回古書市又出現了。

赤瀨川：還真的又出現了。頭一次沒買，我回去以後一直念念不忘，心裡想著：煙屁股研究好厲害啊，沒買下來真不甘心（笑）。要

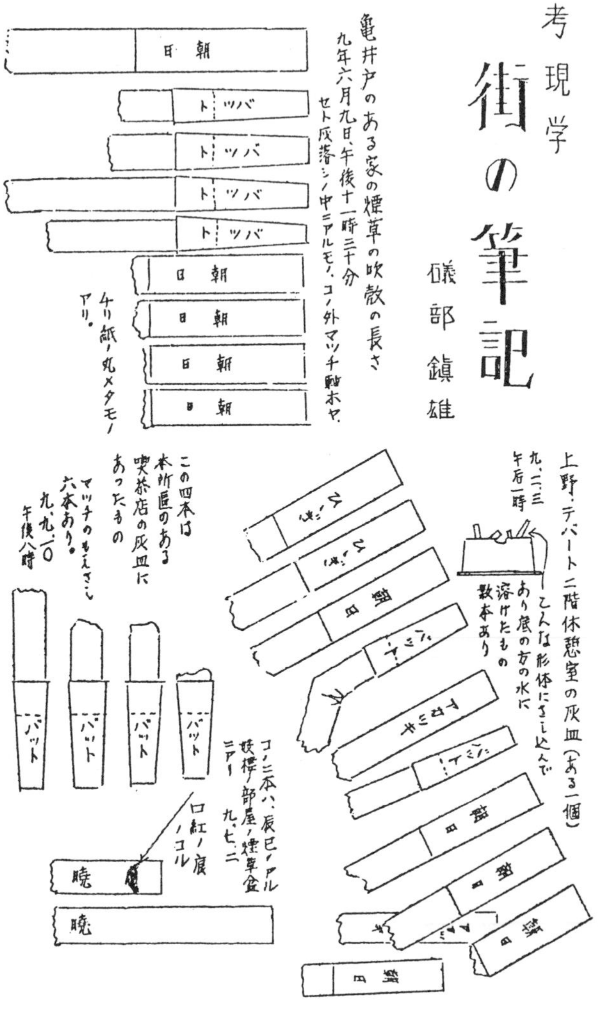
考現学
街の筆記
礒部鎮雄
亀井戸のある家の煙草の吹殻の長さ
九年六月九日、午後十一時三十分
セト灰落シノ中ニアルモノ、コノ外マッチ軸木ヤ
チリ紙ノ丸メタモノアリ。
朝日
ト ツバ
この四本は本所區のある喫茶店の灰皿にあったもの
マッチのもえさし六本あり。
九、九、一〇
午後八時
バット
上野・デパート二階休憩室の灰皿（ある一個）
九、二、三
午后一時
こんな形体にさし込んで
あり底の方の水に溶けたもの数本あり
コノ二本ハ、辰巳ノアル妓楼ノ部屋ノ煙草盆ニアリ
九、七、二
口紅ノ痕ノコル
曉

磯部鎮雄，「考現學——街道筆記」，出自《物趣》。

（圖中文字說明：龜井戶某一家的煙蒂長度／九年六月九日午後十一點三十分／煙灰缸裡除了這些，還有火柴棒／外層的紙還有餘溫／朝日／不算。這四根放在某個咖啡館的煙灰缸裡／有六根燒過的火柴／九、九、一〇／午後八點／ BAT。上野，百貨公司二樓休息室的某個煙灰缸／九、二、三，午後一點／以這樣的形態插著／煙灰缸底部有幾根菸泡在水裡／（菸名無法辨識）／朝日／ BAT。這兩根是在某個妓院房間裡的菸灰缸／九、七、二，這裡有口紅印／曉）

堅持己見，買下一般人看不出價值的東西，真要有過人的勇氣才行啊。古書會館的古書展約有七個古書會輪流舉辦，包括榮耀會、和洋會等。我印象很深刻，隔了好幾個月之後，終於又在展場看到這本書，便趕緊買下來（笑）。這種書果然沒什麼人買（笑）。

藤森：那我跟赤瀨川很可能待過同一個展場，有段時期我也常去古書會館。

松田：回想起來，大概是一九七〇年前後跑得最勤。

藤森：我跟堀勇良，還有另外幾個人，那時都迷上了逛古書市。

赤瀨川：那幾乎是同時嘛（笑）。

藤森：那時雖然聽過赤瀨川兄的大名，但還沒見過本人。

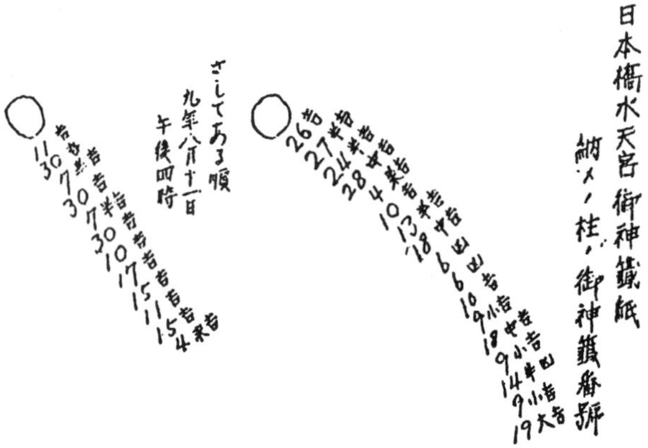

磯部鎮雄，「考現學——街道筆記」，出自《物趣》。

（圖中文字說明：日本橋水天宮的籤紙／綁在柱子上神籤的號碼／依照綁著的順序／九年八月十一日午後四點）

赤瀨川：只是找書的方向不太一樣吧，那時候我們專找跟宮武外骨相關的書刊，看目錄訂書，跟其他人競標。

藤森：宮武外骨的書我只買過一本。赤瀨川兄一開始接觸考現學的契機似乎和我不一樣，並不是因為今和次郎。

赤瀨川：起先是因為看了磯部鎮雄那些東西，覺得很有趣，然後發現今和次郎、吉田謙吉編的《考現學》，才真正認識這門學問。

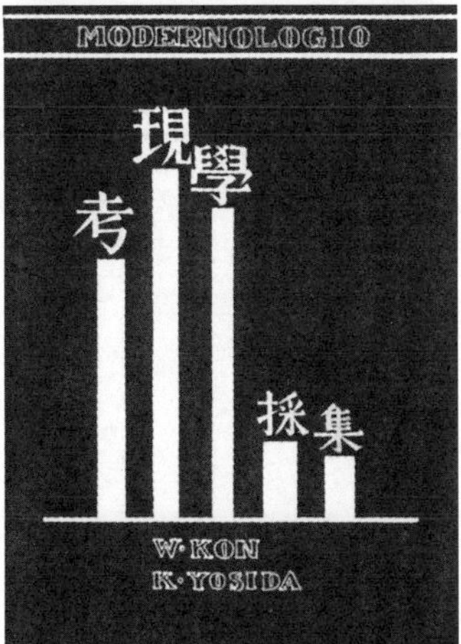

上：今和次郎、吉田謙吉編，《考現學》，春陽堂，1930。
下：今和次郎、吉田謙吉編，《考現學採集》，建設社，1931。

何謂路上觀察

逸出實用價值的趣味

赤瀨川：我們看今和次郎等人寫的書會覺得有趣，基本上是因為想到這批人認真的模樣，譬如異常執著地跟蹤在銀座逛街的路人。

藤森：是呀，觀察女人在哪個路口轉彎、跟誰走進咖啡館，或是去洗手間什麼的，完全就是色狼的行徑。

赤瀨川：如果是真的色狼，大家還比較能夠理解，但偏偏又不是。所以如果非要我解釋是怎麼回事，也只能說是藝術了吧（笑）。

南：這大概是最簡單的說法。

赤瀨川：是啊，所謂藝術，雖說是模仿世界萬物，但也是在揭露它們的本質啊……

南：沒錯，以無用的事物為樂，冠上藝術的名義最輕鬆。

赤瀨川：樂趣是最主要的動機。只是有趣歸有趣，幹這種事的人還是怪怪的啊。

南：有人會說：「做這些事到底有什麼用處？」如果非要講個理由，就又變得無趣了。

赤瀨川：反過來說，如果一心想著要獲得大家認同，做起來也變得很沒意思。想想滿奇妙呢。

藤森：你說得沒錯，不論是我們這群人，或是所謂的湯馬森，都是經過一段很長的時間才被世人接受；至少要好幾年。其實大家不知道我們在幹什麼也還好啦，說不上有多苦，最重要的是自己樂在其中。

南：像我專攻的招貼這個領域，現在一般人也開始覺得有意思了。在各種各樣的招貼中，以特種行業的最多。大家在學校園遊會、校慶之類的場合也會看到一堆，不過都不會太有趣，因為內容很普通，不外乎「禁止隨地便溺」之類的；也有些做成告示牌，譬如「勿從此入」。這些當然說不上有趣，畢竟還是要有一點點脫離常規才好玩。

赤瀬川：人類行為的出發點都太嚴肅了，所以才會想從中找出趣味。

藤森：有些招貼意思到了，卻很乏味。

赤瀬川：沒錯，純粹為了傳達意圖，就只剩下實用價值。

南：所以我都會特地去找，一定要找到其中的梗，才會好玩。

藤森：就是要那些偏離主旨的部分。寫告示的人自己可能都沒發現，原本只講求達到目的，但不知不覺就冒出某些不實用的東西。

南：寫的人要是知道結果變成這樣會很懊惱吧！

藤森：那倒是。我們覺得有趣，是因為招貼不是藝術作品，而且本質上必須傳達某些目的。藝術如果能讓人接受，那就達到作品的實用價值。但奇怪的招貼、人孔蓋、「純粹階梯」這些東西與藝術品不同，它們原先都有實際的用途，但因為某些原因而改變，出現實用性之外的面向，這就是其中的趣味。

南：然後還帶給我們「發現」的樂趣。

藤森：不能光有實用性。

赤瀬川：所以說到考現學，還是觀察者親自

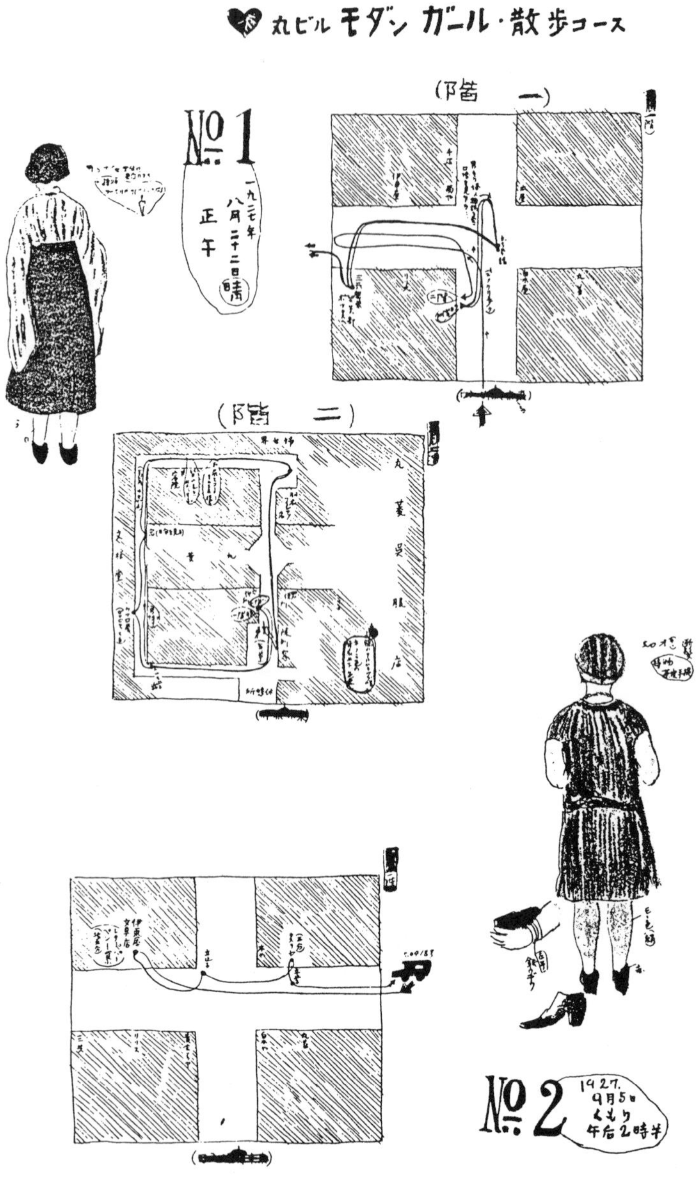

「丸大樓時髦女孩散步路徑」，出自《考現學》。

（圖中文字說明：丸大樓／時髦女孩・散步路徑／一樓／二樓）

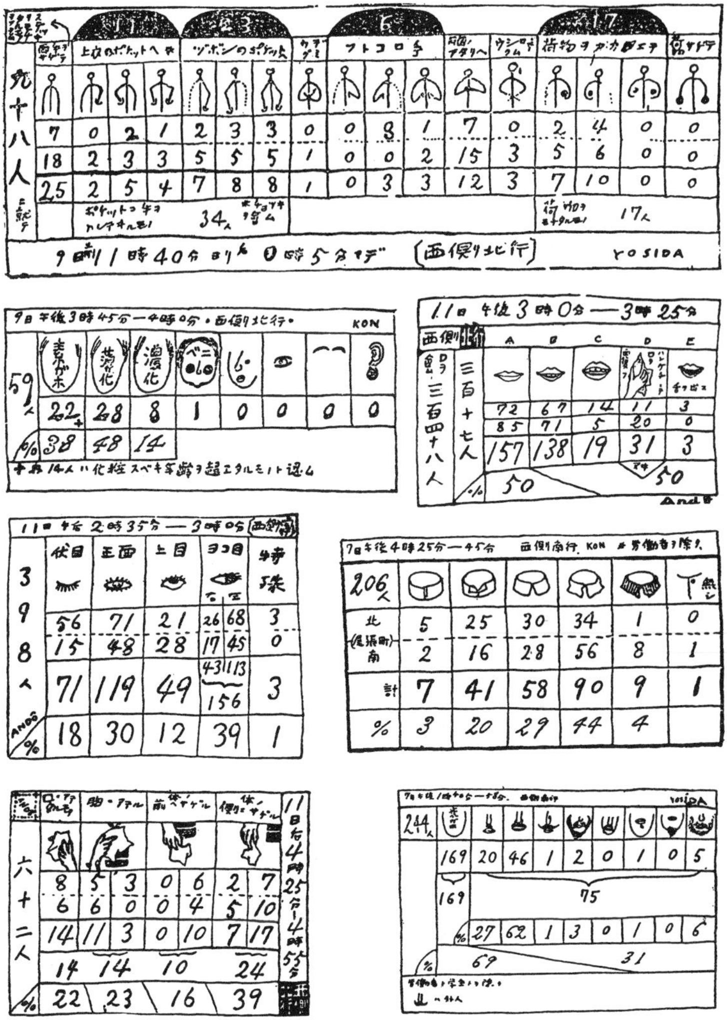

「一九二五年初夏東京銀座風俗記錄」，出自《考現學》。

（圖中文字說明：（上）觀察九十八人／雙手下垂／手插入上衣口袋／手插入褲子口袋／雙手抱胸／手插在懷中／手擺至腦後／手擺在身後／抱著行李／提著行李／手插口袋34人。（左一）無化粧／淡粧／濃粧／腮紅／14人已經超過應該化粧的年齡。（右一）用手帕摀住嘴巴／伸出舌頭。（左二）眼神朝下／眼神正視／眼神朝上／眼神偏側邊。（右二）沒穿襯衫。（左三）擋住嘴巴／置於胸口／垂在身體前面／垂在側面。（右三）未蓄鬍／不含勞工階級與學生／是外國人）

手繪才有味道，如果以機械化的方式呈現，那就沒有意義了。之前有份雜誌作考現學報導，拍了一大堆照片，呈現路上行人怎麼走之類的，雖然勞師動眾，但看起來實在有點乏味。

南：畢竟還是要呈現觀察的角度。

松田：考現學在剛起步時，還不確定將來會朝什麼方向發展，其中一種可能就是像調查研究一樣，派工讀生出去乒乒乓乓地進行。

南：請不請工讀生差別很大。要是叫別人做就沒意思了。

松田：今和次郎進行集體調查時好像有動用學生。剛才提到的銀座大街調查感覺很新奇，也滿有趣；但要是把同樣的構想移到小樽之類的地方，就變得一點也不好玩了。

赤瀬川：規格化就會變得很無聊，而且應該會多出不少規定吧。

南：結果到頭來，比方說關於路上觀察的書出了之後，進行路上觀察的人越來越多，最後發展成一套公式，那就不好玩了。

松田：今和次郎那批人開創的考現學後來沒有繼續發展下去，這也是原因之一吧。

藤森：這是一種宿命。

松田：受到世俗的認同就不好玩了，居然還派工讀生去街頭訪查。

藤森：今和次郎跟吉田謙吉在事態快要演變到這種地步前，就趕緊打住。

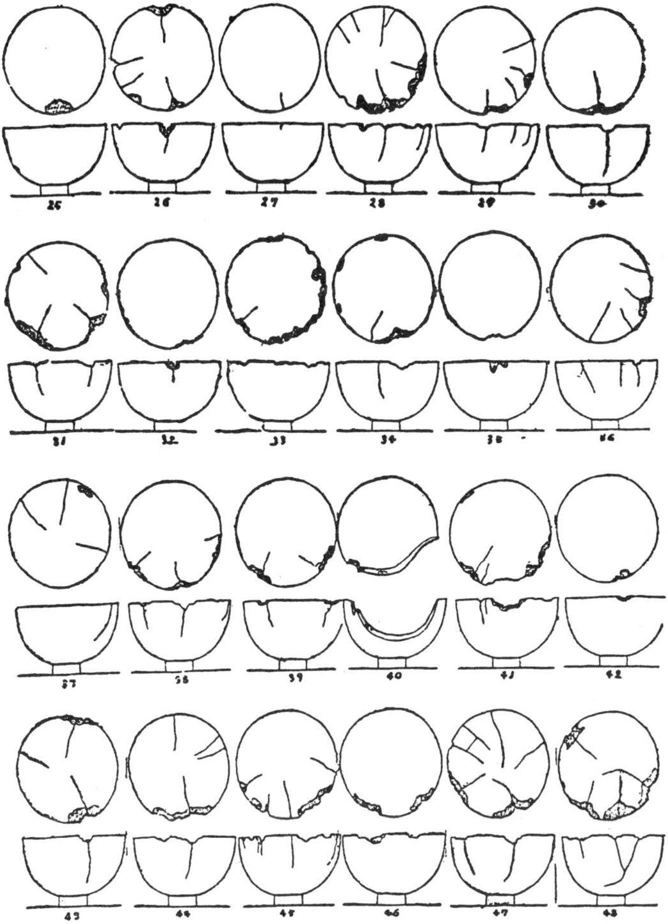

今和次郎、小澤省三，「破茶碗」，出自《考現學》。

博物畫與照片的差異

藤森：考現學與路上觀察學既不為了實用，也不是藝術。真要說起來，在繪畫的領域裡，它的定位大概比較類似博物畫吧。在工業革命時期，歐洲人蒐集世界上稀有的動植物，當時還沒有攝影術，所以用繪畫作記錄；這類博物畫也是荒俣宏的最愛。雖然基本上該要秉持科學精神，正確地描繪，但多少還是流露出奇特的趣味。

松田：在還沒有科、類這些生物分類，分類學也還沒建立的時代，將採集來的東西，以描繪的方式記錄下來，是博物學最基本的手續。

南：任何事情一開始都很有趣。

藤森：我們剛才看到的南伸坊在美學校的第一份考現學作業，其實也算博物畫的一種。現在已經有分類學，再者如果要呈現多樣化的內容，應該利用攝影比較好，博物畫可能會失真或是畫錯。既不夠科學，也算不上藝術，說起來博物畫還真的滿奇特的，似乎跟湯馬森或人孔蓋有某些共通點。

南：照片好像就沒那麼有趣。倒也不是說照片一定都是機械化的產物，起碼我自己就不這麼覺得。有些攝影家拍的照片就很有趣，傳達出自身看事物的眼光；不過一般的照片通常無法表現拍攝者個人的觀點。

赤瀨川：沒錯，一般人的照片很難表現出觀看的角度。如果要求這要求那，最後反而就變成藝術了。

南：因為有意圖，希望受到大家認可吧。

赤瀨川：的確，人會不自覺地展露各種主張與表現，哪裡感覺是藝術的，就努力拍成照片；若保持原樣拍照，藝術就隱藏起來了。這正是有趣的地方。總之，觀看是觀察的樂趣所在。

南：具體來說，觀察主體不明顯的話，就不好玩了。

松田：我超喜歡吉田謙吉這本巨著（指《考現學採集》）中的這一頁，「被狗弄破的紙門」。

南：這超可愛的。那句「弄成這副模樣——」寫得很妙（笑）。

藤森：語氣好像南伸坊（笑）。

赤瀨川：真的是這樣。觀看的角度果然很重要。

松田：這裡頭不用文學譬喻，只純粹描寫景物。不過做這樣的記錄，意義何在？

藤森：人生本來就沒啥特別意義呀（笑）。

赤瀨川：換個角度想，所謂的考現學永遠不會消失，源源不絕；但沒辦法累積，所以無法形成龐大的體系。

藤森：這跟螃蟹只能橫行的道理一樣；同樣的事情不能一做再做，否則就會覺得很蠢。但所謂的樂趣又是什麼呢？

南：之前看警察在犯罪現場拍的照片，其中包括鮮血飛濺的痕跡。他們觀察血跡往哪個方向噴出、濺成什麼樣子，然後寫成筆錄。這對辦案的法醫而言當然是很重要的資料，但對我們則另當別論。如果有人問，這到底有什麼趣味？也只能回答：就是單純地覺得，原來如此啊！好比狗抓破紙門，其實也沒什麼大不了，但如果拚命想像當時的情景，就會覺得很好玩；譬如那隻狗到底是怎麼溜過來之類的。

藤森：這幅畫之所以令人覺得有趣，文字解說占了相當大原因。南伸坊的《招貼考現學》也是，就算招貼本身不怎麼有趣，配上南伸坊的解說之後，就變得很好玩。至於湯馬森，也是透過赤瀨川的解說才變得有趣。聽說東大畢業的四方田犬彥還被退稿過呢（笑）。所以圖文兩者缺一不可，如果只看圖，我們根本不知道這是在幹嘛。

松田：湯馬森的話，最好還是用照片，手繪很難證明真實性，可能會被懷疑是造假。

南：剛開始研究招貼時，我也會擔心這個問題，因為招貼的內容也可以捏造。譬如你可以自己寫個有趣的公告，貼出來再拍照就好了；真要作假的話，比湯馬森簡單多了。所以我想，還是用畫的好了，畢竟手繪跟拍攝照片的感覺還是不一樣。

「目的波」與「成就波」

松田：現在市面上有大量刻意標榜「TOWN WATCH」，以解讀大眾消費趨勢為目的，進行都市觀察的書籍。我們要是搞到這種地步，可就不好玩了。

赤瀨川：如果接收到「目的波」，特別為了某一種企圖而進行觀察，大家恐怕會全軍覆沒吧（笑）。

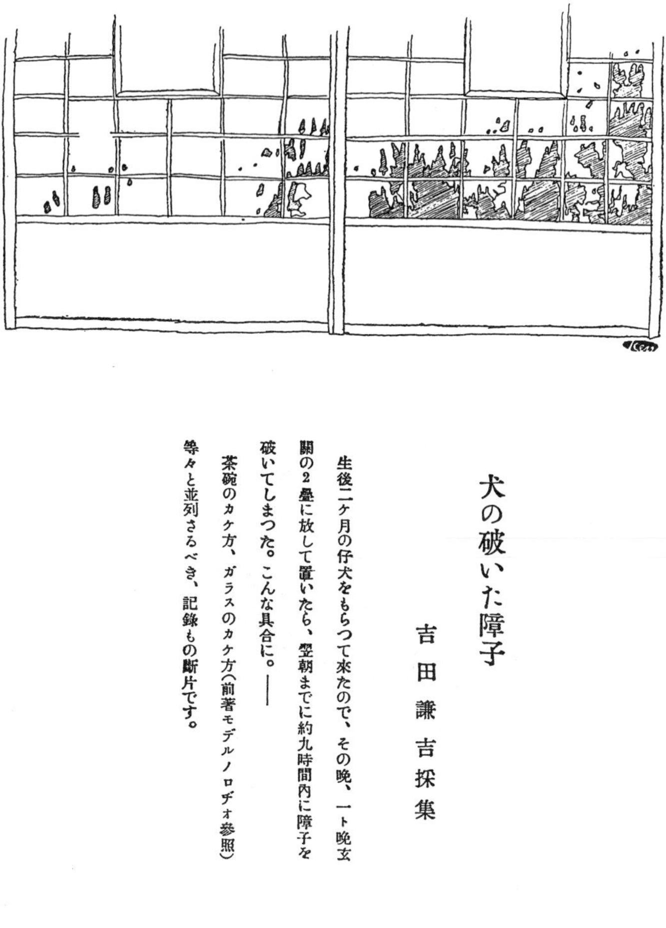
犬の破いた障子
吉田謙吉採集
生後二ケ月の仔犬をもらつて來たので、その晩、一ト晩玄
關の2疊に放して置いたら、翌朝までに約九時間内に障子を
破いてしまつた。こんな具合に。——
茶碗のカケ方、ガラスのカケ方（前著モデルノロヂオ參照）
等々と並列さるべき、記錄もの斷片です。

「被狗弄破的紙門」，出自今和次郎、吉田謙吉編，《考現學採集》。

（圖中文字說明：被狗弄破的紙門／吉田謙吉採集／有人送我出生兩個月的小狗，把牠放在玄關一晚，第二天早上約九點，發現紙門被弄破了。弄成這副模樣。——／我覺得應該跟茶碗的破法、玻璃的破法〔請參照前作《考現學》〕等並列在一起，作為記錄的片斷。）

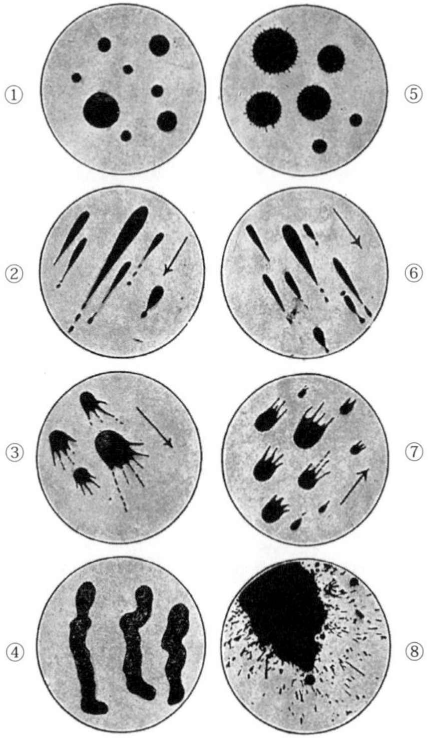

犯罪現場的血跡，出自《案發現場攝影集》，1930。
①垂直滴到平面上的血跡。
②從右上方噴濺到左下方的血跡。
③從上往下噴濺，力道較強的血跡。
④噴濺在垂直或傾斜的平面上，往下流淌而成的血痕。
⑤從較高處垂直滴在平面上的血跡。
⑥從左上方噴濺到右下方的血跡。
⑦從下往上噴濺，力道強勁的血跡。
⑧持續從同一處往下滴落，形成的血跡。

藤森：路上觀察的趣味，在於對「目的波」的接收能力很弱，自己高興比較重要（笑）。

赤瀨川：把「目的波」反射回去（笑）。

松田：可是，一開始就承認自己的行為荒誕無聊，只是玩票性質，那也沒什麼意思吧。

南：說起來，還是跟先前提到的「成就波」有關（笑）。

赤瀨川：「目的波」與「成就波」的波長，搞不好很接近……

藤森：「目的波」是企業發出的，「成就波」則來自報章雜誌，這也沒辦法。

松田：反過來說，如果沒有任何「目的」與「認可」，最後反而什麼也不是了。

藤森：的確，如果與「目的」、「認可」完全無關，路上觀察就無法成立了；這點是絕對可以確定的。我們遇到林丈二時很高興，因為這個人不會受到「目的波」或「成就波」的影響，他沒有接收這類波長的天線。我或赤瀨川老師基本上都不是為了什麼目的或認可而作這些事，但多多少少還是會受到「目的波」與「成就波」的影響，會有些企圖。

赤瀨川：我們發現到了。而且身上都會有兩片晶片，專門接收可悲的「目的波」與「成就波」（笑）。當然，受到「目的波」太大影響也不好，自己也會覺得排斥，覺得不好玩。

藤森：我們偶爾也會享受「目的波」或「成就波」帶來的樂趣吧。但林丈二兄……

南：我想他也不至於完全沒有。譬如之前看幻燈片時，他就說「也有像這樣的東西喔」。我看到他去歐洲旅行的筆記時也嚇了一跳。

明明也不是要寫給什麼人看，卻記得這麼工整。

藤森：所以說，林丈二真的是路上觀察之神，或者說是考現學之神。所謂神的意思就是一般人做不到，也不容易理解。他的筆尖似乎也藏著神。赤瀨川老師跟我、南伸坊以及其他人就像他的門徒，向社會傳播福音。遇到林丈二兄時，門徒心上彷彿落下一塊大石。我們不斷地接收「目的波」與「成就波」，內心已經受到污染，遇到那麼純粹的(笑)路上觀察化身，突然有種放心的感覺：從此可安心接受「目的波」或「成就波」的影響；沒問題的，只要有這個人在就沒關係……(笑)

赤瀨川：因為我們多少會受到「目的波」或「成就波」的影響，有時也會刻意迴避。可是林丈二兄完全不為所動，就像神能毫無懼色地觸碰獅子……

藤森：像他這樣的人，即使伸手進竈裡取出滾燙的石頭，也能毫髮無傷吧。滋——。他完全沒事，我們的話就嚴重灼傷了。如果沒有他，我們現在的狀況恐怕是岌岌可危啊。

路上觀察之神與門徒

南：似乎有很多人都問過林丈二：為什麼你可以如此觀察入微？但他自己好像也不太清楚。

藤森：我想沒有人知道。他應該純粹是受到路上X波的影響吧。我是在見到他之後，才真正了解在宗教領域中，創教者與門徒之間的心理糾葛。首先，門徒會自覺背叛了創教者；而我們受到「目的波」與「成就波」的誘惑，感覺自己就像叛徒猶大一樣。

松田：或者是為了錢而變節。

藤森：創教者自己一定不為所動；但我們不同，自覺背離正途，接著就會去思考存在的意義。或許眾門徒跟耶穌之間的心理狀態也是如此吧。然而，耶穌完全不知道門徒心中的矛盾；林丈二也不曉得我們內心的掙扎。

赤瀬川：他雖然沒有看穿，但看到我們做的事，應該自然就會發現我們其實是跟他背道而馳的吧(笑)。

藤森：沒錯，除了人孔蓋之外，他還觀察像狗大便、鞋底崁入的砂石、磚牆的小洞等各式各樣的細節，他接觸到的東西，彷彿都散發特殊的光芒。這不就像耶穌行使奇蹟一樣嗎？傳說中，痲瘋病人只要接受耶穌碰觸就能痊癒。世界上各種宗教好像都有這類，關於觸摸的神蹟。而我們這些門徒就應該把各項奇蹟記錄下來，讓大家知道。就像《馬太福音》，我們也該整理出《湯馬森福音》、《建築偵探福音》之類的(笑)。

赤瀬川：沒錯。剛認識林丈二時，我們去他家看幻燈片。原本大家都以為他只研究人孔蓋，沒想到一直看下去，居然看到各種各樣的主題。在回程的電車上，我們這群人有好一段時間都說不出來。

藤森：記得當時我們是搭西武線的最後一班列車，車廂裡沒有其他乘客，我們這四、五個大男人坐著，不發一語。像赤瀬川兄是因為深受震撼，不想說話，正在寫些東西。我們其他人則是為了不同理由而保持沉默；當然也是因為感覺到，好像只有我們這群人會為這類發現而感動，有點難為情。這情況就像聽到：「我觀察狗走路的樣子，當右撇子的狗在路左側邊走邊小便時，還會朝後望一下」這樣的話，心裡有所觸動，同時又覺得擺不上檯面。所以我邊觀察大家的樣子，心想：「如果可以直接說出心裡的感覺就好了。」（笑）不過，當電車開動時，我們幾個人還是爆出一句：「好厲害啊！」（笑）

松田：這就是神的啟示忽然降臨了（笑）。聽你們回想這段往事，我想起自己曾遇到納豆包裝的蒐集狂。雖然還不至於像見到創教者一般，但大概也就是這種感覺。

赤瀨川：沒錯沒錯，我曾在《藝術新潮》雜誌發表過一篇〈東京封物誌〉，內容有林丈二的事蹟，也提到有些人蒐集火柴盒標籤的例子。我有寫出藤森兄剛才說的這段插曲，而且也寫到遇到林丈二，讓我們這些人覺得很安心。後來就收到讀者來信，說自己也蒐集了上百張納豆外包裝紙，一直以來邊收集這些東西，卻又想擺脫這樣的嗜好。但讀了那篇專文以後，猜想我一定認識蒐集了上萬張納豆外包裝的大師級人物，就拜託我務必引薦一下，這樣他就會覺得自己得救了——不過才蒐集百張而已嘛（笑）。

藤森：這不就是在尋求神嗎（笑）？

赤瀨川：是呀，尋求一種寄託。不過這也很厲害耶。說不定還真的有納豆外包裝的收藏家，只不過我不認識就是了。

藤森：那如果介紹他認識林丈二呢？

松田：這個人恐怕只有透過納豆才能得到救贖吧。

藤森：關於林丈二還有一段小故事，跟使徒們的貪念有關。赤瀨川跟我初次是以作家的身分見到林丈二；這個人實在會讓人捨不得介紹出去（笑）。在第二次見面時，他只約了南伸坊，我們就覺得很不甘心，心想：為什麼不找我們呢（笑）。基督教不是有所謂十二使徒嗎？這個數字一定有個意義，我想他們大概是覺得：「維持這樣的人數就夠了」。

以前我讀基督教的《使徒行傳》，根本無法理解他們的想法；不過認識林丈二之後，我大概了解是怎麼回事了。

赤瀨川：世界上果然有神存在啊。

藤森：可是我到目前為止還沒見過神（笑）。應該還沒吧，南伸坊在「第二次使徒召見」之前，有沒有聽過什麼關於林丈二的事蹟？

南：我其實是透過松田兄的介紹。

松田：我是聽到赤瀨川老師說了之後，單獨跟他碰面，才成為「使徒」（笑）。

南：他是先上了ＮＨＫ的節目（「攝影棚Ｌ」），然後才在家裡舉辦幻燈片聚會……一開始聽到有人專門研究人孔蓋，我心想大概就跟蒐集火柴盒標籤差不多吧。結果去了才發現，他還觀察像洗手台的水流漩渦這類細節，去舊貨市集買水龍頭什麼的，作了各種觀察。但最出人意表的還是他最後拿出來的筆記，讓我覺得非常震撼。

㉕	111	毛皮店	Andre Chierry Fourrures	被雨水沖爛，不太清楚，但確實有一坨。
㉖	105	女裝店	Antonella	停車計時器下方有一坨小型犬的大便很顯眼。
㉗	101	甜點店	Dalloyau Gavillon	有一坨被踩扁。
㉘	可能是101	肉店	Nivernaises	有一條剛大的，彎曲狀，還有一條長條狀……合計兩條。還有一坨似乎已經大了一段時間，像座小山似的大便，在距離40 cm處。
㉙	91	大廈一樓的童裝店	Tartine et Chocolat	這裡似乎是狗大便集中的地方，有一坨隆起的大便，應該是大型犬所留，不遠處還有一坨，在對面很快又看到一坨，似乎是小型犬留的，在這坨的對面，有一坨被踩過的。
㉚	77	化粧品店	Germaine Monteil	有一坨被踩扁，不遠的車道上還有一坨，另外還有一些小型犬的大便四處散落，共七個。
㉛	75	美術畫廊	Martin Caille Matignon	有一坨被踩扁。
㉜	69	骨董店	A.S. Khaitrine	有一小坨，看似很有黏性。
㉝	45	銀行	La Compagnie Financiere	在寫著兌款的玻璃前有一坨。

※特別一提，上述門牌45號，距離愛麗舍宮很近，因此應該打掃得很頻繁，看不太到狗大便，從愛麗舍宮往皇家路走，沿路只看到這一坨。

㉞	11	高級女裝店	Cesare Piccini	與隔壁浪凡(LANVIN)交接處，有一坨被雨沖散的。

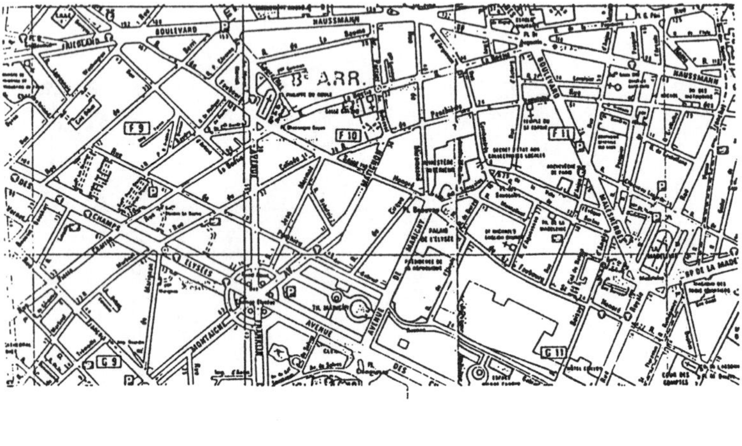

巴黎　聖奧諾雷市郊路

Rue du Faubours St. Honore

狗大便調查

80.7

	門牌號碼	店家種類	店名	糞便形狀、狀態、特徵
①	52	香水店	(internationale parfum)	有三小坨狗大便
②	58	骨董店	Au Vitux Venise	有一坨被踩過，呈樹葉形狀。
③	76街角	畫廊餐廳	Maxime's	有一坨約8 cm，牆邊有一坨約2cm。
④	108	(掛毯)	Galerie d'Art de BRISTOL	有一坨被踩扁黏在地上，像樹葉的形狀，黃褐帶點黑色。
⑤	118	畫廊(現代美術)	Pierre Cardin	直徑4cm被踩過的兩大坨，對面還有一坨，合計三坨。
⑥	122	不知是什麼店的門口	在香水店Tharmacit的右斜前方	有兩坨被踩扁。
⑦	124	化粧品店美容院	Caillau	九顆小糞便堆成一座山的形狀，被雨淋過後變得有點白。
⑧	124	阿拉伯航空公司	Office de tourisum「Libanais」	有一坨綠中帶黃的黏在地上。
⑨	126街角	書店	Libre moderne「H·Picard et fils」	在工程現場的石頭上有兩坨。
⑩	126			一坨被踩過貼在地上呈丸狀。
⑪	130	大廈	感覺上是座公寓	有一坨感覺上像中型犬剛大的，大喇喇堆在地面。
⑫	134	年輕取向的女裝店	Olivie de ◯fordes	有一大坨像大型犬大的堅硬糞便，旁邊還有一小丸一小丸，顏色很奇怪，似乎是後來才大的餘糞。
⑬	街角	大銀行	Societe Generale	有一坨中型犬的大便，卡在街角地下換氣口的網子。同樣在網子上，旁邊還有一坨，下方還有一坨，應該是中型犬的大便，是接近黑色的深褐色。
⑭	166	舊書店	Jadis et Nadúere	直徑4 cm與直徑3cm的，共兩坨，被雨淋到塌掉。
⑮	168	傢俱店	Cassina	有一坨黃色的，被踩過以後，感覺很髒。
⑯	168	在Cassina隔壁的旅行社		像排水溝似的凹陷處，有兩條應該是小型犬的糞便排在一起。
⑰	168街角	室內裝潢用品店	Formes nouvelles	電線桿旁邊有一顆孤零零躺在地上，推測是小型犬或中型犬的大便，另外一坨是兩條交疊，看起來像剛大完，閃耀著茶色。
⑱	174	鐵捲門拉下，不知是什麼店	Jacques_depourbay gerald degraff	合計兩坨小型犬大的中型大便，有一坨是中間細兩頭大，旁邊那坨像不倒翁一樣站在地面。
⑲	174	畫廊	Galerie Andre Pacitti」	有兩種顏色的狗大便被踩過黏在地面。
⑳	178	骨董店	Godard Desmarest	有一坨被鞋子踩過糊成一片，四周還有鞋底抹在地面的痕跡。
㉑	178街角	古典畫廊	Objets et Art	有四處踩過狗大便的腳印，之後為了清理鞋底抹在地面的黃色痕跡。
㉒	137	公共建築長邊的某處		在一大堆狗大便中，有四坨超大的是粉紅帶灰的怪顏色，還有一坨被踩過。
㉓	133	上述地點的隔壁		七顆綠色的隨性排放在地面，被雨淋濕。
㉔	129	咖啡廳	Griffon	巧克力色的大型犬糞便堆得老高，很髒。

出自林丈二，「歐洲check list」（1984）。

'84 歐洲旅行
放屁記錄

實施期間　　4月14日～5月20日　共計37日

期間中放屁次數 ——— 201次＋α（α是沒數到的次數，大約只有幾次）

一天平均放屁次數 ——— 約5.4次

放屁聲 BEST 10		數量
第1名	BUUU（包含BUU！）	20
	BUU（包含BU－！、BU－、BU－u）	:
第3名	Bu	14
第4名	BU－u（包含VUU－！、VU－、B－u）	9
第5名	BOON	6
	Bi－（包含Bli－）	:
第7名	BURIi	4
	BIU	:
第9名	BU－U	3
	BAFU	:
	BUFU	:

'84 歐洲旅行 放屁採集

（在飛機上忍住不放屁時想到的點子）

4/14	(日本時間PM 5:09) AM 11:26	安克拉治機場廁所	BURIi、BUu、BUu
	PM 3:08	巴黎朱諾(JUNOT)大道	BUBURI
	5:02	〃 飯店的房間	BU-U
	11:54 ~ 56	:	BUu、BERIi
4/15	AM 0:32	:	BABUu
	PM 1:32	〃 卡魯索橋上	ZUSUu 漏屁
	5:42	〃 飯店前	SUSUu 漏屁
	51	〃 飯店的房間	BUu
	58	〃 飯店的廁所	BUUu 之後連放數次
4/16	AM 2:37	〃 飯店的房間	BURIBON、DOBUu
	起床まで	:	BUN、BUN、BUN
	7:55	:	BUN
	PM 6:58	:	BUBIi
	8:05	:	BUBIi
4/17	AM 4:10	:	BUBU-N、BEBIN
	6:56	:	BUZUN
	PM 0:30	英國往福克斯通的船上	BUSUBIIN
	50	〃 船上的廁所	BUZU-N、BUBI-N
	9:13	倫敦飯店的房間	BUBIN
4/18	AM 4:10	:	BABUN
	40	:	BUUu
	5:30	:	BIBUN
	54	:	BUUu
	PM 7:38	:	BUUu
	8:41	:	BUu
4/19	AM 5:56	:	BUUu
	6:00	:	BUu
	10	飯店的廁所	BUPI—
	PM 9:10	飯店的房間	BUU-u
	20	:	BUu

飯店房間 Check List (I)

都市名稱	鏡子 m/m 寬×長	肥皂															
巴黎		無	○	→	↶	G_2	A	籃	🔑	6	○	牆1	T大 T小	1	壁	C	1425 1930
倫敦	565×648	使用過 無包裝	○	×	↶	G_1	B	塑	🔑×	11	○	X	T中	1	×	C	1220 1860
愛丁堡	×(2支裝中)	新品2個 無包裝	○	×	↷	×	B	鋼	×	5	○	牆2	T小 2 長1		×	B	970 1880
格拉斯哥	303×459	使用過1個 無包裝	○	×	↷	G_2	B	鋼	×	6	○	立	T小	1	×	B	1000 1930
伊凡尼斯	450×298	新品1個 無包裝	○	拉繩 ↓	↷	P_1	B	鋼	×	11	○	立1	T中 2	2	×	B	860 1890
倫敦	403×558	新品2個 無包裝	○	押	↶ ②	×	B	塑	🔑×	3	○	牆2	T中	1	×	B	920 1900
瑟堡	358×479	無	○	押	↷	G_1	C	塑籃	🔑	3	○	牆1	D中	2	×	B (ダブル)	1280×1900 1380×1880
圖爾	296×420	無	○	↓	↷	G_1	A	塑籃	🔑	5	○	牆1	T中	1	×	C	1375 1860
拉布爾布勒	ø 345	無	○	↓	↷	G_1 P_3	E	塑籃	×	11	○	牆1	T中	2	×	C_2	1330 1830
土魯斯	418×597	盒裝1個 洗髮精1瓶	○	←	↶	G_2	C	踏	🔑	3	○	牆1	T小	1	壁	C	1375 1850
巴約訥	417×598	無	○	押	↷	G_1	C	塑籃	×	2	○	牆1	T小	1	壁	C	1290 1900
聖塞巴斯提安	498×390	無 沖澡室有1個使用過	○	X	↶	G_2	B	X	×	9	○	立1	T小	1	×	~~B~~ A	940 1835
布哥斯	328×420	大塊 使用過	○	X	↶	G_1	B	塑籃	🔑	5	○	牆1	T小	1	×	B	1060 1820
萊昂	305×402	大塊 使用過	○	↑ 旋鈕式	↶	G_2	B	X	🔑×	5	○	牆1	T小T 小	1	×	C	1370 1800
拉科魯尼亞	ø 397	小塊 盒裝新品	○	↓	↷	G_1	A (~~B~~)	塑籃	×	5	○	牆2	D1 NT小2	1	桌	C	1340 1870
聖地牙哥	540×420	小塊盒裝 新品2個	○	↑	↶ ↷	G_2	B	塑籃	🔑	6	×	牆3 立1	D小	2	桌	B	910 1810
維戈	X	大塊 使用過	X	X	X	G_1	X	X	🔑 🔑×	4	○	立1	NT小 2	1	×	C	1370 1800
波爾圖	347×499	無 沖澡室中有	○	拉繩 ↓	↶	G_2	B	塑籃	🔑	9	○	牆2	D中1 NT小2	3	桌	C	1300 1800
里斯本	358×449	中塊 使用過	○	X	↷	X	B	塑	🔑×	1	○	牆2	T大中 NT2	2	桌	B	1200 1880
里斯本	343×449	小塊盒裝 新品1個	○	↑	↷	G1 P2	B	塑籃	×	3	×	牆3	D小 NT2	1	桌	~~B~~ A	870 1800
卡薩雷斯	375×295 ひきちがいの戸になってる	小塊盒裝 新品1個	○	↓	↶	G1	B	籃	🔑	3	○	立1	D中1 NT小1	1	桌	B	900 1830
塞維利亞	350×440	無	なし	X	↷	X	[illegible]	塑籃	🔑×	8	○	X	NT小 1	2	×	B	920 1820
格拉納達	350×564 3枚のとびら式	小塊盒裝 新品2個	○	↑	↷	G2	D	塑籃	🔑×	7	○	X	D中1 NT小1	2	×	B	920 1800
科爾多瓦	450×600	無	○	↓	↶	G2	B	塑籃	🔑	7	×	牆1	T中1 NT1	2	×	B	820 1810
馬德里	479×357	無 有碎片	○	↓	↶	G2	B	塑籃	🔑	10	×	牆1	T小2 NT1	2	×	A	910 1800
薩拉曼卡	591×724 カドマル	盒裝 小塊1個	○○	↓	↶	G1	B	塑籃	🔑	5	○	立1	D中1 NT1	1	×	B	920 1840
巴塞隆納	540×419	盒裝 小塊1個	○	↓ 旋鈕式	↷	G2	B	塑籃	×	3	○	牆2	NT小1	1	桌	B	925 1850
巴塞隆納	ø 435	無	なし	↑ 旋鈕式	↷	G1	[illegible]	塑籃	🔑×	9	○	X	NT小 1	1	×	B	1230×1810 940×1830
里昂	480×718	無	○	↑	↷	G1	A'	塑蓋	🔑×	3	○	牆1	T中1 NT小1	4	壁	C	1400 1860
里昂	419×499	無	○	↓	↷	G_1	C	塑蓋	🔑	11	○	牆2	T中1	1	×	C	1315 1880
都靈	390×630	盒裝新品 小塊2個 洗髮精2瓶	○	↑	↷	G_1	A'	塑	🔑	8	○	立2	D中1 NT小2	2	桌	B	820 1870
米蘭	393×720 三K一組	無	○	↑	↷	G_2	A'	塑	🔑×	16	○	牆2	D中1 NT2	2	桌	~~B~~ A	820 1855
曼托瓦	420×420 カドマル	盒裝新品 小塊1個	○	↑	↷	G_2	A'	塑	×	6	×	牆2	D小1 NT小2	1	×	A	840 1950
佛羅倫斯	417×538	無	○ ○	↓	↷	G_2	A'	塑籃	🔑×	2	○	X	D中1 NT1	2	×	A	815 1870
佩魯賈	598×598	無	○	↑	↷	G_1	A'	塑籃	🔑×	6	○	牆 立1	D中1 カベタイ	1	壁	C	1220 1918
羅馬	400×750	無	(玉)	↑	↷	G_2	A'	塑	×	28	○	X	D大 NT2	2	×	A	815 1890

飯店房間 Check List

洗臉台的出水口是左邊或右邊以 | ¦ | 來標示

〃　電燈開關　↑↓ → ← 押

〃　「排水漩渦」的方向　↷ ↶

〃　附設的杯子　P1, G2 等　P — 塑膠　G — 玻璃

〃　水龍頭的構造

廢紙簍　籃子　腳踏開關式

以籃 or 踏來標示

塑膠 (塑)　不銹鋼 (鋼)　附蓋子 (蓋)　塑膠桶 (桶)　牆上

衣櫃可否上鎖

X —— 無法上鎖

 —— 附鑰匙

 —— 有鑰匙孔但無鑰匙

吊衣架數量

天花板有無電燈　沒有才打 X

夜燈　以牆、立來標示　牆 — 設於牆上　立 — 立燈式，故障以小丁等文字來標示

書桌及茶几　D — 書桌，T — 茶几，

椅子數量

電話　壁 — 壁掛式，桌 — 放在桌上　對 — 對講機

床鋪形式

〃　尺寸　寬×長

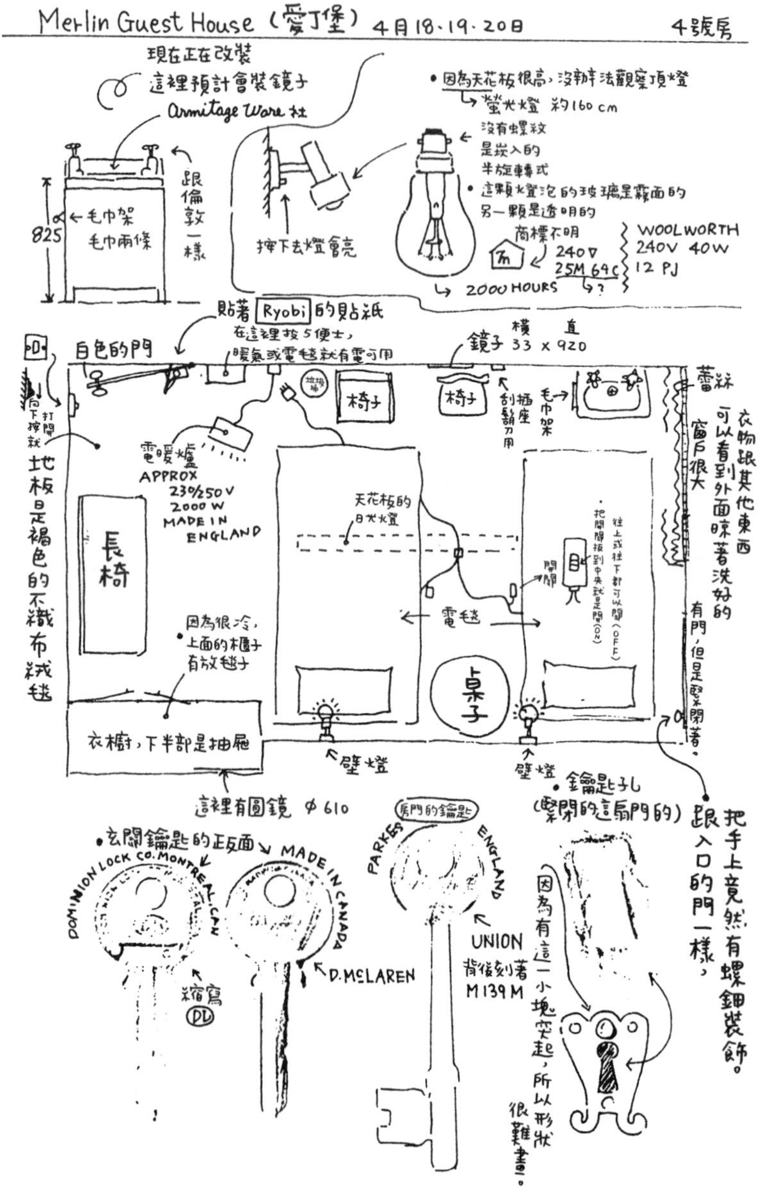
Merlin Guest House（愛丁堡）4月18·19·20日 4號房
現在正在改裝
這裡預計會裝鏡子
Armitage Ware 社
跟倫敦一樣
825
毛巾架
毛巾兩條
按下去燈會亮
因為天花板很高，沒辦法觀察頂燈
螢光燈 約160 cm
沒有螺紋
是崁入的
半旋轉式
這顆燈泡的玻璃是霧面的
另一顆是透明的
商標不明
240V
25M 64C
?
2000 HOURS
WOOLWORTH
240V 40W
12 PJ
貼著 Ryobi 的貼紙
在這裡投5便士，
暖氣或電毯就有電可用
白色的門
鏡子 橫 33 x 直 920
向下按就打開
椅子
椅子
垃圾桶
刮鬍刀用插座
毛巾架
蕾絲
衣物跟其他東西可以看到外面晾著洗好的
窗戶很大
電暖爐
APPROX
230/250V
2000 W
MADE IN
ENGLAND
天花板的日光燈
開關
往上或往下都可以關（OFF）
把開關扳到中央就是開（ON）
電毯
長椅
地板是褐色的不織布絨毯
因為很冷，
上面的櫃子
有放毯子
桌子
有門，但是緊閉著。
衣櫥，下半部是抽屜
壁燈
壁燈
這裡有圓鏡 φ610
玄關鑰匙的正反面
DOMINION LOCK CO. MONTREAL CAN
MADE IN CANADA
縮寫 DL
D.McLAREN
房門的鑰匙
PARKES
ENGLAND
UNION
背後刻著
M139M
鑰匙孔
（緊閉的這扇門的）
因為有這一小塊突起，所以形狀很難畫。
把手上竟然有螺鈿裝飾。
跟入口的門一樣。

HOTEL DU BRABANT（巴黎）4月14,15,16日

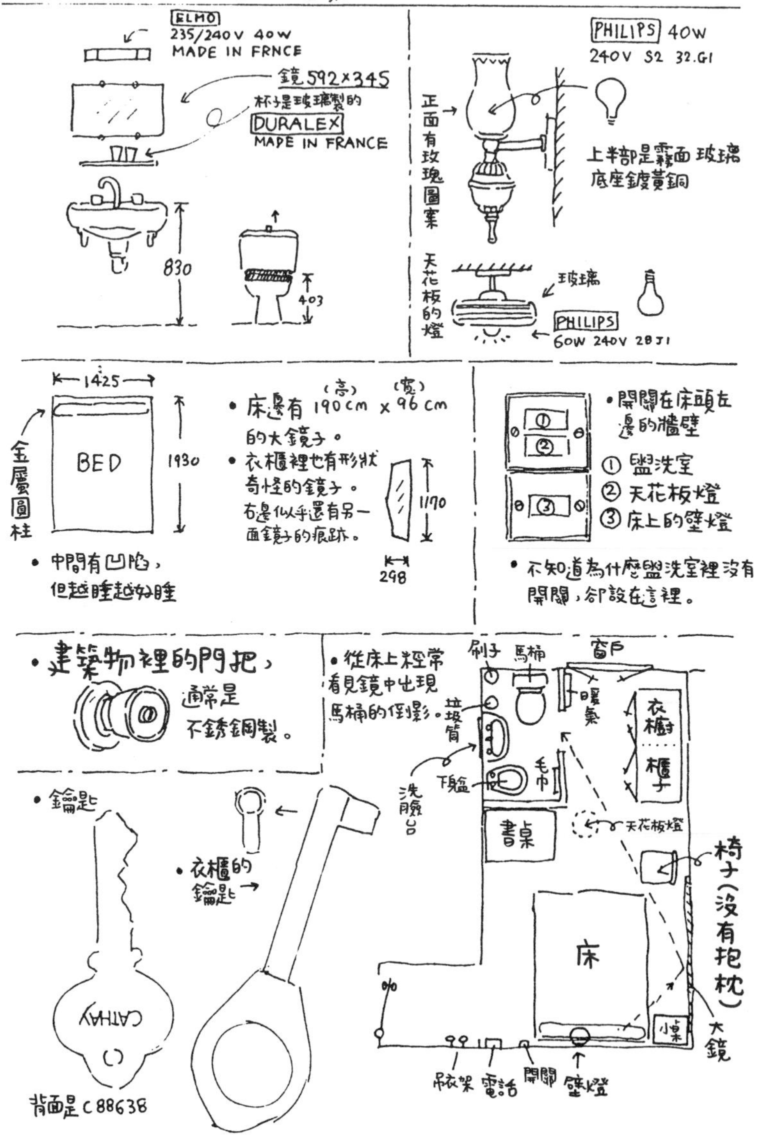
ELMO
235/240V 40W
MADE IN FRNCE
鏡 592×345
杯子是玻璃製的
DURALEX
MADE IN FRANCE
830
403
PHILIPS 40W
240V S2 32.G1
正面有玫瑰圖案
上半部是霧面玻璃
底座鍍黃銅
天花板的燈
玻璃
PHILIPS
60W 240V 28J1
1425
BED
1930
金屬圓柱
• 中間有凹陷，
但越睡越好睡
• 床邊有 190cm（高）× 96cm（寬）的大鏡子。
• 衣櫃裡也有形狀奇怪的鏡子。
右邊似乎還有另一面鏡子的痕跡。
1170
298
• 開關在床頭左邊的牆壁
① 盥洗室
② 天花板燈
③ 床上的壁燈
• 不知道為什麼盥洗室裡沒有開關，卻設在這裡。
• 建築物裡的門把，
通常是不銹鋼製。
• 從床上經常看見鏡中出現馬桶的倒影。
刷子
馬桶
窗戶
暖氣
衣櫥
櫃子
拔管
下臉盆
毛巾
洗臉台
書桌
天花板燈
椅子（沒有抱枕）
床
小桌
大鏡
吊衣架
電話
開關
壁燈
• 鑰匙
CATHAY
背面是 C88638
• 衣櫃的鑰匙

赤瀨川：他的筆記寫了些什麼？

南：他的筆記本裡記載了各種各樣的觀察，大概有三十種項目吧。

赤瀨川：譬如飯店的樓梯究竟是逆時鐘還是順時鐘方向……

松田：那應該就是他在歐洲旅行時的筆記。而且還不止呢，他還會記錄冰棒棍上印的字樣，是「中獎」或「銘謝惠顧」；或整整一個月都在換餐廳，每天嘗試不同的午餐；或坐公車完成市區的一筆繪。觀察範圍包羅萬象。

南：他還把自己喜歡的地名列成清單，這種作法很可愛耶。

收藏者與外星人

《建築物的紀念品——一木努收藏》，INAX，1985。

松田：一般的收藏者有個傾向，就是容易變得眼光狹隘。

赤瀨川：說到原因，應該是心存貪念吧。免

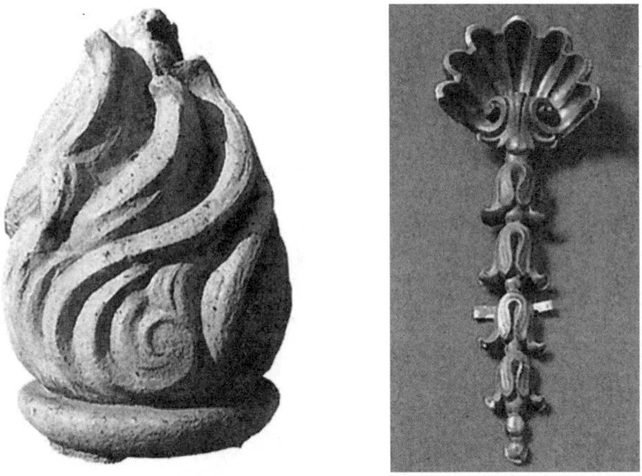

左：米井商店的屋頂裝飾，右：海上大樓新館電梯大廳的金屬裝飾物，出自《建築物的紀念品——一木努收藏》。

不了會想成為這個領域的第一名。

松田：或是漸漸染上商業氣息。現在年輕一輩所謂「御宅族」收藏者，會蒐集電影手冊、老漫畫、卡通人物的造型玩偶，然後宣稱「我有這些東西」以此進行交易。這樣變成在作生意了。

藤森：我們這群人並不是在蒐集什麼東西，譬如湯馬森就不是什麼可占有的物品。我們建築偵探團也不是在收藏建築，招貼、告示更不能隨便取下來，只能觀看。林丈二自己也沒有在蒐集東西。

松田：不過一木努好像稍微有點不同。

藤森：他的情形就沒辦法了，因為他本來就是在撿拾建築物的碎片。

赤瀨川：他是為碎片留下觀察筆記。

藤森：沒錯，是記錄。

松田：他其實是透過那些碎片回溯建築的歷史，或喚起屬於他個人的記憶，建立一種個人史。

赤瀬川：不過說來有趣，人哪，都有猶豫不決的時候。有次他發現自己母校樓梯的磁磚剝落，腦海中一瞬間閃過：「啊，我該怎麼辦」的想法。可以因為這是已經從建築脫落的，就自己撿回家嗎？不過那棟建築又還沒壞呀……怎麼想都覺得不妥，最後竟然自己帶著水泥把磁磚貼回去了（笑）。

藤森：真是段佳話。

赤瀬川：我心想，果然像他的作風。

藤森：他可能會不自在一整晚吧。

赤瀬川：忍不住覺得心癢。

松田：如果一木努會做這樣的事，那他就不算收藏家。收藏家為了想要的東西，哪怕竊盜、殺人，都下得了手。

藤森：所以他們倒也不是什麼東西都想占有。

南：所謂的收藏家，也應該得到某種社會認同吧。

藤森：的確是這樣沒錯。很久以前，社會上就有所謂「收藏家」的存在，可是性質又跟我們正在做的事情不太一樣。

赤瀬川：像我們專門注意無法據為己有的東西。這是其中最有趣的一點。或許是這種角度跟神比較接近，稍微脫離凡人的境界。

藤森：超脫這個世界的一般人。

赤瀬川：變得跟普通人有些不同，就我來說，大概就是與神稍微接近一點，擺脫身為人類的負擔。

松田：又有點像赤瀨川兄之前說的，有點像外星人乘著飛碟來地球……

藤森：譬如「林丈二外星人說」嗎？

赤瀨川：仔細想想，其實外星人跟神不就像親戚一樣嗎？

南：兩者同樣都不屬於人類的範疇，也都跟人無關。大概就等於擺脫了「身而為人」這件事吧（笑）。

赤瀨川：所以不是「身而為人」（笑）。而是「身而為神」（笑）。

藤森：赤瀨川兄，請問一下，所謂「林丈二外星人說」，又是怎麼回事？

赤瀨川：每個人第一次見識到林丈二觀察的成果，應該都會覺得很震驚。為了平撫自己的情緒，就會想：如果外星人登陸地球的話，做的大概也就是這些事情吧。這些觀察乍看之下好像沒有明確的系統，就像地球上的各種事物一下子湧到眼前，完全沒有什麼秩序。

藤森：就像外星人一樣，什麼都沒見過。

赤瀨川：連道路是什麼都不知道。

藤森：看到水也覺得很新奇，因為看起來像玻璃，試著站在上面，結果一踩就沉下去了。便心想：這是什麼東西啊。

赤瀨川：而且還會不明白道路為什麼會轉彎（笑）。

藤森：這個問題可相當嚴重。而且居然還會傾斜，究竟是什麼原因呢？

赤瀨川：連飯店的樓梯都分成逆時鐘跟順時

鐘方向兩種結構……

藤森：在記錄分析之後，才明白原來一切純屬偶然。在地球上，偶然對文明的影響力真的很大（笑）。

赤瀨川：原來是位什麼都不懂的神啊。

以小孩的眼光看世界

藤森：目前神學有一種觀點，主張神並沒有親自創造萬物，只在世界剛形成時塑造了一些東西，譬如引起大霹靂創造宇宙之類的；所以祂只是造物主，並不曉得後來發生了什麼事。我們可以想像這位神想到「自從大霹靂以來，已經過了幾十億年，該去地球上看看現在到底怎麼樣了吧」，然後發現竟然變成這樣（笑）。

赤瀨川：也難怪祂對現在世界上的狀況與細節一無所知。

藤森：就像睡了幾十億年的午覺，醒來後來地球看看。不論大家覺得他像外星人還是神明，我想林丈二的情形大概就是這樣。

松田：如果從我們這些使徒的角度來看，小孩跟神會比較接近。赤瀨川老師先前提過淺田彰與《兒童的科學》雜誌，不過從小朋友的眼光來看，坡道這種東西的確很不可思議，既可以向下走，又可以往上爬。

赤瀨川：到國外時，如果大人發現水龍頭冷熱水的位置跟日本相反，只會覺得「反正有熱水可以用就好了」，不會再多想下去。但小孩就會一直想「為什麼左右相反呢」……

松田：赤瀨川老師在美學校講課時，提過石膏素描的例子，我聽了覺得很厲害。

赤瀨川：為了掌握明暗、陰影這類技巧，學畫的人一定會畫石膏模型，練習以黑白的方式畫出陰影。如果叫小孩畫，他們常常會跑到石膏像旁邊，緊盯著看，邊看邊畫。等畫完後，我們會發現小孩畫的臉上都有一條直線（笑）。大家應該都知道吧，那是製作石膏像時的接痕，只要近看就會看得出來。其實我第一次畫石膏像素描時，也曾想過：「到底要不要畫啊？」還偷瞄學長的畫，發現他們都略過表面上的接痕。我想：「原來是這樣呀」，才跟著照作。小孩比較率真，看到什麼就直接畫出來。這些線條在真實世界中明明存在，但我們卻視若無睹。

藤森：只要是小孩，就會察覺到吧。所以路上觀察的基礎之一，就是兒童般純真的眼光。像我們這些人既當不了神，也成不了外星人，不過大概還可以重返少年時代。

赤瀨川：就是因為這樣，所以說感覺與神「接近」。

藤森：像南伸坊一開始就進行考現學，看起來就是娃娃臉，感覺上好像殘留著某種少年般的氣質。

松田：所以童心是使徒最先決的條件啊……

南：嗯。可是我們說「像小孩一樣」或「像少年般」時，好像已歷盡滄桑，想從既有的事物中尋求與眾不同的例子，脫離常規。但小朋友沒有刻意要怎樣，自然而然就會異想天開。現在的小孩已經越來越循規蹈矩，所以所謂的「超乎常人」的狀態應該是……

赤瀨川：與神接近的小孩吧。

松田：或者說，像最早的兒童。

赤瀨川：沒錯，類似小孩的標準「原器」。

藤森：剛生下來的小孩，睜開眼睛看到這個世界，大概就是這種感覺。

赤瀨川：沒錯，會注意到石膏像的接痕線。

藤森：那與青少年相比又如何呢？少年的特徵是會尿床。

赤瀨川：這麼說，難道南伸坊……（笑）

藤森：南伸坊一直都有尿床的習慣嗎？

南：我可從來沒這種習性啊。

藤森：據說尿床反映出一個人的幼兒特質，那赤瀨川兄……

赤瀨川：欸，我到中學還在尿床。

藤森：我過了小學五年級才結束尿床。聽說林丈二到現在還會喔（笑）。

都市的衰亡期與救世主

南：話說回來，我覺得林丈二這個人真的很有意思……

藤森：我們這些人都是別人看著覺得有趣，其實自己並不覺得。不過，每個人看待自己做的事都是嚴肅的。

赤瀨川：這就是佛家所謂的「業」（笑）。

藤森：也說不定當我們在欣賞林丈二的觀察記錄，看他的筆記得到療癒效果，可是他本人卻不覺得那麼有趣。

赤瀨川：說不定真是這樣。可是這也沒辦法啊。

藤森：誰曉得神到底怎麼想？我們都沒有當神的經驗，神又都不提自己的心情。所以林丈二的想法永遠都是個謎（笑）。

南：不過，這方面應該跟一般人沒什麼差別吧。

藤森：嗯，不過反過來看，這也是神的條件。神既超凡入聖又跟凡人相同，存在於悖論之中。

松田：所以與其說是神，不如說是耶穌基督吧。

藤森：對，就像耶穌基督，光用神來比喻還不夠精確。

松田：因為我們現在說的不是抽象概念的神。

藤森：引發大霹靂的神——即造物主，祂的兒子自誕生就承擔了命運。在出生時，有彗星隕落……

松田：所謂的知識體系也好、秩序也好，或是博物學時代，在還沒有所謂「大人的世界」前，其實每個人都在進行路上觀察……

赤瀨川：對，所有的人都會。

松田：等知識體系出現，就彼此牴觸陷入混亂，於是進入某種衰亡狀態，跟耶穌基督遇到的狀況類似……

藤森：索多瑪與蛾摩拉兩座城在毀滅之前，耶穌曾來到這裡警告「這座城市將遭到毀滅，趕快離開」，但沒有人相信。說不定就是這樣喔，姑且不論「目的波」是什麼，當「成就波」披覆全日本時，林丈二兄出現了……

松田：從這樣的意義來說，今和次郎的考現學源自震災後重建秩序的時期，現在的路上觀察就某種意義而言，也建立於衰亡期或崩壞期呢。

赤瀨川：當時是從破壞中重生。

松田：今日東京的架構是在大地震以後建立的。隨著戰爭的洗禮、經濟高度成長，城市有些部分消失，形成現在都市再開發的狀態；西式洋樓就是屬於消失中的部分。所以如果要以都市論來談東京這座城市，現在應該是到了末期。

藤森：有，的確有發現這一點。我走在街上，覺得最有趣的就是像剛才所說的國會議事堂鄰近一隅，那裡的時間彷彿停滯下來，散發著末日的氣息。

工業革命時代與電力時代

赤瀨川：之前與藤森教授聊天時，他對尿床這件事感到很驚訝，接著話題就聊開了。譬如我們都知道自己對電氣製品不太行，但現在的年輕人屬於電器的世代，像南伸坊應該就會喜歡吧。

南：我總覺得，不論是赤瀨川老師或藤森教授找東西時都有某種美觀上的講究，譬如不排斥外表極簡的湯馬森，似乎就是有某種對風雅及品味的執著吧。

藤森：嗯，會喔。我的確有這樣的傾向，會講求觸感或質地這方面。

赤瀨川：是這樣沒錯。看不膩與會看膩的事物之間確有差別。之所以費力將湯馬森跟理論相結合，其中當然有這樣的執著。說到無聊，湯馬森當中的確有幾乎毫無趣味可言、非常乏味的東西。我們無法光憑理論說：「啊，這就是湯馬森，好棒。」如果把某種韻味當成趣味，又明明不是這麼回事。或許是理論尚未分化，無法以現代的湯馬森科學加以解釋（笑）。

藤森：這樣的例子讓我想起最近一些比較特別的領悟，譬如最近有人覺得淺田彰與兒童的科學很有趣，博物學的趣味也是最近才受到注意；還有我們這些人眼中所見的鑄鐵，或將人孔蓋視為鑄鐵的代表等，其中的確頗有意思吧。

這些相關事物幾乎都出現在十八世紀歐洲，工業革命時期，相當於日本的明治初期；也就是近代社會的碎片。在這之前的東西實在不太有趣。譬如江戶時代的物品，像長火鉢這類這類帶有江戶趣味的東西就沒什麼意思，無論如何還是近代工業革命後的產物比較好玩。不過，我這說的是工業革命早期的東西，不是發展到目前的結果。

松田：不過提到江戶時期，除了宮武外骨之外，杉浦日向子對平賀源內、山東京伝也很感興趣。這段時期應該算是近代了。

藤森：這樣很好，江戶人當中也有一些比較具有新意的人。

松田：最近的江戶研究應該也是這樣吧。江戶屬於前近代，所以不侷限於封建社會，事實上江戶的城市文明已相當進步。根據最近的江戶研究，當時已發展成資本主義社會。

所以在追求各種不同嗜好的人們眼中，所謂的江戶趣味究竟是什麼？

南：為什麼覺得江戶趣味不好玩，應該是制度化的緣故吧。制度化形成了某種框架。

藤森：這可說是個完全消失的世界，我們身邊應該已經沒有什麼東西蘊含真正的江戶趣味吧。

南：啊啊，的確有同感。

藤森：再回到前面說的電氣化的問題。自工業革命以來，一言以蔽之，可說是機器的時代；更簡單地說，是蒸氣火車的時代。機械師看得見全部構造；因為機器就是以這樣的方式運作，也以這樣的方式流傳下來。

赤瀬川：就像平面圖。

藤森：可以看得到平面圖。所謂兒童的科學也像工業革命一樣。這種科學是請鐵匠鋪的大叔幫忙製作蒸氣引擎，舉行簡單的實驗，其中有很多錯誤與簡略，所以才有趣。

赤瀬川：所謂「時機」這個字很適合這個時代。

藤森：嗯，很貼切。譬如車輪「匡噹」地推動、蒸氣咻地噴出。在我看來，那個世界正在衰亡，開始被電氣的世界、看不見的未知世界所取代。嶄新且無法預測的電氣時代正要開始。

　我喜歡電線桿，那是城市中唯一看得到的電力象徵，所以假使把纜線埋在地下的話就……總之，要看得到電線桿我才安心。電力啊，不管你有多神氣，把你架在那裡就不能囂張了（笑）。

電線桿也好，煙囪也好，像這樣令人熟悉的景物正逐漸消失，可以看出漸漸改為由埋在地下電力所支配的世界，只留下制度與系統。我覺得這樣很可怕。所以要回頭看：屬於我們時代的起點究竟是什麼？於是就會注意到鑄鐵製的人孔蓋、博物畫或兒童的科學。

赤瀨川：我覺得這跟數量也有關。由於事物開始消失，除了影響到物體的質感，另外還有一點，就是人們會如先前所說蒐集自己沒有的東西。甚至包括會嗶嗶嗶響的電器，不過最後應該還是不會去刻意收藏。電力這種東西是以網路的脈絡呈現，由於互相關聯，無法私人擁有，這也是其中的樂趣所在。

這樣思考之後，我發現我們對於物質世界中無法占有的東西特別感興趣。就某種程度而言，似乎回到從前，與過去產生更多的關聯。像裁縫在縫衣服時的倒縫針腳。所以，既然是網路的脈絡，最後不論是湯馬森或人孔蓋，或者是建築碎片，都能透過這個網路聚集。所以，雖然有點難以說明，關於物件要開始使用電力的現象似乎……

藤森：若提到過去的電力，就是準電力囉。

赤瀨川：所以構造上有些部分會更占空間。

招貼的趣味

藤森：同樣的情形可以拿招貼作為例子。這些告示可說是今日海報的雛形。

南：反過來說，現在的形式是在複習一開始的形式，假使連報紙廣告都出現手寫的文字就會有點奇怪了。招貼比較接近現在的海報，應該說，這些海報也想要有招貼的活力。

藤森：看了南伸坊的《招貼考現學》，覺得最有趣的莫過於當事人想正確地傳達出自己想說的話，寫在紙上並張貼出來。但招貼令人感受到的窘迫，與儘可能想努力作好的心理有些分裂，產生奇怪的表現效果。

南：的確是這樣。

藤森：招貼的世界感覺與近代社會的初期狀態有點相近。

南：當《漫畫聖代》的〈招貼考現學〉刊載到第兩百次的時候，覺得如果再照樣繼續下去，也只是重複而已，所以將兩百期的內容整理後分為兩冊，想說就此告一段落，當然也因此回顧了許多招貼。關於最後一期選的內容，是眼前有條高架路，下方有屋頂，道路通往高處。小朋友似乎經常朝那裡丟石頭，因此立了塊告示，聲明禁止丟石頭。類似「好孩子不亂丟石頭」，這實在是……

藤森：看到「好孩子」會讓人覺得火大。

南：嗯，就是這樣，所以絕對不會有「各位好國民」的說法。像「你們這些好孩子」之類的稱呼方式，好像已經是一種慣用說法。同樣地，最早說出「各位好國民」的人，是以為先前有這種說法，就這樣沿用下來。當事人沒想到要改變這個說詞。

松田：就像不懂語言的意義。

南：嗯，因為想說些什麼，於是「好孩子」這樣的詞彙就出現了。

藤森：雖然算不上壞孩子，但也會想來點小小的惡作劇。寫告示的人雖然明白這種調皮的心理，但也希望不要再繼續下去。出於這樣的心情想傳達些什麼，結果一下筆就寫出了「好孩子」三個字。

南：似乎對告示還存有一些期望，覺得看了

南伸坊，《招貼考現學》，實業之日本社，1984。

（圖內文字說明：終於出版！期待已久的夢幻名著，終於付梓發行。那就是南伸坊的《招貼考現學》。這本書、就是這本書！只要拿到收銀台，付了錢之後，就可以得到這本書！）

之後就不會再繼續這麼作。

赤瀨川：彷彿如果好好講就會聽。

南：告示如果持續這樣製作下去，就會漸漸脫離一般的形式，反正貼出來也沒人好好看——多少會產生這樣的念頭吧。只要自己張貼過一次就知道，其實沒什麼效果。譬如之前青林堂貼出「請勿敲門」，還是有人對著那裡叩叩叩敲個不停（笑）。像這樣的告示是沒什麼用的。

藤森：南伸坊的《招貼考現學》是從什麼時候開始的？

南：一百期大約要花兩年，所以應該是從四年前開始。

藤森：大家走在路上時都會看到奇怪的告示吧？但因為我沒有在研究這一類，雖然心裡有點好奇但不會特別在意。不過，既然知道南伸坊在採集資料，就會通知南伸坊；發現湯馬森就轉告給赤瀨川，這樣對精神健康很有益，最近我覺得獲益良多。如果看到奇怪的店名，其實也該委託誰來專門研究一下。譬如我家旁邊有家伊庭野牙科，雖然發音是「iwano」牙科，但也可以把漢字讀成「iteiya」牙科（笑）。還有一個不太吉利的，叫做「花輪內科」（譯註23）。

赤瀨川：我之前和美學校的學生們一起走在街上，看到「奧齒科」的招牌，是「okubaka」喔。

南：這家只看臼齒（笑）。

松田：有位戶崎兄專門蒐集這類有趣的看板。

藤森：雖然也可以自己一個人蒐集，不過真要認真起來，恐怕會寸步難行吧（笑）。

松田：範圍森羅萬象。

藤森：是的。原則上來說，這個世界的任何事物都可成為觀察對象。

松田：欸，林丈二兄就是這麼做耶。

赤瀨川：正常人大概會累死吧（笑）。

設立路上觀察學會

松田：時間所剩不多，我們來做個結論吧。

南：路上觀察是沒有結論的。

赤瀨川：不可能作出結論（笑）。

藤森：路上觀察沒有結論，是種入門的領域。反過來說，如果路上觀察要建立體系，深入調查的可能性已經消失，只能像博物學一樣朝橫向發展。

南：原本就是脫離常規的事物，但免不了受到「目的波」與「成就波」的影響，一點點地偏離，果然……如果能編成書會很棒，因為跟今和次郎他們所從事的考現學一樣，會逐漸衰退的吧。不過即使這樣也沒關係，這跟書會不會賣、有沒有人讀無關，反正它一直都是個比較冷僻的學問……

藤森：所有的東西都可以當成對象，所以有無限的素材。這麼一來，每個國民不就有各自的路上觀察觀了嗎（笑）？

南：這樣看到別人做出來的東西也會覺得很有趣（笑）。

藤森：沒錯。會想說「喔噢！」或「輸了」之類的。每個人進行一種路上觀察，這樣的時代

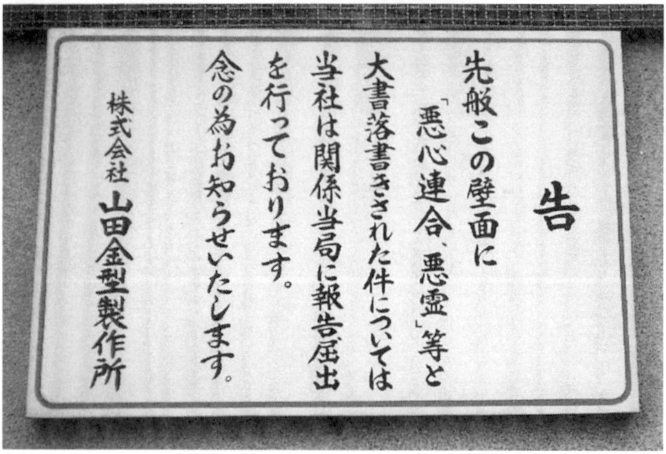

出自戸崎利美，《看板目錄》，1985年11月。

釣具・エサ
喫茶・お食事

したか

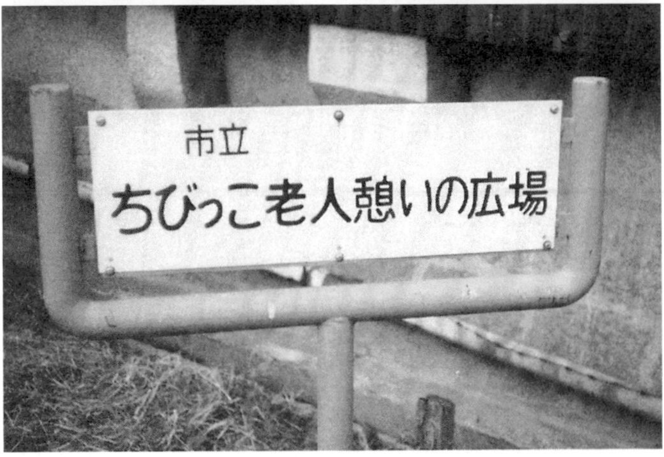
市立
ちびっこ老人憩いの広場

已經來臨。有關電影、音樂、文學的話題，在這時代成為知識分子主要的談話內容。現在，路上觀察更會成為話題的核心，譬如「你在做什麼？」、「沒事，我最近正在研究矮牆啦」（笑）或「我對電線桿特別感興趣」等（笑）。

赤瀨川：說不定會演變成這樣喔。為了成為個中翹楚還跑到國外採集呢（笑）。

藤森：我們是使徒，只要有人購買閱讀我們寫的福音書就好（笑）。

赤瀨川：自己邊追尋路上的物件，迎面而來的人也在進行路上觀察。不像在美術課畫肖像，路上觀察並沒有標準。一邊進行觀察也同時被觀察，成為被觀察的對象也很有趣。

藤森：就像歐洲的基督教一樣，路上觀察將亞洲人的心凝聚在一起（笑）。歐洲的基督教與日本的林丈二將成為世界史的開端與結局（笑）。

南：每個人的觀點都不一樣，這麼一來就會呈現其中的差異。因為蘊含了個人的眼光。如果各種各樣的人展現出各種觀察，一定會很有意思。

赤瀨川：真的非常有趣，因為能運用到他人的智慧。

南：如果運用在雜誌上應該會很不錯，可以開放讓大家投稿。

藤森：或組織所謂的路上觀察學會，每月發表成果。

赤瀨川：正是如此，如果能實現就太好了，還可以舉行國際會議（笑）。

南：加上「學」這個字就特別有趣。因為其中有落差。

藤森：沒錯，會覺得怎麼都是些微不足道的小事。

南：不過感覺上所謂的學問本來就是這樣，以往被形容得過於偉大了。在藝術領域也一樣，總會覺得其實不是這樣、應該更有趣吧。因此若刻意變成一門學問，或是像前述如科學般簡潔的文章，即使是傻事看起來也會變得很有趣。若要說路上觀察學，學這個字是有意義的。

藤森：就像原本博物學誕生時一樣，成為一門學問的開端。我覺得這很有趣。

赤瀨川：如果大家都朝這個方向進行，日本這個國度應該會受到淨化吧。變成眾神的國度（笑）。

松田：那今天就談到這裡。

一九八五・一一・一四　於神田龍名館

三、我的田野筆記

考現學作業

一九七〇年七月到八月

南　伸坊

「那個在河川中間漂著的東西，看起來像什麼？」「欸？」「那個啊，看起來像肉、肉塊的。」「對耶，看起來很像。」「我怎麼看都覺得像個胎兒……」

第一份作業

在此向各位問候暑日平安。

信來遲了，請各位見諒。這是七月份的作業。

在開始這次的觀察之前，集合住宅裡有著這樣的傳言：有男人使用高性能的相機，透過門簾偷拍剛泡完澡的年輕人妻們不會在人前現出的醜態。這讓我的觀察行動更加困難了。原本預定要做的持續觀察，只好臨時變更主題。

做學問真是難哪。

更何況我在觀察時，根本連個小指都沒見到，只看到男人穿穿脫脫及膝的衛生褲。一點甜頭都沒嚐到。

真是無聊。

夏天得了感冒，之後併發了支氣管炎，「火柴鬪爭」（這是我替自己的收藏行動取的名字。其實就是到各地的雜貨店搜尋還在使用的火柴盒。）暫時告停；到目前只收集到二十一種。炎炎夏日，諸位請保重身體，下次再聊。

館　外部觀察實況　考現學1

506 在和室椅看電視男子）	507 房間很亮卻見不到人影	508 一家人躺在榻榻米上看電視
406 暗暗的看不清楚	407 2歲的男孩在客廳繞著圈子跑	408 50歲左右的主婦正在收晾乾的衣服
306 0歲左右的婦開始晾服	307 窗子關著窗簾也拉上（綠色）	308 房間暗暗的，有人在裡面看電視，房間顏色隨著螢幕變換
206 暗暗的看不清楚	207 暗暗的看不清楚	208 暗暗的看不清楚
106 歲左右的性，肩上披布、正在梳髮	107 暗暗的看不清楚	108 暗暗的看不清楚

1970年7月20日 PM 8:30~50 文花集合住宅

501 像重考生的人坐在桌前埋頭苦讀	502 房間很亮卻見不到人影	503 房間很亮卻見不到人影	504 40歲左右的主婦正在鋪床	505 30歲左右 男子不停 穿脫及膝 生褲
401 暗暗的看不清楚	402 小學3、4年級的姊妹打枕頭排球	403 窗簾(紅色)拉上看不出來	404 穿著及膝衛生褲的男子坐在陽台的木椅納涼	405 小學3年 右的女生正 做廣播
301 房間很亮卻見不到人影	302 30歲左右的主婦在打掃房間；老婆婆穿著浴衣站在陽台	303 40歲左右的主婦懷疑地往我這個方向看	304 30歲左右的主婦和3、4歲的女兒及5歲的兒子玩煙火	305 兔子在陽 跑來跑
201 30歲左右的主婦盯著陽台的洗衣機看	202 小學三年級左右的男生拿著蠅拍追蒼蠅	203 暗暗的看不清楚	204 房間如同魚市場般沉睡	205 窗簾(綠 伸出一隻 腳頂著陽
101 暗暗的看不清楚	102 女人不明所以的走來走去，隔著窗簾(白色)看不太清楚	103 暗暗的看不清楚	104 窗簾遮著看不清楚	105 家具擺得 複雜，看 清楚

南伸坊的第一份考現學作業。

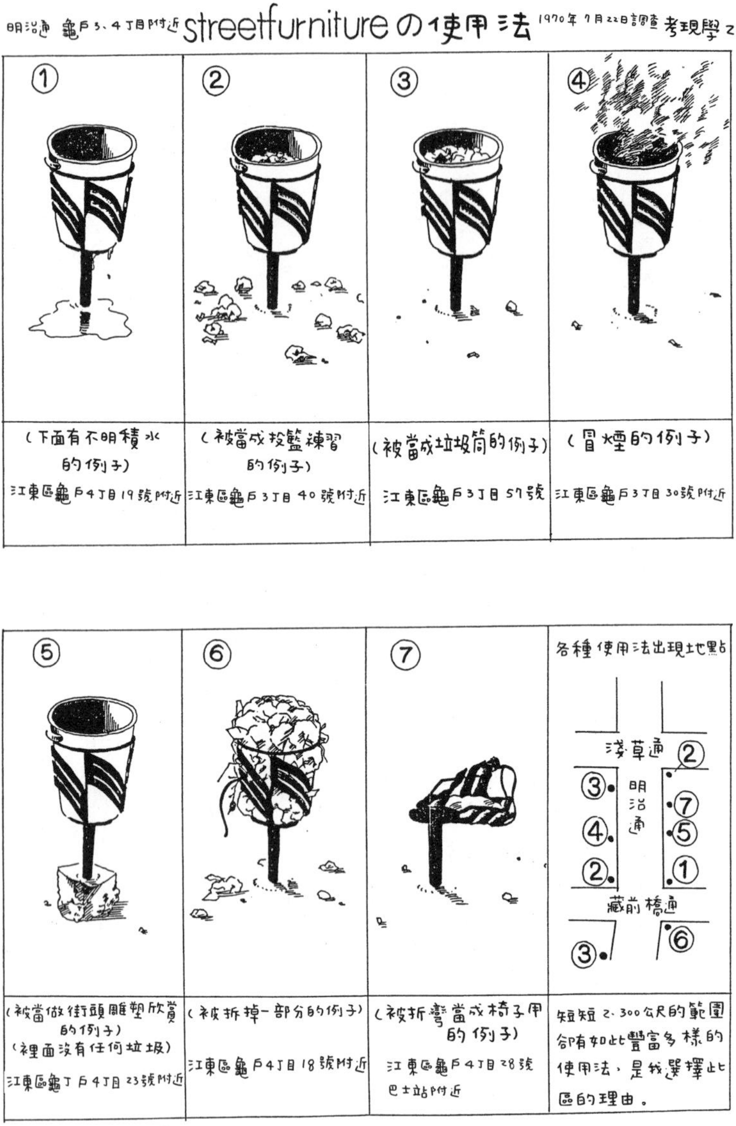
明治通 龜戶3、4丁目附近
streetfurnitureの使用法
1970年7月22日調查
考現學2
①
(下面有不明積水的例子)
江東區龜戶4丁目19號附近
②
(被當成投籃練習的例子)
江東區龜戶3丁目40號附近
③
(被當成垃圾筒的例子)
江東區龜戶3丁目57號
④
(冒煙的例子)
江東區龜戶3丁目30號附近
⑤
(被當做街頭雕塑欣賞的例子)
(裡面沒有任何垃圾)
江東區龜丁戶4丁目23號附近
⑥
(被折掉一部分的例子)
江東區龜戶4丁目18號附近
⑦
(被折彎當成椅子用的例子)
江東區龜戶4丁目28號
巴士站附近
各種使用法出現地點
淺草通
明治通
藏前橋通
短短2、300公尺的範圍卻有如此豐富多樣的使用法，是我選擇此區的理由。

南伸坊的第二份考現學作業。

第二份作業

恕我省略禮貌性的問候語，直接進入第二封信的正題。七月二十二日調查的記錄，我已於八月十二日整理完成，在此向各位報告一下。

此外，八月九日（星期天）我正要到調查地點確認地址時，腦海裡突然浮現了新主題的靈感，於是立即付諸行動。這實在是一次不可思議的經驗。由於太過戲劇性，我甚至有點擔心，以這作為考現學的主題，會不會太沒意思了。關於整件事的詳細情況，我會在下一封信裡說明。

關於「火柴鬥爭」事件，我成功地找到新的菊水印及GOLD COIN圖案的火柴。但因沒有可交換的對象，所以僅僅數量變多，種類完全沒有增加，真是遺憾。都是因為夏天得了感冒，沒能充分的行動，十分可惜。這句話六成是玩笑話和藉口，但有四成是事實喔。真是不好意思。

就此擱筆，下次再聊。

第三份作業

這次是第三份作業。

已經過了二十二天，夏天的腳步毫不停歇，日子一天一天溜走，真是煩惱。

至少還有四份作業要交。這次交完後，會一次交兩份作業。

「火柴鬥爭」一事，朋友寄了印有燕子圖

[illegible]附近的漂流物 1970年8月9日 3PM調查 考現學3

11個	16	涼鞋 1只
	17	相片顯影時使用的方形琺瑯容器（綠邊） 1個
共31個	18	牛皮紙袋 1個
	19	番茄 1個
	20	玩具刀（綠、黃色） 1個
	21	郊遊用的免洗盤 1個
	22	賽馬報 1份
	23	裝汽油的容器（半透明塑膠材質）1個
	24	木片 木板 方形木柴 數個
	25	天婦羅油的罐子 1個
	26	啤酒瓶（麒麟） 牛奶瓶（明治） 各1個
	27	蝙蝠傘（黑） 1個
	28	抱枕 紅色橡膠材質 1個
	29	胎兒 1個
	30	

南伸坊的第三份考現學作業。（編註：「蝙蝠傘」為明治初年對洋傘的稱呼）

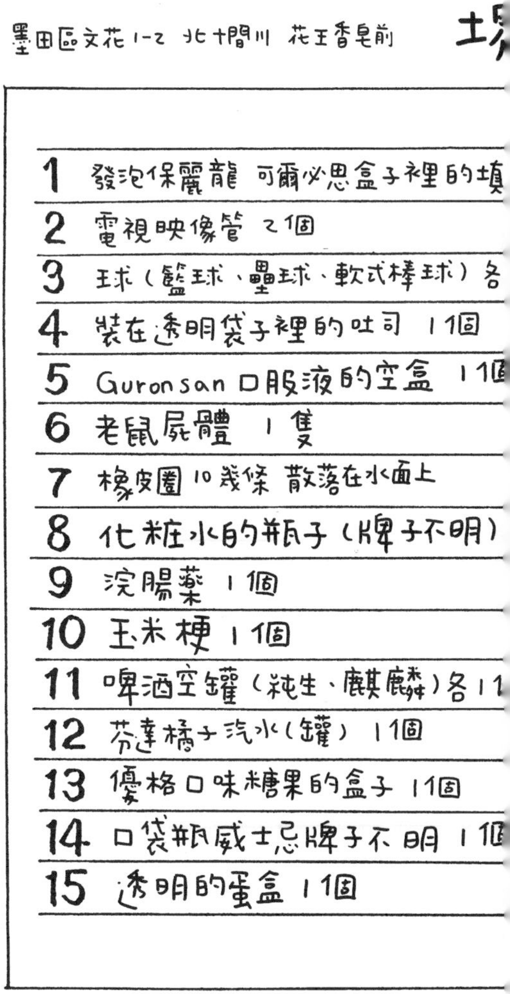

墨田區文花1-2 北十間川 花王香皂前
1 發泡保麗龍 可爾必思盒子裡的填
2 電視映像管 2個
3 球（籃球、壘球、軟式棒球）各
4 裝在透明袋子裡的吐司 1個
5 Guronsan 口服液的空盒 1個
6 老鼠屍體 1隻
7 橡皮圈 10幾條 散落在水面上
8 化粧水的瓶子（牌子不明）
9 浣腸藥 1個
10 玉米梗 1個
11 啤酒空罐（純生、麒麟）各1
12 芬達橘子汽水（罐） 1個
13 優格口味糖果的盒子 1個
14 口袋瓶威士忌牌子不明 1個
15 透明的蛋盒 1個

案的古老火柴給我。龜戶附近我找了很久，幾乎都是時鐘圖案的，讓人非常失望。之前，第二封信曾經提到這次作業是一種不可思議的經驗，但過了一段日子再回頭看，好像也沒有什麼大不了的；雖然還是有一種不可思議又奇怪的感覺。

下次再聊。

*

為了考現學的作業，我頂著大太陽走遍了龜戶。因為要做七月作業的補充調查，我先到警察局詢問道路名稱，再根據電線桿的位置，記下每個垃圾桶正確的地點。調查不到一個小時就結束了，但我必須立刻選定下一個主題。因為七月偷懶，功課就增加了。

我經過堺橋的時候，橋下河岸的下水道的出口呈現魚板狀，宛如從外側觀看柘植義春（譯註24）「山椒魚」的第一幕。簡直一模一樣！昨晚我剛好拿出許久未讀的柘植作品集，這種芝麻小事純屬偶然，但卻讓我感到十分愉快。出水口附近理所當然會堆積著許多漂流物，但竟和書中描寫得一模一樣，讓我更加驚喜。（說來也真是奇怪，我經常走這座橋，但幾乎不曾仔細地看過河面。）

黑色的水面上漂著東西，就形成了所謂的物件（object），呈現出一種「意外」的美感（因為它們依然背負著作為日常用品的意義）。橡膠材質的枕頭和映像管黏在一起，一旁全白的發泡保麗龍輕飄飄地浮在水面上。涼鞋和番茄也好美啊！我握緊拳頭，在筆記本上敲了一記，當下就決定了作業的題目。

我靠著欄杆，把觀察到的物件，一件一件寫在筆記本上；這個過程讓我樂在其中。我一邊專心地做記錄，一邊聽到橋上等紅綠燈的貨車司機在取笑我的長髮。正當我要把視線從河面轉過來看他的時候，突然發現有個東西，正往河的中央緩緩流動著。「啊！是胎兒！」這聽來有點像是為了轉移司機嘲笑自己，而說的玩笑話。但就在我說出這句話的同時，肚臍下方突然出現一股奇妙的壓迫感。我不由自主的對自己說，「這肯定是幻覺！」但在「是幻覺、是幻覺」的自我催眠下，反而越看越像胎兒了；而且絲毫沒有不愉悅的感覺。

專注地看著河面的我，看起來就像是個臉上寫滿驚訝的無聊男子。有個看起來二十歲左右的年輕男子騎著腳踏車經過，他看看我的臉、又看看河面，臉上表情寫著：有什麼好玩的事，也跟我透露一下吧。

我下定決心問問那個男子。「那個在河川中間漂著的東西，看起來像什麼？」「欸？」「那個啊，看起來像肉、肉塊的。」「對耶，看起來很像。」「我怎麼看都覺得像個胎兒，那是頭……」「怎、怎麼可能！」說完這句後，男子踢了一下河堤，踩著腳踏車走遠了。

我覺得男子錯過了最精彩的部分。我一個人喃喃自語著：怎麼看都像是胎兒啊！並且在筆記本記下「怎麼看都像是胎兒的肉塊」。寫下之後，我更相信這肯定就是胎兒，不會是其他東西了。

我靠近細細察看後，心頭又是一驚。乍看像是手腳的地方，可以清楚地看到五根指頭。這讓我更確定它絕對不會是山椒魚。我感到一陣心慌，暗忖著要報警才行，不由自主地往警局的方向跑去；但同時我又想到，或許警察會覺得我才是可疑的人吧。因為剛剛我才向他仔細問了路名，況且他也目睹我鬼祟地盯著垃圾桶看。他們不會相信我的，肯定！

我來到警局前面，正好是紅燈。為了不被當成可疑人士，我只好乖乖等著燈號變綠。我站在斑馬線的這端，和對面警局前站崗的警察對望。燈號一變綠，我馬上以小跑步接近對方，而且盡量讓自己冷靜下來，表情如常。「我在對面花王香皂前的橋下看到胎兒……**像是胎兒的東西漂過去**。」「欸！」「沒法看得清楚，或許是看錯了，但還是請您前往鑑定一下……連指頭都看得一清二楚。」

還好這位警察不是我剛才問路的那位。但果然，不出我所料，警察一臉狐疑地看著我。我再把整件事詳細描述了一遍（也就是我記錄垃圾的種類這些事情），突然覺得，把這種事說出來，只會更讓警察覺得我行徑怪異，於是我立即打住。

「河水是會流動的，請快一點。」我說出像演戲似的台詞催促著。警察緩緩開始動作，先是示意我，「啊，別跟來！」接著轉身往右方咚咚咚地迅速跑開，消失在裡面的房間。我站在那兒也很尷尬，不得不暫時回到小小的巡邏亭。

我可以聽見裡面傳來「有人發現類似胎兒的東西浮在水面」的對話。經過警局前的孩子們直盯著我看，好像把站在警局前的我當成犯人了。這讓我覺得自己好像揹了黑鍋。

此時一位看起來約莫五十歲上下的年長警察走了出來，突然朝著我問：「名字？」並打算記在桌上的便條紙上。

我覺得有點不耐煩。「我就是無法確定，所以才希望你們過去看看，等確認完畢再問名字也不遲吧……」我把這句差點脫口而出的話硬吞回去。「說呀。」警察握著鉛筆，眼睛直盯著我。

「讓我自己寫吧。」我接過鉛筆，寫下自己的地址和名字。「電話呢？」警察邊看邊問我。「我沒有電話。」剛剛才走過去的小孩，又走回來盯著我們看。

我十分後悔為什麼要來警局。竟然為了一個沒有名字的、小小的人，專程來到警察局；我之前那種篤定的感覺消失了。

此時，先前那位年輕的警察從裡面走出來，邊套著白手套問，「在哪裡？」我立刻站起來，「就在那邊」，並用手指著比剛才更靠近下游的地方；因為我想應該要把水流速度也計算進去。但這麼做似乎是錯的。那附近的水面什麼都沒有。跑到河堤上邊走邊看著河水的警察，最後又走回了馬路。

這下糟了！我不自主地跑了過去，警察也嗒嗒嗒地追上來。來到剛才的地方，完全不見任何胎兒的「蹤影」！我想起羅蘭・托普的電影《奇幻星球》中的恐怖情節。這肯定是陰謀！剛才明明還在！

但這一開始就非關什麼陰謀。而是因為某種力量，讓它又被推回了上游。我終於放心了。「就是那個。」我回答。警察又走上河堤，趨身上前盯著我指的地方看了半晌。「嗯，的確很像……」他說話的表情很複雜。「那是指頭啊。」

思考了一會兒，他決定往下走，尋找有無相關線索。打從知道是胎兒後，我就想像那是個已經泡到水腫腐爛，活像個西洋穴怪圖像的屍塊，靠近後應該會聞到惡臭吧。即使對方是把我當成可疑人物、盯著不放的警察，現在卻讓我覺得他很可憐。

「一個人應付不來吧，我再去請另一位警察來幫忙。」「嗯，如果可以的話……對不起，那就麻煩你了。」警察的態度大轉變。（其實沒有變，而是我自己原本覺得自己被當成可疑人物的迫害幻想讓我這麼認為。）

回到警局時，剛才的年長警察又對著我問，「你今年幾歲？」我啞口無言。「先不管這了，剛才去的警察說人手不足。還有，果然是胎兒。」「啊，在哪裡？有地址嗎？」「就在橋的另一側……我不知道地址。」「喔，是堺橋啊，嬰兒一個人嗎？母親在一旁嗎？」真是個搞不清狀況的傢伙啊。「你聽好了，在堺橋花王香皂前的橋下下水道口附近，有個胎兒的屍體浮在水面。剛才那位警察已經走到橋下，正在想辦法不讓它流走。」「這麼說來，不是意外事故囉。」

「喂，香取派出所嗎？請派人協助搜查。」終於明白狀況了，真是個不機靈的傢伙啊。我在旁邊一個中間凹下去的海藍色絨布椅子上坐了下來；警察邊在地圖上確認地點，邊向對方報告情況。此時，我剛剛問路的那個警察剛好巡邏回來。這位警察看似年輕，但好像是這位年長警察的上司，在一旁聽著年長警察的描述。

接著，年輕的警察又再次打給剛才通過電話的總部，討論管轄的地點。之前那位警察已經不在橋上，應該是走到橋下去了。我又再次同情起他來。當我再度看著年輕的警察時，他突然把話筒放下。「可以向本部的人說明詳細的狀況嗎？」我接過話筒。「喂，電話換人了。」「喂？」「是。」「喂～」「我聽見了。」

「請問，那個嬰兒看起來多大年紀？」「不，還只是胎兒。」「喔，還是胎兒啊。那有穿衣服嗎？還是赤裸的？」這讓我再度無言以對，因為我不由得想像起胎兒穿著衣服的樣子。

「喂～」「全裸，一絲不掛。」雖然我回答的時候也覺得這樣的形容詞很荒謬。「謝謝你，大致了解了。請把電話交回給警察。」「喂……」他講到一半突然用手遮住話筒，對我說：「啊，你可以回去了。辛苦你了。如果還有疑問會再麻煩你。」「那麼，我告退了。」「啊，謝謝。」我終於被釋放了。

我邊看著夕陽餘輝下閃爍的玻璃碎片，邊走回橋上。剛才那位警察正在下面，右手的袖子捲到手肘，成功的用警棍把「那個東西」勾到岸邊，接著揮動警棍，企圖把水甩乾。

一位看似二十五、六歲的醜胖女人皺著臉倚在橋的欄杆旁，專注地看著這一幕。當我從一旁經過時，正好傳來巡邏警車的警報聲，從江東區和墨田區兩個方向同時開來。一看現場，剛才那兩位巡邏員警也騎著白色腳踏車，比我早一步抵達現場。

我懷著複雜的感慨之情，送走即將從我手上離開的「真正的胎兒」，只能頭也不回的遠離現場。

走在路上的正確方法

林　丈二

剛開始只是尾隨一隻狗，沒想到卻把我帶到一個意想不到的全新世界。我的走法會不自覺變得跟狗一樣，異常執著於路上的細微之處……

再也無法踩在人孔蓋上了

我超愛看電視。或許正是電視的影響，日常生活中的我不擅長以廣角的視點來看事物，總是處於十四吋的狹窄視野狀態。自己也知道這樣不行，故努力走上街頭，但結果還是揹著照相機，透過四方的鏡頭剪輯街景，然後滿意的回家。因而我的症狀完全沒有改善。

街頭對我來說也是一部電視。散步時，我的眼睛會不斷咔嚓咔嚓地轉換頻道，這讓我很享受。尤其是看電視時，眼睛和映像管之間，這一到兩公尺距離的世界讓我無法割捨。電視上充滿了專業的演員，但我喜愛的那些街頭演員，和其他大部分的角色都不同，是些非常不起眼的事物。這些事物通常位於視線下方，多散見於路面上。

這些位於路上、視線下方的事物當中，最讓我感興趣的是一般通稱為人孔蓋的蓋子。

在城市的地下埋藏著複雜交錯的管線設備，此地下世界的入口通稱人孔，而我們平常在路面上所見之物，是這些人孔的蓋子。這些孔因為是要讓人進去作業的孔（這是從英文的manhole直譯而來），所以叫人孔；但路上也有許多孔，是人不用進去就能作業的孔，為什麼把它們也一概稱之為人孔蓋呢？根本就是個謬誤。儘管如此，卻沒有一個正式的稱呼來形容路上的蓋子，令人覺得唏噓。更讓人感到落寞的是，這些蓋子雖然對城市生活貢獻良多，卻一直被眾人忽視，而且還被人車不斷踩踏，用壞了就被丟棄。這正是路上蓋子的命運。

換個角度來看，這些路上的蓋子，可謂人類社會忠於一己職務的公務員，卻受到如此悲慘的待遇，真替它打抱不平。

我下定決心要好好端詳這些看似沉默寡言的人孔蓋的表情，沒想到也真的有許多意想不到的樣貌浮上來；愈是和它們打交道，就愈被它們的深奧之處吸引。

和蓋子的邂逅

昭和四十五年（一九七〇）十一月十二日，我從日暮里谷中走到上野公園，拍了一百二十一張照片，其中三張是蓋子。這是我首次把路上的蓋子當成主題拍下的照片。

事實上我在一年多前，曾在古書店買了一本名為《工業設計》（*Industrial Design*）的雜誌，翻閱內容時發現有一個專欄，裡面排列著滿滿的蓋子，「沒想到這種東西也是經過細心設計的啊」。這些蓋子原本就充斥在路上的各處，但被精心排列在書上的同時，才讓人訝異其種類的豐富。當時我寄宿在市郊的小平市小川，周圍盡是綠意盎然的稻田，路上沒有什麼蓋子。這讓我意識到，原來人孔蓋這種東西只有城市裡才看得到。但當時也僅止於此。現在的我不論走在多麼小的街道上，都十分樂在觀察這些蓋子，這對當時的我來說，確實是意想不到的發展。

觀察蓋子趣味的基本知識

城市愈大，地下埋的東西也愈多，路上因此充斥著許多的蓋子。管理這些蓋子的單位大致可分成以下五類：

①上水道
②下水道
③電力
④電信電話
⑤瓦斯

最近地底下的密度變得更高，增加了許多可以同時收納好幾種管線設備的共同溝渠，所以東京都心路上的蓋子開始有減少的趨勢。

要如何才能由蓋子的外觀來判定其所屬

的單位呢？這在每個城市、地域有不同的情況，無法一概而論，在此只能試著舉出初步的判別方法。

最簡單的是以蓋子上刻的字和圖案，來判定其管轄的公家單位或公司名稱。

■上水道

大部分會有供應該城市自來水的水道局（部）或是工會的名稱或標誌。此外，還看得到上水道用語，像是消防栓、制水閥、空氣閥、排氣閥、量水器、止水栓等。

■下水道

大多會有各城市管理下水道的下水道局（部）的標誌。或是會有「下水」、「污水」的字樣；有時只有「下」這個字。或者常出現「S」的簡稱，是SEWER（下水）的意思。

■電力

幾乎都有電力公司的標誌。

■電信電話

舊的會有遞信省（負責交通、通信、電氣等事務）、電信公社標誌，最近比較新的蓋子會有日本電信電話公司的標誌。

■瓦斯

會有瓦斯公司名稱或是標誌，一般常見的還有「瓦斯」、「ガス」或「G」，其中一種。

其他還有建設省（負責國土規畫、都市計畫、市街地整備、河川、道路、住宅等政策的中央行政單位）、防衛廳（負責國防相關事務）、警察、國鐵、私鐵、熱供應系統等各式蓋子，大部分都可利用圖案來判別。

綜合上述，能不能看懂圖案所代表的意

義，是判定蓋子所屬的關鍵。

探尋蓋子的歷史

享受人孔蓋的醍醐味，關鍵在於推測蓋子是何時被設置的。尤其當得知蓋子是從二次大戰前就存在時，實在不由得讓人肅然起敬，能渡過災難，倖存迄今，真是太令人感動了。

我第一次發現原來蓋子也有歷史，是昭和五十二年（一九七七）一月三日，距離我第一次拍攝蓋子已經又過了六年。

成為我啟蒙契機、那個具有紀念性的蓋子，是個上面刻著「荒玉水道」字樣的蓋子。東京的水道照理應該由東京都水道局來管理，但這個蓋子特別不同。於是我立刻到圖書館調查，才知道此蓋是昭和三年（一九二八）到七年（一九三二），屬於「荒玉水道町村組合（工會）」的蓋子。再深入調查，才發現原來在戰前二十三區內曾有過十三家上水道相關的町營、組合及公司，九家下水道相關的組織，以及五家電力相關的單位。這些管理東京地下的公司和組織的樣貌因而浮現。

調查至此，我不禁想到，既然有「荒玉」，當然應該還找得到其他殘存的舊蓋子才是。

明查暗訪後，找到了前述總計二十七個組織中的二十四個蓋子，同時也又發現東京府、內務省、陸軍電話等其他貴重的蓋子。

走訪了都內五分之一的面積，我不斷

建設省短期間使用過的圖案 ?~?

東京市電氣局後改成東京都交通局 ?~現在

遞信省 M30?~S24

高田町下水道 S5~S13

大崎町下水道 T13~S10?

建設省 ?~現在

日本電力株式會社。?~S17

日本電信電話公社，電氣通信省時代開始使用S24~S60

西巢鴨町下水道 S6~S16?

尾久町下水道 S2~S17?

國鐵 ?~現在

東京電力株式會社。S26~現在

日本電信電話會社。S60~現在

東部下水道町村組合。S6~S13?

玉子町下水道 S3~S17?

帝都高速度交通營團舊標誌 S16~S28

東京瓦斯株式會社 M?~S60

東京電燈株式會社。?~S17

品川町下水道 S3~S7?

大久保町下水道 S3~S16

同上 S28~現在

內務省 ?~S22

同上 正式的標誌狀況不明。許多圖案的其中之一。

千馱谷町下水道 S~S7?

巢鴨町下水道 S4~S10?

蓋子的圖案筆記

東京都23區內可以看到的蓋子圖案集。圖案下方註明了每個蓋子的管理單位或組織名稱，年份是表示各單位使用這個圖案的時間（或是指動工跟完工的時間）。 M表示明治、T表示大正、S表示昭和。

代代幡町水道
S6～S7

千駄谷町水道
S3～S7

澀谷町水道
T12～S7

東京都下水道局跟舊圖案「小龜」相比手腳較長。S40～?

東京都水道局
東京市時代開始使用。原本是代表東京都的圖案，所以建設局、下水道局也會使用。
M24年?～現在

井荻町水道
S7～S8?

荒玉水道町村組合
S3～S9?

目黑町水道
T15～S7

東京都建設局部分水道局在戰前也用過。
?～現在

東京市水道局。此圖案只有小部分蓋子使用。
戰前

日本水道株式會社
S7～S20

大久保町水道
S4～S7

江戶川水上町村組合
T15～S10?

東京府舊府道附近常看到
S6～S18

東京都下水道局。推測是東京市下水改良事務所時代的圖案。「下」和「水」二字隱藏其中。
T2年?～S40年代

千住町下水道
T10～S7

戶塚町水道
S5～S7

淀橋町水道
S2～S7

玉川水道株式會社
T7～S10

林丈二的人孔蓋筆記。

（編註：「水道局」相當於「自來水公司」、「組合」表示「工會」、「株式會社」表示「有限公司」）

想著，其他城市應該也同樣殘存著戰前的蓋子，於是又瘋狂地跑遍大約一百座城市。有感於日本面積之大，只能把這當成是一項業餘的探索。每當我像現在這樣，忙著其他事情的同時，只要想到這些貴重的蓋子正在漸漸消失，就會焦急萬分。

蓋子的周邊

我是個比平常人更注意觀察路上現象的人。當然，除了蓋子以外的事物也會落入我的視線之中。

首先，先來談錢幣。在我在還沒有清楚記憶的幼小年紀，我時常撿到錢。印象尤其深刻的，是小學時代在家附近綠意盎然的草原上撿到寬永通寶。這種中間有洞的錢幣，似乎是明治中期以前通用的貨幣，當時的我認定這是江戶時代的人遺留下來的，把它當成寶物小心地收藏。

這當然是特殊的例子，但即使到現在，我也經常撿到錢幣，昭和四十四年（一九六九）時我還曾把它們統計後記錄下來，和最近五年內的統計做成了下面這張表。

剛開始幾年我只是把撿到時的狀況簡單記錄下來，直到昭和六十年（一九八五）三月九日，在前往赤瀨川原平先生對談會的路上，撿到了一個壹圓硬幣。當我在筆記本寫下知名的赤瀨川先生的名字時，發現這枚壹圓硬幣好像沾著金箔，於是就把它一起貼在筆記本上。自此以後，我就會把撿到的錢貼在筆記本上，並且把它當成「拾金一覽」來收藏。

這或許有點偏離路上觀察的主題，我最新的計畫之一，是採集有「沙」字地名地方的沙子。舉個剛採集完的例子：江東區東沙町公園裡沙場的沙。依這樣的做法類推，像到千石町撿一千個石頭這樣的想法，要多少有多少。再延伸下去，像是到丸子坂吃丸子，或是到名古屋的貓洞通和廣島市的貓屋町去找貓，和地名結合的玩法可以無限延伸。

年份	拾金總額
S 44年	541圓
56年	1824圓
57年	539圓
58年	733圓
59年	680圓
60年	2701圓

昭和56年和60年有撿到過一千圓的紙鈔。
我把它們送到應該送去的地方了。

林丈二撿到的錢幣金額統計。

在此還是介紹一些在觀察領域裡特別的主題。我要說的不是別的，正是狗的大便和小便。兩者的共通處為無法預測會在哪裡遇到，以及不會遇到兩次相同的狀況；這可以算是具稀有價值吧。在時間上，每天早晚狗散步的時間帶，是遇到狀態良好的採集物的最佳時機。

接著說明其有趣之處。

■狗大便

可以思考的有大便是否和小便一樣、是否為了表示自己的地盤才選擇在某處大便，或是觀察大便形狀的趣味性、意外性，依顏色來分析吃下的食物（這點內人比我擅長）等，一堆的情況。還可以推測大出來的順序等等。

■狗小便

觀察小便的圖案，只能和人的小便比較，沒什麼樂趣。所以選擇看到狗時跟蹤其後，查看小便的現場。在哪裡小便一般來說沒有什麼樂趣，但遇到有狗選擇在道路中央、周圍什麼都沒有的空地小便，這就讓人無法轉移視線。

也可以觀察狗小便時是抬哪一隻腳。我曾試圖調查尾巴捲的方向和抬腳有什麼關係，發現兩者原來沒有什麼相關。看了許多狗小便的現場後，發現有些狗只抬右腳，當左邊有障礙物時，會先轉個方向再抬腳小便。當然也有左右兩腳開弓的狗。

綜上所述，只要是路上有的東西和動物，所有物體都可以成為愉快的觀察對象。路上充滿觀察的要素，你只要找出自己的想法和觀點。

影響我的前輩們

和我一樣在街頭徘徊的動物有狗和貓。尤其是狗的行動，讓我學到很多。

有一天，我暗中尾隨老家隔壁一隻被放養在外頭的狗「敦」，小心翼翼不被牠發現。這隻名叫敦的狗，先是把整個身體往魚板店前的台子貼過去，然後翻轉成四腳朝天的模樣；接著或是大啖免費的魚板，或用鼻子蹭著經過女性的裙擺撒嬌，是隻好奇心旺盛又有行動力的狗。我之所以跟蹤牠，並不是期待有什麼好玩的事發生，只是想要玩玩跟蹤的遊戲，但卻有意料外的收獲，成就了我的「跟蹤論」。

當時的敦已經是十歲多的成熟老狗，和鄰近的狗朋友們交好，領地也算廣。當牠走到自己領地外的區域時，會快步通過，也不會東張西望；但一回到自己的地盤，而且愈接近中心地盤，愈會採取經過深思的複雜行動。

牠行走的路線幾乎會占據一整個車道，約三到四公尺，但不是走一直線，大多是蛇行（參照圖A）。模仿牠的路線就會知道，跟走直線比起來，這樣走兩側的房子看得更清楚，觀察到的街景幅度也更廣。再者，由斜角穿越道路，製造了回望身後風景的機會，有時甚至可以從後方的風景中，發現平常看漏的事物。雖然我總覺得這樣的蛇行路線是不經意走出來的，但偶爾故意蛇行，的確有趣味盎然的新鮮感。

尾隨在狗的身後，雖然沒有貓的神祕感，卻有偵測天線的效果，有時也會注意到前面有什麼。特別的是，狗似乎有察覺後方動靜的能力。敦有時好像會感受到後方的動靜，突然轉身往回走。走的距離不一，大致上會確認究竟有什麼，直到滿足後才再度向原來的方向走。這些路線簡化後可以用圖B或圖C表示。

我即使察覺到什麼，也很少會再走回

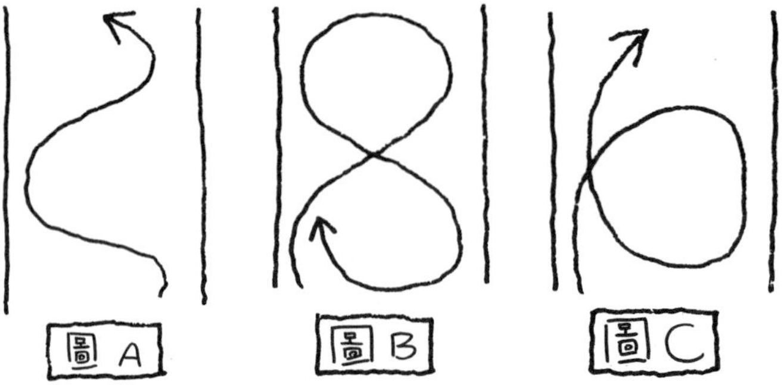

狗行走的路線。

去，一方面是嫌麻煩，但之後常常又會後悔。「那時如果馬上走回去拍下照片就好了……」

走在街上，沒有特定的目的，按圖B或圖C的路線來步行也很有意思。當我如這般繞路時，緊繃變鈍的神經像是突然鬆懈下來，當轉過身正對著背後風景的瞬間，一直未看到的、家家戶戶的輪廓全都浮了上來，包含整片直達天際的景致，在視野的正中央啪地延展開來。下一瞬間，道路彼端的風景忽地拉近放大，整個人像被風景吸了進去，讓我陷入一種極端的、非現實的狀態。

剛開始只是尾隨一隻狗，沒想到卻把我帶到一個意想不到的全新世界。最近在街上遇到放養在外的狗，我的走法會不自覺變得跟狗一樣。雖然並非刻意模仿，卻讓我異常執著於路上的細微之處，有點類似平面式的觀物法。原本應該覺得單調的，現在卻一點也不覺得厭煩，真是不可思議。儘管如此，關於我察覺了自己的狗性這點，讓我心裡有點疙瘩。原本是為了擺脫電視症才上街的，這回卻得了狗散步症。

插些偏離主題的事。我以前在專門經營卡通人物商品的三麗鷗工作時，一直負責史努比的相關商品，所以我對史努比可說瞭若指掌。史努比根本就不覺得自己是一隻狗。牠當然跟街頭的狗不一樣，沒有狗會想到要睡在小木屋上面，而且還仰著睡。總之，史努比非常的自由奔放，有時還會變身禿鷹突襲查理布朗，或以為自己是蝙蝠，倒吊在樹上開心的玩耍。

再回到原本的話題，岔題史努比似乎給了我一些暗示，或許可以成為治癒我這狗散步症的特效藥。

換句話說，至今為止我的街頭散步太狗性了，只要學習史努比天馬行空的發想，就能吸收其他動物的習性。這讓我立刻聯想到的不是禿鷹也不是蝙蝠，而是在街頭常常遇見，總是躲在暗處偷偷觀察，讓我很在意的小巷弄裡的居民「貓」。

貓有時出現在屋頂上方，有時在圍牆上，有時則在停在路邊的車子底下，可說是千變萬化，總是出現在令人料想不到的地方，非得把人嚇一大跳不可。這種神出鬼沒，行動神祕的習性，是我現在十分嚮往的目標。雖然嚮往，但一想到貓的行逕之變化莫測，若是要尾隨在貓的身後，就要像貓一樣一會兒爬上高牆，或是穿越圍籬，進入別人家的庭院，這可不是能輕易模仿的事。當我正打算放棄時，卻找到一個能輕易模仿貓行逕的人。當然不是能輕易尾隨貓的人，而是行逕像貓一樣的人。這個人也出現在這本書裡，就是建築史學家藤森照信。我有幸在文京區西片町的探勘行動和藤森先生同行，我觀察他的行動，看到他的身體竟然能像我嚮往的貓的視點一樣移動，心頭著實為之一震。

藤森是個只要覺得某建築物是建築史上有價值的標的物，就會不擇手段進行調查的學究之徒。

我剛好目睹藤森發現在小路彼端，有著具時代特色的偉大牆垣的感動場面。

牆的另一端是空地，但藤森卻一副興致盎然的模樣。「裡面不知是什麼樣子」，說完就立刻企圖爬上一旁的電線桿，只是怎麼看都不太可行，四處巡了一圈，正好一旁有個修剪樹木的梯子，修剪樹木的人剛好午休不在，藤森於是擅自借用了梯子、爬上牆垣，仔細地端詳裡面的模樣……這就是事情的始末。這事發生在一瞬間，卻讓我看得目瞪口呆。對我這種只能在街上閒晃的人，這樣的視點和行動讓我大為震驚。我時常感歎藤森對事物有著鷺一樣的俯看視點，還有像山豬一樣的爆發行動力，像獅子般的行事風格，但當我知道他連貓的才能都具備時，更讓我深深覺得他是個宛如行在雲端的奇人啊。

總之我實在太羨慕他了。為了讓今後的街頭散步更加充實，到底要怎麼樣才能獲得這種立體的視野及行動力呢？在經歷這令我意外的一幕後，我試著進一步探索。

藤森出生於信州，我想像他一定生長在看得到山的地方，少年時期肯定過著像獅子，不然就是像貓一樣的生活。他原本就是個好奇心旺盛的人，肯定每天都是看著眼前的山，發揮想像力，想像著山另一頭的模樣，所以才培養出這般立體的視野和透視力吧。（參照圖D）

如果生長在看得到海的地方，應該也有人在成長過程中時常想像著海另一端的模樣吧。但我生長在東京的老街道，不但看不到

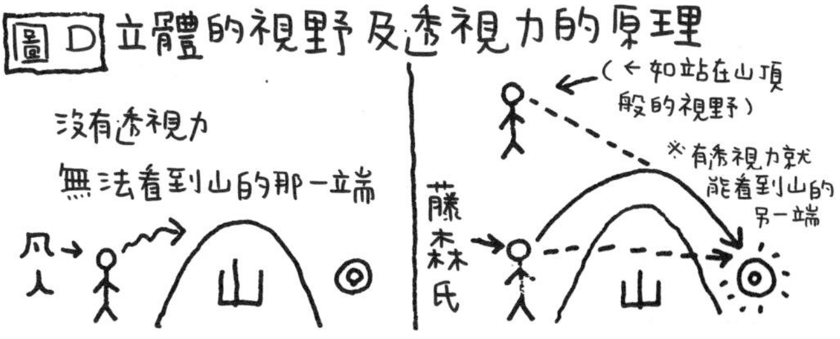

林丈二想像中藤森照信擁有立體的視野和透視力的原因。

海，連山都得爬到很高的地方才看得到。換句話說，周遭都是住家，即使我問自己這戶人家的那一端有什麼，回答也肯定是「有另一戶人家」。更好一點，或許會想問：「這條路到底通到哪裡？」不過也只能想像這種細瑣的事了。

想到這裡，我清楚的了解到要擁有貓一樣的視野和行動力，對我來說根本猶如登天。倒不如去研究「藤森為什麼有辦法像貓一樣行動」或許還更有趣呢。但要見到藤森的機會實在太少，我暫時只能以狗的視野來觀察，並腳踏實地調查貓的行動。

街頭散步實況報導——鄰近篇

我抱著愉快的心情在街頭散步，打算和眼前所見的人事物都保持良好的關係。但如果對方是動物，這就不是件容易的事了。

昭和五十六年（一九八一）起，有二年半的時間，我從老家通勤到現在的事務所上班。我曾經想和分布在家裡到車站之間的狗狗成為好朋友。我最初的想法是，要接近動物，用食物來示好是最簡單直接的方法吧。於是我買了英文字母餅乾來執行我的計畫。以下就是當時的記錄。

①敦

梗的混種，隔壁家的狗。我原本就跟牠很熟，也愉快地跟蹤過牠的行蹤，不必給牠餅乾也能保有良好關係。

②洛基

萬能梗（airedale terrier），我家前面人家養的狗，總是從狹窄的門縫底下把鼻子探出來。餅乾只要放著，一下就會被牠吃光，因為剛好是在牠吃早餐之前，給再多也不會滿足似的，所以我最多只會給牠五個餅乾。

③太郎

很聰明的看門犬。第一次見到牠時，一接近就叫個不停，我只能遠遠地先試丟一個餅乾給牠。但牠卻對餅乾完全沒興趣，警戒心反倒變得更強了。我刻意躲起來，觀察牠後來有沒有吃，結果發現牠沒吃。第二天我一樣躲在暗處觀察，過了好一會牠終於吃了。第三天牠終於在我面前吃掉了餅乾。之後我照樣只丟一個餅乾給牠，但牠似乎平常就吃得很好，完全沒有被食物引誘而上前討食的樣子。

A處有隻博美狗。距離二、三十公尺遠牠就開始叫，完全無法接近。每次狀況都一樣，所以我都盡量避開，不走這條路。

④貓熊犬（或酒桶狗）

因為放養在外面，很少見到。年紀很大了，身體像酒桶，乍看之下也像貓熊。眼睛和鼻子好像都不靈了，如果不把餅乾放得很近，牠根本不會發現。平常好像都吃日本食物，餅乾只咬了幾口就不吃了。

⑤米奇

名為米奇，卻是隻公狗。很盡責的看門犬，雖然不會叫但也不讓人親近。用餅乾誘惑了幾次，只有兩次吃了一個。本來還以為拉近距離了，正想撿回牠不吃的餅乾，有兩

林丈二的街頭散步紀錄：鄰近篇。

次差點被咬。還有一次竟尿在餅乾上，一副「誰理你」的模樣。

⑥狼犬

乍看之下有點兇，但沒有吠，還吃了兩三個餅乾。有天去的時候發現只剩下鎖鍊，沒看到狗的影子。這狀況持續了幾天，後來連鎖鍊都不見了。

B處是黑色的忠犬。被主人溺愛，對不認識的陌生人吠個不停。

⑦衛星

蘇聯第一枚人造衛星發射那天出生的狗狗的後代。剛開始會很害怕的躲在狗屋裡，我試著放了幾個餅乾在狗屋前。本來還是偶爾會叫，第四次開始不再叫了，第八次我故意躲在小巷裡暗中觀察，看見牠乖乖的把餅乾都吃掉。隔天早上牠不再躲起來，猶豫了半晌才在我眼前吃掉了餅乾。結果這隻狗是最親近我的，每次去牠都會從狗屋裡衝出來，撲到我身上。

我拿衛星做了一個實驗，以下就為大家揭曉實驗結果。

我準備了A平常給牠的餅乾、B無骨火腿片、C大豆製的植物火腿片。實驗的目的是為了觀察衛星在這三種食物面前會採取什麼行動。實驗日期是昭和五十八年（一九八三）五月二十日。（參照圖E）

我把食物ABC一起擺好，衛星有點遲疑的樣子，然後不知為什麼先吃了C，接著吃B，最後才吃平常的餅乾A。

第二次的實驗在五月二十二日進行。

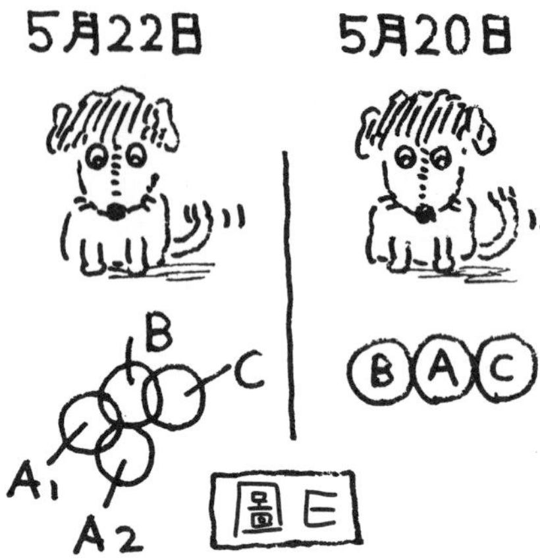

林丈二拿衛星做的實驗。

這次我故意把食物擺得有點亂。剛開始牠想吃B，但可能因為太薄了，無法順利塞入嘴裡，於是吃了成塊的C。接著，牠把A放入嘴裡又整個吐了出來，開始吃B，最後吃了二個A。結果兩次吃下的食物順序一樣，我實在想不通為什麼牠會先吃植物性火腿，決定在二十七日最後再做一次相同的實驗。

比起第二次，我把食物擺好後，牠一下就把三片疊在一起的厚火腿吃光，再吃植物性火腿，然後是餅乾。總算如一般常識判斷的結果，我也就安心的結束了此次的實驗。

有點偏離主題了，接著再回到之前的觀察。

C處的O犬（英文字母O）。超級會吠，尾巴也超會搖，我丟了一個「O」字的餅乾過去，牠巧妙接住後，竟然又開始吠。我望向狗的喉嚨深處，還看得到O的影子呢。因為叫聲實在太吵，我決定再也不走這條路。

⑧黑狗

有時主人會帶牠來這附近散步。全身黑漆漆的看起來有點可怕，當我拿出餅乾時，牠的狗鼻子馬上嗅了起來，我判斷牠想吃就立即丟出了餅乾，沒想到牠很厲害的在空中就接住餅乾吃下去。因為很可愛，我每次都故意丟很難接的角度，看牠在空中跳躍接餅乾的樣子，我也玩得開心。

D處是隻貪吃狗。剛開始就一副諂媚的模樣，我拿出餅乾後，牠不疑有他馬上專心吃了起來。這種狗我不喜歡，於是只給了這麼一次。

⑨狸狗

長得像黑鐵弘漫畫裡的狸狗，是隻放養在外的老狗，在我還沒隨身帶餅乾前，就試著接近牠，但卻一直無法親近。有次我故意從背後嚇牠，小腿肚反而被牠咬了一口，但因為牠牙齒不好，完全沒有受傷。比較熟以後給牠餅乾，牠只是嗅了嗅味道卻不吃。有時是吃進嘴裡又吐出來。後來發現牠牙齒不好，把餅乾捏碎再給牠，牠才吃進去。平常總是橫躺在路上，一看到我來至少會坐起來，慢慢地走近我。黃昏時會坐著看夕陽，或是看著玻璃窗上映著的自己的模樣，是隻奇怪的狗。不知何時，已不見牠的蹤影。

⑩兔子

不知為什麼被栓在木桿上，每次看到牠總是埋頭吃著麵包。給牠餅乾也一樣毫不猶豫的埋頭吃著。雖然對牠沒有特別親近的感覺，但因為很少見到牠，還滿期待的。

兩年後我再回去，這些讓我樂在觀察的

動物，①到⑩中，只見到②、③、和⑤。

散步用的小道具

相機、地圖、筆記本、文具是我在街頭散步時的必備用具。除此之外，還會帶一些備用品，或是偶爾派得上用場的東西，或是我想試用的東西。以下容我隨興的舉幾個例子。

①刷子和抹布

在拍攝路上的蓋子時，可以用刷子把上面的小石子或是沙拂去，剛下完雨時也曾用抹布把蓋子擦乾淨。但現在除非看到很貴重的蓋子，否則幾乎不會拿出來。

②捲尺

可以測量蓋子的大小，或是測量蓋子以外的東西，看到想測量的東西隨時都能測量並記錄下來。最近讓我著迷的是測量車站月台的連續白色虛線，我會量每個色塊的大小、白色虛線之間的間隔，還有白色虛線和月台邊的距離。光是這些白虛線，每個車站就都有不同的狀況，真是有趣。

③摩擦拓印用的鉛筆

這是一種前端呈扁平狀的鉛筆。摩擦拓印法就是小學時常做的：把紙放在十圓硬幣上，用鉛筆在紙面上來回磨擦，就能把立體的圖案拓印在紙張上。

用這個方法，可以把蓋子上的圖案，或是所有凹凸的立體圖案拓印下來，很好玩。很早以前我就一直很想在規定只有行人能通行的時段，把銀座四丁目十字路口中心的路面拓印下來，但礙於每次附近都有巡邏員警而無法實行。

④碼錶（手錶的附加功能）

最近常測量的是十字路口的行人號誌，綠色燈號持續的時間。綠燈亮的時間和道路的寬窄無關，主要和車流量有關，調查後一目瞭然。

⑤英文字母餅乾和卡爾民糖（明治カルミン，一種薄荷糖）。

這是為了和街上偶遇的狗貓溝通而準備的。給狗狗餅乾還滿愉快的，但給貓卡爾民糖……至今為止的經驗顯示，貓只會嗅一嗅氣味，沒什麼大反應。下次想改用森永（森永ピースミンツ）的試試。其實最好是準備肉乾給狗，魚乾給貓，但我還沒有這種服務貓狗的精神。

⑥鞋底有溝槽的鞋子

我在國外時，每天回到住宿的地方都會採集卡在鞋底細縫的小石子，在東京倒是沒試過。雖然是個很偷懶的方法，但把這些小石子放入小瓶子裡排列在一起，真的能看出每個地方土地的不同，很有趣。

⑦計數器

常在車站的驗票口看到有人在計算乘客人數，就是跟那個一樣的計數器。爬到高處時，有好幾次計算攀爬的階梯數。有時腳步和手指按的步調會不一致。雖然小但比想像中的重，現在幾乎不會隨身攜帶。

⑧磁鐵

想知道眼前的東西是不是鐵製品時可以使用，但卻一次也沒用過。

⑨量角器

薄又輕巧，幾乎有半年的時間，散步時都會帶在身上。曾經測量過御茶水聖橋上平行四邊形蓋子的角度，也只用過這麼一次。

⑩放大鏡

想用來觀察牆上附著的青苔，或是在街上徘徊的螞蟻，但還沒買。

⑪迷你溫度計

雖然總是帶在身邊，但還沒想到特別的使用方法。

⑫迷你錄音機

一年多前開始收集剪票屑時，錄下了車站票閘口工作人員的聲音，這是最近使用的情況。

⑬望遠鏡

雖是街頭散步的好伙伴，但卻沒怎麼用過。倒是曾在現在住的公寓屋頂上呈大字型躺著時，用它觀察天空飛行的鳥和飛機、雲等等。

其他還有便宜又小的金屬探測器、放射線測量器、魚群探測器等，肯定都各自有其使用方法才是。

把上述的物品全部收納在一起，可隨身攜帶，是我的理想。

街頭散步實況報導——銀座篇

終於決定要執行許久以前規畫，一直很

散步用的小道具
⑫迷你錄音機
(285g)
115
⑤英文字母餅乾(約50個)
和卡爾民糖(約10個)
1g
1g
①刷子和抹布
18g
35g
⑥鞋底有溝槽的
鞋子(尺寸:27號)
普通的
比較好,
這雙真重
710g
合計
82g
⑪溫度計
②捲尺(長度2m)
標準配備
Ⓐ相機
(1120g)
⑦計數器 84g
45
1234
③拓印用的
鉛筆和紙張
13g
4B
1g
×3
⑧磁鐵(可以把紙條
吸在鐵板上的小磁鐵)
15
塑膠
(9g)
黑
(0.2和0.5
的筆芯)
紅
黃
Ⓑ做筆記的文具
(簽字筆 加起來44g)
Ⓒ地圖,Ⓓ筆記本
區地圖
140g
190g
+
⑨量角器 4g
90
CASIO
00:25
手錶的
附加功能
(62g)
④碼錶
3569g

林丈二的散步用小道具

想實踐的「銀座名蓋巡禮」。

昭和六十一年（一九八六）一月一日，在看完當天送達的賀年明信片後出發。天氣陰。

十時三十二分抵達有樂町。有一陣子沒來了，在抵達銀座前，決定先確認這附近的貴重蓋子。

①東京電燈的蓋子。兩年前確實還有兩個，現在只剩下一個。東京電燈是明治十九年（一八八六）到昭和十七年（一九四二）之間的公司，估計這些蓋子至少都有四十四年以上的歷史。

看完②、③兩個幾乎磨損殆盡，即將面臨淘汰的古老蓋子後，走過瑪莉歐通道。這裡擠滿來看電影的年輕人，熱鬧無比。穿越人群後來到晴海通。這條車道上其實有著④直徑一四〇公分，東京最大共同地下溝的圓蓋。這條路車流量從未稍減，兩年前我曾在元旦車少時得以拍下照片，並且測量了蓋子的尺寸。這次是從行人步道上確認它還健在。

昭和五十六年（一九八一）四月，不肖業者從鄰近的數寄屋橋購物中心，將完全沒經過處理的污泥直接排放，⑤這個蓋子就是當時發現污泥的人孔蓋。

走在鋪著紅瓦磚的美雪通，右轉就是兩側綠樹綿延的步道。完全不見人影。或許是前一天夜雨所致，地上掉落了一地還是綠色的梧桐樹葉。

⑥在北海道新聞社前。昭和三十九年（一九六四）十月十六日，以赤瀨川原平為首的藝

術團體 Hi-Red Center，舉行清掃道路的藝術活動，路上的蓋子被磨得閃閃發亮的地方。研究《東京混合計畫》(Parco 出版，一九八四年三月十日發行)裡刊登的照片，可知是遞信省時代與電相關的蓋子。這附近的路面時常修整，蓋子也跟著煥然一新。

往烏鴉嘎嘎地喧鬧不停的道路前進，終於來到銀座通(中央通)。但銀座通在昭和四十三年(一九六八)進行全面修整，古老的蓋子一個也不剩。步道鋪上了三〇公分乘五〇公分的花崗岩。行人來來往往，但店家幾乎都還關門休息中，大家其實不是來購物的，而是來銀座閒晃散步的。

⑦在麥當勞前。昭和五十八年(一九八三)十一月十七日曾發生一起意外，放在高達三十公尺的大樓頂部，直徑三十四公分、厚二公分、重達四公斤的小鐵蓋被強風吹起，掉下來砸到停在路邊的計程車。所以我到這裡會例外地抬頭往上看。

走進御門通後，看到了難得一見的柳樹(地點A)，前方不遠處有三棵才剛種的細長小柳樹(地點B)。據說這是昭和四十三年(一九六八)前種植在銀座通的柳樹二世。這我倒第一次知道。

走過橫跨昭和通的天橋，再往前走一段，應該可以看到⑧遞信省時代的混凝土蓋子，但現在卻消失了。這一型的蓋子因戰時金屬短缺，而改用混凝土製作，都內僅剩幾個，是很貴重的蓋子，真是遺憾。

⑨是在東京市只有十五區的時代(昭和七

銀座名蓋巡禮

昭和61年1月1日 調查

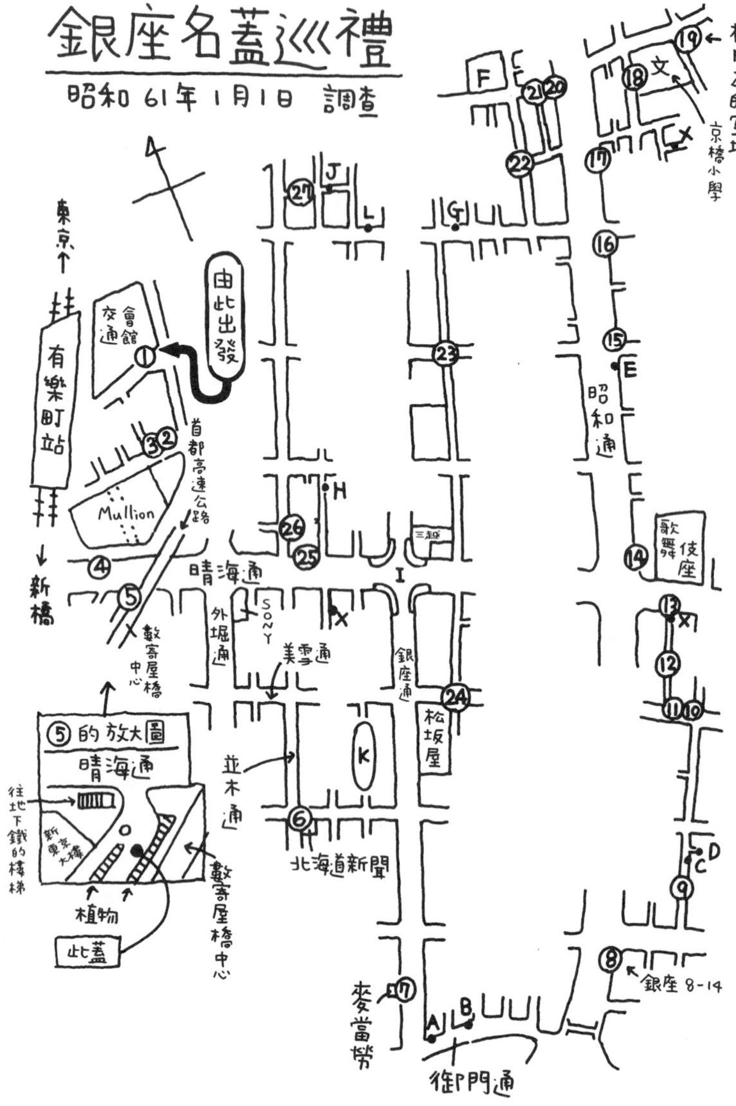

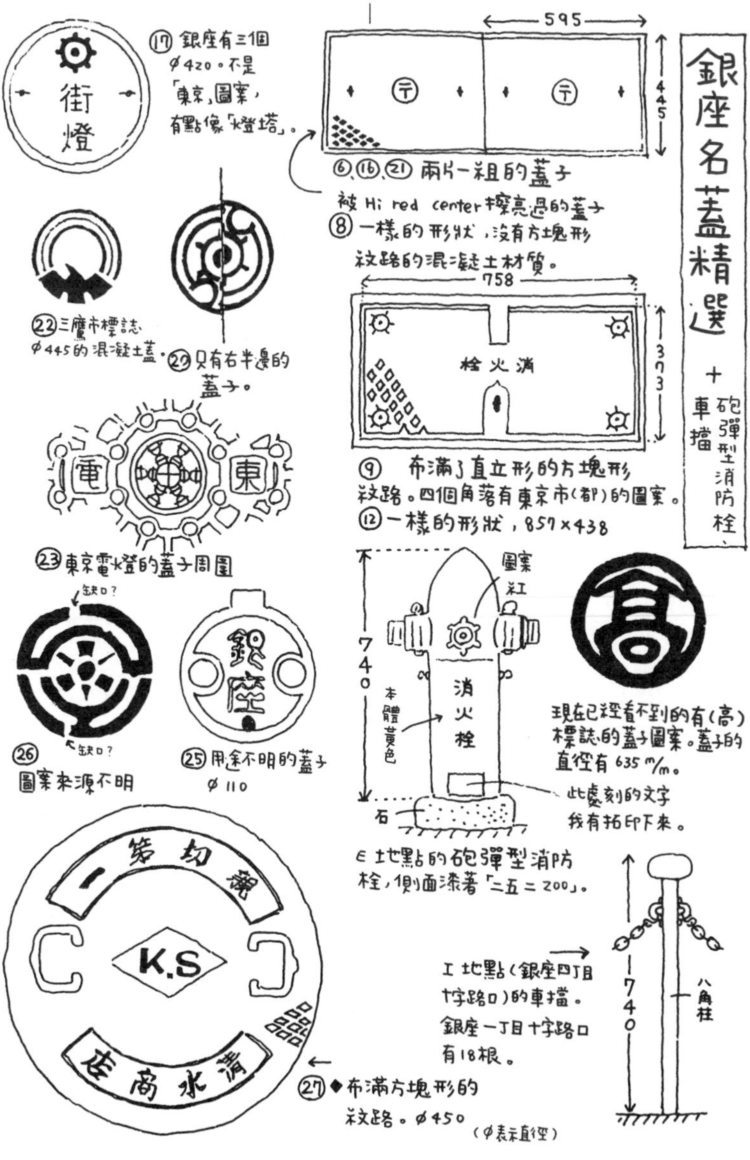

林丈二的街頭散步紀錄：銀座篇。

年（一九三二）九月三十日以前），這個區域常見的蓋子。這種附有蝶型號碼的類型有大小兩種，此處是小型的，銀座只有一個。大型的有十五個。

再往前走，停著三輛配合元旦氣氛裝飾的人力車（地點C）。應該是熟客在新春出外拜訪時坐的。往前方的小巷望去，看得到大大的日丸旗（地點D）。這麼說來一路走到這裡，沒看到有住家掛出日丸旗。明年來調查元旦的銀座會有幾戶住家掛出日丸旗，似乎也很有意思。

⑩⑪應該是大正或昭和初期的方型蓋，我從一旁斜斜地觀察然後走進小巷裡。⑫是和⑨一樣的大型蓋子。前方的⑬在兩年前有一個有著「高」標誌，身分不明的蓋子。（拙著《人孔蓋「日本篇」》裡有詳細的描述）這個蓋子原本的地點和「高」字沒有任何關連，在其他地區也不曾見過，讓我著實煩惱了好一陣子，有一天卻突然消失了。

越過晴海通再往前走一會，⑭有個原始的木造蓋子。這種蓋子好像四處可見，但卻意外的找不到同類。材質不是已有的成品，而是特地用木頭來做，真的很有意思。再怎麼說，附近就是歌舞伎座，有能製作木蓋的職人也不奇怪。事實上在公共道路上設置木蓋，據我所知都內沒有半個，只有這周圍半徑約兩公里內才見過。

再往更前方的昭和通走去，地面上豎立著被塗成黃色的地上式消防栓（地點E）。東京的公用消防栓幾乎都是地下式的，難得見到地上式的。銀座也僅有這一個。雖然我沒有深入調查公設的地上式消防栓，但推測應該是戰後設置的。看戰前的規格書，銀座的被稱為「砲彈型」。元旦行人少，且製造號碼是陽刻，正當我慶幸地坐在路上用鉛筆拓印文字，並且拿出捲尺測量時，後方傳來腳步聲。我靜待腳步聲通過後才轉頭看，看到遠去的兩位巡邏員警的背影。竟然沒有被查問，真是太幸運了。

⑮在昭和三十年（一九五五）三月二十九日，發生過一件意外。進入此人孔中進行檢查的兩位工作人員被關在裡面。後來是在百圓鈔票寫上SOS求救訊息丟到外面，路過的人拾獲通知，才終於將兩人救出。

⑯是遞信省時代的蓋子。此類型和地點和⑥的一樣。電信電話不再歸遞信省管轄是昭和二十四年（一九四九）九月之後的事，所以蓋子至少是那之前設置的。更精確地說，戰後紛擾和戰爭中缺鐵的情況下，應該不可能設置蓋子，故製造時期可以上溯至更早以前。

⑰是陽刻著「街燈」字樣的蓋子，目前只有昭和通上有，共七個，其中三個位於銀座區。推測應該是昭和通剛鋪設好的昭和五年（一九三〇）設置的。

⑱東京瓦斯的蓋子有五個種類密集地齊聚於此，這意味著地下有著大型的瓦斯設備。在都內，像這樣的密集東京瓦斯蓋子，我只見過幾處。

⑲應該是戰前的蓋子，乍看之下很平常，但卻是都內下水道用的最大圓型蓋，在

銀座只有這個蓋子，其他地方也只見過四個。這個蓋子的瓦斯小透氣孔被土塞住了，到了春天似乎會長出小小的植物。

走到這附近肚子餓了，集中力銳減。走過昭和通時，會看到⑳一對○×圖案的下水道用方形蓋，仔細觀看其圖案，會覺得怪怪的，兩個都是右側用的蓋子。㉑和之前⑯有著相同的〒記號。銀座總共只有三個。

一點兩分，來到水谷橋公園（地點F）。園內有著巨大的柳樹，隨即測量樹幹的大小，直徑有四十公分。因為椅子上積水，我只好坐在橘色的翹翹板上，拿出自備的便當。用餐時，附近的婆婆和小女孩到公園遊玩。因為小女孩爬上了另一邊的黃色翹翹板，於是順其自然和婆婆打了聲招呼。「午安。」今天是新年應該說「恭賀新年」的，但面對陌生人實在說不出口，情急之下嘴裡自動吐出了「午安」。

像貓額頭一樣小的公園主要是土質地面。雨下過後不久，土壤變得鬆軟的地面會不會有貓或狗的足跡呢？我仔細地找卻找不到。因為我最近剛好在讀每天餵食銀座的三十隻街貓的飯島奈美子的《銀座街貓物語》（銀座のら猫物語，三水社，一九八五年六月一日出版），除了豎立著觀測貓狗的天線外，對牠們的腳印也特別留意。

一點十八分，離開公園。

㉒不知為什麼突然出現都下（譯註25）三鷹市標誌的蓋子。北區的十条附近也曾發現四國高松市的蓋子，這應該不值得大驚小怪，

但確實很罕見。

一點半在地點G和牽著黑狗散步的一家人擦身而過。以前在八丁目曾看過廢棄物公司的人帶著雜種犬；這次沒有確認，但應該是住在四丁目的人家養的狗（地點H），加上剛才看到的狗，在銀座只見過這三隻狗。

身體漸漸感到寒意，決定加快腳步。

㉓是銀座唯一的東京電燈時代的蓋子。比起①有樂町的蓋子，這個蓋子的圖案更清楚鮮明。

穿越沒有路人會經過，陰暗的小路後，又回到明亮的晴海通。來到四丁目的十字路口（地點I）。突然發現旁邊有個附鎖的停車鐵棒。都內幾乎都是鐵欄，在這裡竟然出現這種樣式，實在讓人想不通。仔細計算，四個角落共有六十二根。我走過這裡不下數十次，竟然沒發現，這次意外的新發現讓我帶著愉快的微笑走向㉔。

㉔在昭和五十八年（一九八三）十一月八日，因為地下輸送電纜短路而引發意外，從人孔冒出火苗，造成一千兩百人好奇圍觀的場面。這裡有兩個東京電力的蓋子，火到底是從哪一個冒出來的不得而知。看報紙上的現場照，推測應該是靠十字路口中央較近的那個蓋子。

再度回到四丁目的十字路口，來到和光這一邊。此處的人群就多了，但也只有顛峰的八分之一吧。

高橋洋服店前有個電話亭，右側有個小蓋子㉕，上面有著「銀座」的字樣。銀座只有這一個，當然其他地方以前也有過，但現在只剩這一個吧。還不知道究竟是什麼蓋子，我想找機會打開瞧瞧。

長瀨相館前右側有個小蓋㉖，上面有著「止水栓」的字樣，確定是上水道用的蓋子，問題出在圖案。和日本其他城市的圖案對照後，沒有一個相符的。或許是製造商的標誌，但我卻一點印象也沒有，過不久應該也會被換掉吧。

從這裡走出外堀通，還有一些老舊的蓋子，但再過去有我想一探究竟的蓋子，於是快步前往目的地。

走進小小的幸稻荷神社前面的小路有個麵包店，麵包店前方確實有個奇特的蓋子㉗，但因為店家休息，蓋子所在處剛好在霜淇淋亭子的下面，所以無法看到蓋子。這裡是私人道路，蓋子應該也是私人的，蓋子表面的標語是「親切第一」，還陽刻著「清水商店」的字樣。我當時單純的疑問是，這家店的店名不是清水商店？推測或許是現在店家的前身，或是蓋子是由清水商店製造的。但是因為只有這單單一個蓋子，推論也就無法佐證，遲遲沒有進展。況且從來沒見過寫著「親切第一」標語的蓋子，是個讓人無法將它踩在腳底的罕見寶物。

至此「銀座名蓋巡禮」暫告結束，回程途中引起我注意的，是前方地點J的路上有一隻白貓蹲著。我在二十公尺遠的地方蹲下來，對著牠喵了一聲，牠突然警覺到，接著便逃跑了。我又叫了幾聲喵，牠還是保持警戒不回應。第二次的喵叫時，路那端小巷弄的角落，有一隻三毛貓伸出頭來。以前曾在電視上看到睦五郎先生說，貓對薄荷和木天蓼會有相同的反應，我於是拿出薄荷口味的明治卡爾民糖，滿心想來做個實驗。

我匆匆忙忙地從容器裡取出卡爾民糖，一邊發出第三次的喵叫聲，才踏出一步，兩隻貓似乎感到殺氣般，一溜煙就往小巷弄跑去，不見了蹤影。從我自身的經驗來看，發出喵叫聲會有回應的貓大概只有一成，而且有回應的貓多半慵懶地睡在路面，磨蹭著身子做記號，甚至往我靠近摩擦撒嬌。從這次飛快逃離的反應來看，兩隻貓應該是野貓（我把以前見到貓的地點用×表示）。

野貓讓我想到前面提到《銀座街貓物語》裡，六丁目的鈴蘭通附近（地點K），飯島小姐看到在大樓間隙飛來飛去的竟然不是貓，而是鼴鼠，她比照貓一般餵食。這當然是晚上才會發生的事，但像我這種低頭只看地面的人，是絕對看不到這種景致的。

二點二十五分，有樂町線銀座一丁目車站入口（地點L）有一張車票掉落在地，是從鎌倉出發、最低票價區間一百二十圓的車票。應該是搭霸王車的人掉的吧。不知道他在天滿宮許了什麼願。但一開春就做這種事，且把這票根丟棄的人，今年應該不會有什麼好事吧……我邊這麼想邊走進車站。

在書寫著這篇文章時，我散步街頭的方式和看法，怎麼看都好像還是在電視的映像管裡遊移一般。但以此方式持續探索下去，有一天應該也能抵達深奧不可見的境地，出現如宇宙規模的寬廣世界吧，此時我有著這般的預感。

撿拾建物的碎片

一木　努

建築物本身就有這樣的屬性。即便是車站前某個角落的建築，都是這個街道的記憶、時代的記憶，會讓人掉入時光的想像。

煙囪消失之日

「抱歉，我正在收集碎片……」

在建築物拆除現場的午餐時間，一個陌生的男子突然從塑膠布牆的間隙出現，望著正被解體的建築的「碎片」，讓拆除公司的歐吉桑一臉困惑。

「欸，收集碎片能做什麼？」

「嗯，的確不是因為有用才收集的……」

「喔，真是個奇怪的人。但是，確實也有這種人。」

「嗯，有的。這種人應該就是我吧……」

歐吉桑們鴉雀無聲，不再追問。我就是像這樣出現在即將消失的建築物前，撿拾並收集被丟棄的煉瓦、磁磚、瓦片、混凝土等建物的碎片。

我的這些很難不被當成廢棄回收物的特殊收藏，其出發點可以追溯至二十年前我還在故鄉就讀高中的時候。

茨城縣下館市位於關東平原的北端，像背脊一樣的高台往北部延伸，整個城市像包圍著台地般，向四周延展開來。我家就位在山丘上，陡峭山坡路的頂端。從二樓東邊的窗戶，可以眺望遠方的筑波山及加波山整片連綿的山巒，並可將連成一片的磚瓦屋頂房屋的城區盡收眼底。

在這片景色中最突出的，是正面偏左，直指天空的甜點工廠的煙囪。只要觀看從這根煉瓦的煙囪冒出的煙，就能立即判斷當時的風向和強度。雷雨多的時節，我目擊過好幾次對著煙囪劃開天際的閃電。經過附近時，空氣中總是飄散著甜甜的香味。甜點是當時下館的主要產業之一。

後來工廠遷移，原址改建了保齡球館。夏季的夜晚，不再需要的煙囪被拆毀。我不記得為什麼我知道拆毀的日子。那一天，我獨自去到現場，看著被拆的煙囪。在涼爽的夕陽西下時分，一大群人聚集在煙囪周圍。在已經被移成平地的工廠舊址，煙囪一瞬間被拉倒在地。雖然聽得到嘿咻嘿咻的整齊喊叫聲和機械的聲音，但道路另一側的人們似乎不知道什麼東西被毀壞了。煙囪的底部附近被強烈的燈光照射著，可以看到倒下的根部浮了起來，前端的部分靜靜地隱沒在黑暗裡。拆毀作業似乎還要費不少工夫，夜晚悄

右：常陽製菓的煙囪，左：夜裡被拆毀的煙囪，下：橫躺在地上的煙囪(攝影：一木努)。

悄的降臨。雖然心裡還有所掛念，卻不得不回家。

回到家不久後，「轟隆」的聲音傳來，隨著巨大的聲響，整個城市搖晃著。

隔天一早，我像往常一樣從二樓的窗戶往外眺望，煙囪從景色中消失了，風景變了。我才驚覺發生了巨變，急忙跑下陡峭的山坡路。昨晚聚集了那麼多的人，現在卻一個人也沒有。我像接近一位病人身邊，小心的進入被圍起來的無人現場。煙囪變成殘片廢墟，橫躺在小雨中。昨天還高高豎立的煙囪，變成我腳下的無數煉瓦碎片，散落四處。我拾起一片小小的煉瓦，上面還沾附著黑色的煤屑。每天遠眺收入眼底的煙囪如今在我的手掌上。至少要留住這個碎片。我小心地把它帶回家。

在那段時間前後，家附近的警察署和消防署也被拆毀，我也一樣到現場撿拾它們的碎片。我的碎片收藏就是如此開始的。慶幸的是，之後有一段時間，故鄉的收藏沒有再增加。

東京帝國劇院改建也約在這個時期。為了慶祝改建，新舊帝國劇院的外牆被漂亮的修整加工過後發給賓客們。記得當時在報上讀到這則消息，我竟然羨慕不已。

舊帝國劇院我只去過一次，當時我還是小學中年級生，在劇院看了電影。但是在我的記憶中留下鮮明記憶的，不是當時大銀幕上的電影畫面，而是帶著興奮無比的心情爬上了深紅色絨氈和金箔裝飾的豪華大階梯。

或許當時我就是個建築痴吧。

昭和四十三年(一九六八)高中畢業的我來到東京。還不到一個月，我就突然必須面對巨大任務的挑戰。五月十日我來到丸之內的三菱舊一號館的拆除現場。外面用畫布材質的帷幕緊緊圍著，一點都窺探不到內部的樣子。不愧是東京，連拆除現場也是如此謹慎小心。我感歎不已在外面來來去去，期盼剛好有人從裡面走出來。過了一會兒，一位身著工作服的職人出現了，工作服因為沾滿了煉瓦粉末而變成茶紅色。我下定決心開口拜託，卻馬上就被回絕了。當時我的臉色一定相當難看，於是職人又丟下一句，「你可以去那邊的辦公室問看看。」

對於剛來到東京的十八歲學生來說，當時的我還沒有走上辦公室階梯的勇氣。在決定放棄，準備打道回府的途中，撿到了從帷幕縫隙中掉出來的一小塊煉瓦碎片。這是我在東京的第一件收藏品，成為擁有「明治建築的法隆寺」封號的康德(Josiah Conder)設計的知名建築物，存在這世上的唯一遺物。

三菱舊一號館拆除時我雖然躊躇不前，但之後我再也不怯步。只要有讓我掛念的建築物要拆毀，我就不顧一切的前往並取回碎片。因為如果我不去，這一切將全被丟棄。因此我必須及早掌握建物被拆除的情報，拆除現場通常會在限定期間內執行，我必須在期限內趕到才行。而且還得兼顧許多自己定下的規則，例如不影響自己的本業、不以金錢購買、不給現場的工作人員添麻煩等等，這讓我的日子變得十分忙碌。

儘管如此，對建物的主人及現場的工作人員來說，我的出現本身就是個麻煩。但大家不僅聽從了我的個人願望，還對我很親切。因為有這麼多人的幫忙，才讓我的收藏能夠成真，不由得讓我衷心感謝。

這二十年的時間，我到過約四百個拆除建物的現場，收藏的碎片也多達一千多件。看到這些堆積成山的碎片，我不由得想起這些曾散布在城市各處，且曾屬於每棟建物的一部分所經歷過的「豐饒時代」。建築物被拆除時，那些曾參與建造的人們的熱情，刻畫出的歷史，街景的一部分和回憶，和一起被敲碎化為粉末的碎片，將一同被歷史埋葬。我撿回來的收藏品，可說是濃縮了上述種種歷史的珍貴碎片。

不久後我也將離開東京，回到煙囪消失的故鄉。我思考著在那個山丘上，我能否賦予這些碎片新的生命呢？

原文刊登於《建築物的紀念品——一木努收藏》（轉載自INAX，一九八五年十二月）

收藏碎片的過程

收集報紙、雜誌的情報

問：可否先請一木先生談談將某建物的碎片加入自己收藏的大致過程。

一木：剛開始最重要的是獲取資訊，報紙、雜誌都要盡量看過才行。只要是建築相關的雜誌我都會看，再來是攝影雜誌和財經雜誌。因為公司倒閉、合併、移轉、改建等情報最常在財經雜誌上看到。不是那種很專注的閱讀，但幾乎都會瀏覽一下。

問：報紙呢，大概看幾份？

一木：朝日、每日、讀賣幾乎每天都看。還會細讀報紙裡出現的雜誌廣告。裡面常有「都市影像」、「〇〇〇區域」、「建物」等相關的攝影報導的介紹，我會特別注意這些情報。還有知名人士新居落成或是拆除等資訊，會出現在各種雜誌的廣告上，總之都會先瀏覽。必要時，也到書店去找相關的書。報紙也幾乎全部的版面都要瀏覽才行。運動設施的拆除理所當然出現在運動版；企業的遷移則出現在財經版；社會版也有各式各樣的資訊。此外，資訊最多的應該是地方版，我會很仔細的查看。

問：大概都是什麼時間看呢？

一木：早晚看，要花不少的時間。此外，東京新聞和日本經濟新聞則是拜託周遭有訂閱的朋友提供訊息。因為我不看電視，電視有時也會報導知名建築物要拆除的消息，這些資訊大多也是得自身邊的人。最近東京新聞報時常出現拆毀的報導呢。

問：自己找到的和得自朋友的消息來源占比大概是多少？

一木：雖然來自朋友的消息不少，但大部分都是我已經知道的。城市的話大概十件內有一件吧。地方的話，因為較難顧及，所以地方的情報對我來說很珍貴。

問：提供消息來源的朋友通常也和一木先生一樣嗎……？

一木：沒有人和我有相同的收集嗜好（笑）。通常都只是把消息告訴我，沒有人會真的跑到現場去。此外，還有不少人即使得知消息，卻一心認為「我不可能不知道的」，所以沒有告訴我。事後才聽到他們說「你竟然不知道有這件事」。

問：以這種方式獲得情報後，接下來呢？

一木：報紙、雜誌，接著是來自朋友的消息。這也有各種不同的情況。像是拆除和修建就不同。事實上不會全部拆毀，只更新鉛格子窗或重新上漆這種，看起來像是拆除但其實不是。雖然感謝朋友提供情報，但這樣的情報占比卻不少。只要得到消息我一定會到現場。

在我居住的東京而我卻不知道的解體事件大約有二十件。如果事先得知消息，我肯定會前往建築物現場。

問：到目前為止，在東京收集的建物數量有多少？

一木：三百幾十件。

問：不知道的只有二十幾件啊。

一木：是的，占不到一成。當然還有多得像山一樣的拆除建物，我認為沒有必要前往的建物也不少。總之，被拆除的建物，我幾乎都可取回。因此，好的建築物在我不知情下從這世上消息的例子，大約有二十幾棟。

散步街頭是最好的情報來源

一木：走在街頭，時常可以遇見一公尺見方的「建築計畫通知」的白色看板。這是規定的作法。

問：也會從這樣的情況獲得情報嗎？

一木：會。但是我剛來東京的時候還沒有那個法規，大多是先看到有地方被圍起來，然後才發現原來要拆除。

其他走在街頭我會留意的還有像坐電車不會打盹睡覺，也不看書，會注意看窗外。通常從車窗可以看到建築物，我會輪流注意左右兩邊。搭計程車時也一樣。什麼地方有什麼建築我大概都記得，所以即使快速移動，我還是能夠掃過。

問：搭電車都不坐下來嗎？

一木：幾乎都站著。即使是坐著也會回頭望著窗外，就像小朋友一樣（笑）。尤其是搭乘平常不太會搭的電車時會特別注意。坐巴士也是一直看著外面。也不是就靜靜的只是盯著窗外看，就像剛才說的，而是在心裡想著，經過這區後，那裡會出現什麼，和記憶裡的地圖對照著。

例如有一次我從電車瞥見窗外遠處的建築物一樓正開始被圍起來的瞬間，我慌張的在下一站下車走回去，馬上和現場的人進行交涉。如果是在地下行駛的電車當然沒辦法，但行駛在地上的電車我都會很注意。

親自走到街上是最直接的，接觸到的情報比報紙、雜誌來得多很多。

會在家欣賞這些建築物的照片嗎？

問：去現場查看時是一股腦嗎？

一木：如果知道明確的地點通常會毫不猶豫直接前往，順道勘查鄰近地區。但我通常不會突兀的展開交涉，即使貼著「建築預定告示」也不會突然跑進去。我會等到開始動工前，而且等到裡面所有的人全部出來。通常得等到拆除的建築物所有權轉移到拆除業者後，才開始進行交涉。

問：你怎麼判斷這個時間點？

一木：一般來說建物內部會先被清空，接著可能會設置簡單的拆除作業期間的臨時連絡處，看起來像正要準備施工的模樣。不等到這個階段的話，交涉會變得很繁複。即使拜託了建物的所有人，之後還是要再拜託拆除作業的人。我盡量以拆除業者為第一個交涉的對象。

但還是有一些例外的情形，有些小商店好不容易等到這個階段卻轉眼間就突然被拆了，這時我會選擇先跟屋主商量。簡單來說，大樓會等，商店的話就直接先商量。

大樓的話，時常有機會可以先進去裡面拍照，此時我還不會提出想要碎片的要求。不先進去建物裡看一看，就無法知道這是什麼樣的建築物，哪個位置有什麼東西。在大樓爆破處理前，幾乎所有的大樓都會開放自由進出，讓人參觀，但在之後會有保安人員看守，無法再自由出入。我已經很熟悉這些流程了，可以不著痕跡的進去，通常沒有什麼問題。當有保安人員看守時還是會先取得同意，才會進去拍照。

在拆除之前先拍照，並且先收集到建築物相關的舊照片、平面圖等放在手邊，當交涉不順利時，就拿出準備好的拷貝資料。而且一定事先調查好竣工年月日及設計人等資料。

問：在拍照時，會在心裡盤算著要拿哪些部分嗎？

一木：會有模糊的想法，但在建物還沒被拆除前，我不太想去思考想要那個部分。只會覺得遺憾：真是棟好建築啊。不會去拘泥細節。應該說會把握品味建築物最後的時刻。

這和我在街頭散步的心情是一樣的，我不會特意有「有沒有什麼地方要拆掉」這樣的念頭。走一整天也不覺得累，什麼都不吃也無所謂，一整天就這樣到處走動。走在各地的街頭，轉進各個街角，左看右看，也眺望遠處。我還很喜歡爬到高處。千代田區、中央區、港區和文京區的一部分，以及台東區、新宿區的一部分，我大概都知道哪裡有什麼樣的建築物，邊看邊確認。「啊，有了。還有人使用，太好了。」然後拍下照片。這當中偶爾會看到「建築預定告示」的消息。即使不是如此，看到蓋著網子時，也多少明白這棟建築的壽命差不多了吧。或看到沒有什麼修繕、幾近荒廢「沒有元氣」的建築物，我也會頻繁地再去查看。看到開始有修補的工事，會覺得「啊，太好了」。

和現場人員交涉的時間點

問：最初會找現場人員交涉對吧。

一木：大型的拆除現場，通常會有一個暫搭的組合屋連絡處，多半會利用大樓裡的某一個房間，我會先到這裡探路。

當然，到底什麼時間去才好很難判定。暫時的布幕剛圍起來，根本沒有動靜時還太早；還沒開始動工之前也不行，最好是剛開始動工之初。但因為有時會從我想要的地方開始拆毀，此時就必須及早行動。如果我想要的部分在一樓，拆毀作業幾乎都是從上到下，這時就可以慢慢來。另外，如果想要的東西是內裝的部分也要盡早採取行動。畢竟時間很短，能夠先到手的東西還是先取得為妙。

在觀察後認為差不多要動工了，或是上層已經開始著手拆除了，我就會到連絡處去拜訪。但時間也是另一個問題。施工中時最好不要去打擾工作人員，這些地方通常很早就開工，大多八點或八點半就開始，在開始動工時被當成是麻煩人物的話，之後肯定不順利，最好挑午休時間去。但中午時段也不能挑剛好要去吃飯的時候。

問：最好在吃完午餐之後？

一木：拆除現場的工人通常會在吃完午餐後睡個午覺，或是去喝杯咖啡，要等到他們回來，只有休息結束的一點鐘前的少許時間。過了一點就要開始下午的工作，也不好打擾。

偷偷去現場窺探，發現大家都在午睡

時，我也絕對不會出聲，會等到大家醒來。

接著打量著要拜託哪一位才好，這也不容易。選到的第一個人是「不行不行，這種事不可以」，或是「啊，想要什麼都行，你盡量拿」，可說是重要分界。這時當然要鎖定現場權力最大的人。因為下面的人還是得看上面的臉色才能判斷。上面的人至少可以自己決定，所以拜託時盡量要找上面的主管。

問：這時你會隨便找個人問「現場負責人是誰」嗎？

一木：要看當時的氣氛。有時會突然和誰四目交接，我的本業是牙醫，每天都要面對很多病患，所以培養了看一眼大概就能判斷這個人的直覺。這時當然會選個看起來會答應我的人。有時連絡處會有女性職員，這時也大多會透過她來交涉。因為她通常會直接幫我問上面的人。此時身上帶著照片或是以前的平面圖拷貝就會十分有利。對方如果回答「嗯，你想要什麼？」那就應該沒問題了。然後我會拿出照片給對方看。現場的人是來拆除建物的，當然不可能沒有以前的照片，但他們卻不會看細部。

問：名片呢？

一木：我會拿出沒有職稱的名片。

問：對方不會追問嗎？

一木：我只會說「我本業是牙醫」。因為我的打扮很學生，容易被懷疑。但一說是牙醫，對方大多的反應是「喔，原來啊。」其實我是不太想說的。

問：會有人追問為什麼收集嗎？

一木：嗯，有時候。但大部分都是禮貌回應後就結束了，不會再深入追問。幾乎沒有人會問為什麼或目的是什麼。

問：總之要先得到可以或是不行的答案。但如果一開始就被拒絕，你都怎麼做？

一木：當然也發生過這樣的情況。大型拆除現場偶爾會有。遇到這種情況，我會寫封文情並茂的信給大樓的所有人。「貴府的建築實在太出色了，我也有許多的回憶。我還收藏了這些東西。雖然是很冒昧的請求，還望得到您的諒解，我想把這些也納入收藏。」類似這樣的內容，並且附上照片，標明「這是我想要的部分，懇請割愛」。最後再加上「請您指定地點和時間，我會配合前往」。再附上貼好郵票的回郵信封寄出。如此一來，幾乎都可以收到回信。

但一些屬於官方的建築物，有些是絕對禁止給外人看的。我會尊重對方的好意，按對方的要求來行動，這也是基本上的禮貌。這一類的狀況也時常碰到。

如果拆除現場沒有連絡處，只有拆除業者時，太死纏著不放會有反效果，適時以「抱歉打擾」來回應或許恰到好處。雖然配合對方來行事有點太沒有原則，但我基本上是個隨機應變能力還不錯的人，大概都能把握時機，取得最初的同意，然後一步步進行交涉。我一定會先詢問對方的名字。下次去時就直接問「某某人在嗎？」光是這樣，對方的反應就完全不同。並非要刻意諂媚奉承，而是看對方散發出的氣氛來因應。

問：有時太過於客氣卑下反而會招來反效果。

一木：沒錯。

現場交涉的樂趣

問：基本上現場拆除業者都有權處理是嗎？

一木：大部分拆除後的部分會被專門業者買走。鋼筋架構的建築裡的鐵條，可以賣錢，這部分當然早就在計算當中，所以拆除業者是有權力處理的。拆除後會出現什麼，哪一部分屬於誰，這種情況偶爾也有。

當知道哪些部分會怎麼處理，我的要求也就通常不會被拒絕。「請你什麼時候再來」或是「我到時會撥電話給你」對方會主動給我電話，或是「現在一起去拿吧」。有許多不同的作法，我會配合盡量不給對方添麻煩。此外有可能發生危險的場合，也全部聽對方的指示。

問：有在現場空等的情況嗎？

一木：有。只是我也有工作要做，有時一句「時候還沒到」就讓我不得不先回去。有時候我按對方說的時間去，結果那個人卻不在。此時就留話請人轉達。「對不起，可以跟他說我來過嗎？」然後乾脆的離開。這種事我也遇過好幾回。其實只要展現誠意，這樣就夠了。對方也很忙，不太可能為了一個陌生人的興趣花上太多心思，有時也會忘了自己的承諾，這也是沒辦法的事。

問：有遇過一天內有好幾個拆除現場的情形嗎？

一木：有。如此一來一天要趕好幾個地方，手上的東西愈來愈重，很吃不消。

問：你去過這麼多拆除現場，有沒有碰過相同的業者？

一木：有。在大森見過的人，之後竟然在板橋見到，對方也大吃一驚。「你又來啦，消息真靈通啊。」

問：拆除業者有很多嗎？

一木：很多。也有人認為只要和拆除業者建立關係不就比較容易嘛。但我覺得這違反遊戲規則。我自己是從收集資訊開始做，和把什麼都交給別人，根本上還是不同。會發現什麼樣的拆除建物，和會遇到什麼樣的拆除業者都是緣分。見到以前曾打過交道的拆除業者，會比之前多了一份親切感。甚至對方會主動跟我說：「你之前是不是也去了那裡？」

問：拆除業者也有分技術好和不好的嗎？

一木：我是外行人看不出來。只能看得出來現場氣氛好不好。例如夏季天黑的較晚，有時工作結束後去，剛好現場也正要準備收工，這時就會讓我自由進去，甚至常跟我說：「有什麼喜歡的就帶走吧」。像這樣還滿開心的，有時會和他們去喝個小酒。和他們變熟後，有時甚至有人會拿出漂亮的金屬製品跟我說：「你看，我發現了這個」，然後給我。和現場各式各樣的人打交道，真的很有意思呢。

通常會選什麼樣的碎片

問：建物的拆除順序通常是由上到下嗎？

一木：幾乎沒有從下面開始拆的例子（笑）。如果周遭的空間夠大，有時也會從周邊開始拆除。以前常使用鐵球來撞擊，現在多半使用挖土機。這讓噪音變小，也不會掀起太多灰塵。

問：選擇碎片有什麼標準嗎？

一木：交涉時我通常會說「什麼部分都好」，雖然是真心話，但我還是想找到可以代表這棟建築物的部分，或是可以表現建築物形象的外觀部分。一看就能聯想起這棟建築的外觀。例如黃色調的大樓，最好是有黃色漆的牆面。像東京電影院（Theater Tokyo）的藍色磁磚是它的招牌，如果能拿到藍色磁磚的牆面最好。

再者是人們視覺印象深刻的部分。像是電梯的顯示板、有趣或美麗的裝飾，或是美麗的雕刻或浮雕。再者是人們手常觸及的地方，像是扶手、開關，這些也是選擇的方向之一。

因為很難完整的取得，真的是什麼部分都可以。只是既然都是設計者和職人花費時間和工夫建造的，還是能選擇這些具代表性的部分最好。

從寶山中搜出寶物

問：終於要進入寶山搜尋寶物了。

一木：但也有無法進入現場的時候，而且必須聽從現場負責人的話。如果我進去現場不小心受傷，那就麻煩了。時常會碰到「我沒辦法讓你進去現場，我會把你想要的東西找出來給你」的情形。我指明要「這個部分」，然後按對方給我的日期前往，很多時候東西就已經放在固定的地方了。

能進入現場時，有時是和工作人員一起進去，在他面前取出東西，或讓我自己進去取。

需要拆卸時，也分成三種情況，一是工作人員幫我拿，二是兩個人一起進去拿，三是我自己去拿。讓我一個人進去拿雖然很自由，但卻很不容易。因為通常時間有限，很多東西不是隨便就能拆下來的。中午時間只有十二點到一點，早上的話則是開工前三十分鐘，傍晚的時間就更短了。在這短暫的時間內要把附在牆面的東西取下，真的很費工夫。有時無法順利取下，只好放棄。一年裡大概也只有三、四次有機會使用道具拆卸。大多情況是撿取已經被拆解散落在地上的東西。

問：說是撿取，但其實也不像嘴上說的那麼簡單吧。

一木：要在殘垣碎壁中找出東西原本就很困難。再加上時間限制，要一眼就找到完整的煉瓦或磁磚，而且要表面上看起來還算漂亮的東西才行。這樣的技巧相當不易。有時煉瓦或磁磚剛好表面朝下，有時上面堆了東西，只會露出一小部分。有些煉瓦上會有記號。要在很短的時間內找出形狀還算完整的好物，的確是有著從寶山裡挖出寶物的樂趣。

同樣的現場去了五趟，甚至十趟

問：即使對方樂意奉上，但應該也有遇到東西太大的時候吧。

一木：當對方願意大方給我很精美完整的東西時，我真的很感謝；但的確有好幾次因為搬不動，只好放棄。這也是無可奈何的事。

此外，要是我相中很美麗而且非常想要的東西，公司或擁有人為了我，小心地把它完整保留下來，我也會倍感開心。當然，最好是留給之前使用的人，但是如果決定丟棄，我當然順手接下。

還有對方認為是好的部分，並特地幫我把它留下來，但我其實覺得還好的情況也有。但既然對方特意幫我小心取出、保留下來，我當然就開心的接受。

問：你通常會到現場好幾次是嗎？

一木：已經確定要拆但卻遲遲沒有動靜，也很讓人忐忑不安。雖然不會在心裡抱怨「怎麼不快點開工呢」，但的確會一直掛念著，到底何時才要拆。只好在一旁耐心的守候，而且為了交涉得去好幾趟。如果想要三樓的東西，就要等進行到三樓時再去，這就得常去確認目前的進度。除非現場的人會主動通知我。

對方給的東西如果無法搬走也很煩惱。如果大到非得開車來搬不可，還得請對方讓我放幾天。但放太久也會造成對方的麻煩，得盡快找時間去搬。如果想要的東西不只一件，有時也得去好幾趟。因此同一個現場去個五到十趟的情況還不少。去到互相都認得了。但對業者來說，自己依然是個麻煩人物，只要覺得當時現場忙得不可開交，我就先調頭離開。

問：你會帶個什麼小禮物過去嗎？

一木：我一定會好好答謝。雖然絕不會掏錢買東西，但一定會好好道謝。最後一定會跟對方說完「感謝您的協助」才拿東西離開。大多時候會用啤酒券或是菸來當做謝禮。有時也會送對方收錄建築物的書的拷貝資料。最多還是啤酒券，因為不占位子，現場的工作人員可以一起去喝酒。去拜訪時我都會觀察對方抽什麼牌的菸。

問：通常會帶什麼道具去呢？

一木：通常也不會由我自己來拆卸，所以我只會帶最低限度的用具。這些東西也不是隨身攜帶，而是要進入現場時才帶。一定會帶安全帽和厚手套。如果需實際動手拆取，會再帶拔釘棒、螺絲起子、小鋸子等。

搬運、記錄，然後保管

問：來談談搬運吧。

一木：知道能入手後，就要準備能裝物品的袋子。有時是裝垃圾用的厚紙袋，再加上幾個小的塑膠袋，就能順利裝進去然後搬走。騎腳踏車時，會綁在後座；東西太重就會搭電車，這時也會盡量準備能肩揹的大布袋。更大一點的會叫計程車，真的連計程車也不太方便的話，就跟朋友借車。平常可以拜託的大約有五、六輛車。

問：先搬到你住的地方嗎？

一木：是的，不會直接搬到鄉下（下館），會暫時放在我住的地方。如果沾了很多污泥，就必須先清理曬乾。污泥處理也是重要的一環。廚房地板通常會沾有很多油漬，也要洗乾淨，因為會有味道。接著先堆在樓梯上，堆滿的話就堆到地上，以不干擾生活動線為原則。被雨淋濕也沒問題的東西，有一段時間我甚至把它們擺在住宿處外面的空地，結果隔壁的歐巴桑居然跟房東說：「大件垃圾只要連絡東京都，就會有人來搬走。」聽到這句話，我趕緊借朋友的小貨車，把它們搬到鄉下去。原來在別人眼中是大件垃圾啊。之後每當累積到一定的數量時，我就盡量一次把它們搬到下館去。但也沒有特別處理，只是堆著。我還是會把相關資料盡量寫下來，包括建築物的名稱、竣工年月日、設計人、施工單位、拆除年月日、採集日、提供人、誰幫忙搬運等等的資訊。

這次連我自己也才終於看到全貌（「建築物的紀念品──一木努收藏展」，一九八五年十二月到一九八六年二月）。這次展示的數量，大概是千來個收藏裡的三分之一。此外，像磁磚有各式各樣形狀，大小也不一樣，十個就是十件。但之前我也說過，有些是無法展示的東西，有些則是收到當下就和贈送人有過約定，絕不能對外公開，這些就是我一個人的祕密收藏。

牙醫和興趣之間

問：收集這些建築碎片的過程中，有沒有自我警惕的事？

一木：總之這些僅是我個人的興趣，為此突然跑到拆除現場，已是某種麻煩人物，所以盡量不要再添麻煩是我的原則。就像我身為專業牙醫，在治療的過程中絕不允許任何出錯的狀況。但我卻是真心的想和現場的人交流。因為是不涉及金錢的「免費贈送」，不先和對方建立良好的關係是無法順利完成的。我喜歡和人見面，也因為和人順利交流，才能獲得很多的收藏品。有人如果想和我做一樣的事，肯定會很辛苦。但也沒有人想和我一樣就是了。

雖然也有人在賣這些東西，但我絕對不會買。如果有人想買，也願意好好保存，那當然很好。我只是想收下那些即將被丟棄的東西。

問：有沒有因為病患的關係而無法抽出時間，或是連吃飯的空檔都沒有的時候？

一木：也不是沒有這種狀況。這我倒是抱持著平常心。有可能在看診的十分鐘前，我其實還在拆除現場的帳篷內晃蕩，雙手滿是污泥搬著重物。一回到診所，第一件事就是把自己徹底清洗乾淨，因為接下來可是要把手伸進病患的嘴裡呢。整個人要先冷靜下來，畢竟這是我的本業，在病人面前我只是個普通的牙醫。這部分的反差，我個人倒還滿享受的。

問：有過受傷或失敗的經驗嗎？

一木：以前曾經把大理石裝進塑膠袋，結果一搬起來塑膠袋破了，大理石掉下來打中我的腳。還有一次在木造建物裡不小心踩到釘子刺穿了腳板。這時絕不能在現場喊痛。重的東西還得假裝搬得很輕鬆，有禮貌的說完「真是感謝」才離開。後來把鞋子脫掉，才看到連鞋都被血染紅了。

陶醉在廢墟之美

問：除了在拆毀前拍下照片，收集碎片之外，應該還有其他外人無法想像的樂趣吧？

一木：進入現場後，常可以看到以前的資料。銀行的話，會有以前的印章、帳簿等，堆得像小山一樣高的資料全都被當成垃圾丟棄，覺得好浪費。雖然也會有帶走一些的衝動，但又覺得這樣不太對，於是沒有動手。從這些資料也能看出這棟建築經歷過的歷史痕跡。

另外，拆除現場有著外人無法想像的廢墟之美。快要被毀壞的美感，感覺自己就要目睹這衝擊性的一刻。去靈南坂教會時也是，禮拜堂的頂部先被打了一個洞。接著西側的牆被拆下。前年的冬天剛好那幾天下著雪，我一早去正好目睹沒有牆的禮拜堂，裡面全被白雪覆蓋了。因為屋頂有個洞，所以雪積滿了室內。如果只是因為曾是山口百惠和三浦友和結婚的教堂也罷，但至今為止超過半個世紀的歲月裡，有各式各樣的人在這裡做禮拜的地方卻積了雪。東側的牆還殘留著玻璃彩繪。此時太陽突然從東側升起，透過玻璃陽光灑進了白雪覆蓋的室內，而且當時只有我一個人。這樣的空間真的很不可思議。這種一瞬間置身於不尋常的光景的體驗，很珍貴。

在更大的建築裡，這種感覺尤其強烈，前一刻才置身屋頂，下一刻回到地面往上看，屋頂正被拆毀中。前一個小時還站著的地方，現在已經不存在，真的非常不可思議。剛剛還在半空中的自己，現在腳下的所有都將成為廢墟。不只是因為自己是最後置身於此建物裡的人，光想到在之前的空間拍照這件事，就覺得回味無窮。

問：還有什麼特別的嗎？

一木：要一個一個述說每個現場的回憶，說也說不完。但光回憶這些光景就是一件很快樂的事。在這個展覽會場上，每天都和各式各樣的人見面，還可以聽到參觀者的回憶，也很愉快。在拆除現場見到的人和病患其實也沒有什麼不同。

問：收藏者通常喜歡物多於喜歡人，一木先生好像不是如此。赤瀨川先生也說過，碎片對一木先生來說，與其說是一種記錄，倒不如說一木先生收藏的這些碎片像是日記，或是串起回憶片斷的媒介。

一木：我覺得建築物本身就有這樣的屬性。即便是車站前某個角落的建築，都是這個街道的記憶、時代的記憶，會讓人掉入時光的想像。建築物落成的瞬間，也意味著許多事物的誕生。人總是在建築物落成時大肆慶祝，卻不太重視之後的過程，我希望能夠喚起這樣的意識。從這樣的角度來思考，建築物的價值不在於是否由知名的建築師所設計，或是在建築學上有什麼特殊的地位，和這些一點都不相關。我當然不是以這樣的標準來收藏，所有的建物都可以是我收藏的對象。其實多少都和我自己的經驗有著連繫。即使沒有任何相連，當某人拿著它的一部分來給我，那就是我和這個人產生關係的貴重物件。

發掘路上的湯馬森

鈴木　剛、田中千尋

知名的物件就要消失，真是有說不出的落寞，但這或許就是湯馬森的宿命。同時又想到，今晚或許在某個小巷弄中，有湯馬森在不為人知的狀況下逐漸成形，就讓我蠢蠢欲動。

超藝術觀測實務

湯馬森觀測中心／鈴木　剛

按一九八六年版《現代用語的基礎知識》的解釋，「湯馬森（動詞）」意指「下痢」，為年輕人用語（!?）我在這裡要說的湯馬森當然不是這個意思。

說到「湯馬森（動詞）」，筆者周遭的人都明白，指的是超藝術湯馬森田野調查的動詞。我們「湯馬森觀測中心」平常做的勘查行為，若以文字詳細說明，就是：

「在路上發現附著於建築物或道路上，毫無用處，但卻被完整美麗的保存下來，無法解釋的凹凸物件，並且加以記錄、報告。」

說到觀測手法，依每位觀測員的風格不同而

有微妙的差異，在此循著基本原則，介紹大略的作業方式供新手參考。請參考其作法，實地進行觀測後，再改良成適合自己的作法。

＊

當我要在這裡介紹調查方法的實際情形的同時，剛好聽說去年夏天赤瀨川原平所著的入門書《超藝術湯馬森》，出乎意料地收到一般讀者很大的迴響。（雖然對前述《現代用語的基礎知識》的誤用及不精確感到不滿，但從收錄「湯馬森」、「湯馬森（動詞）」項目，已能看出其影響力。）本稿因篇幅有限，只能以大多讀者都具備基本知識的前提，把焦點放在實踐面；但考量到少數尚未啟蒙的讀者，也可把這當成入門的演練，在此就先嘗試把已發現的湯馬森加以分類，請參閱。

回溯超藝術湯馬森的歷史，在日本及世界各地的濫殤都可說是東京四谷曾存在的、用途不明的階梯（四谷階梯）。距離發現四谷階梯剛好過了十年，一九八二年秋天，超藝術勘查本部的湯馬森中心成立。該中心提出的十一個分類，代表了湯馬森現象的各種樣貌，可謂至今為止十數年內調查及研究活動的菁華。超藝術湯馬森究竟為何物？尚處於白紙狀態的讀者，如果能試著去感受這些物件周圍飄散的氛圍並且有絲微的感覺，我就感到很滿足了。如能親自到現場走一趟，直接鑑賞物件，相信會有更深入的理解。

接著就讓我們進入正題吧。

純粹階梯——純粹強迫性的上下移動，除此之外沒有任何期待的階梯。
首件案例：新宿區四谷本鹽町・旅館祥平館（1972）①
〔例〕 文京區春日2-20（1983.5）②
文京區本鄉1-32（1984.12）③

無用門——用各種方法拒絕人進出的困惑之門。
首件案例：千代田區神田駿河台2-5・三楽病院（1973）④
〔例〕 千代田區神田駿河台4-4（1982）⑤

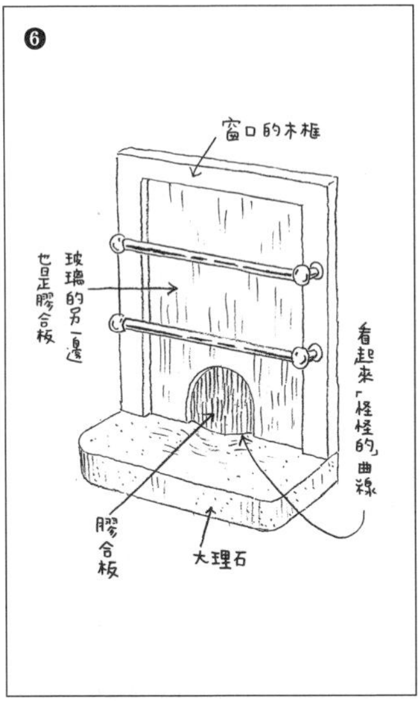

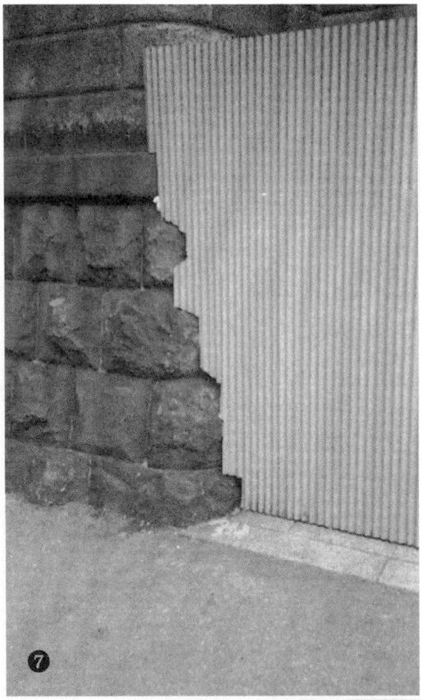

江古田——填塞物的形狀經過細心加工，使其完全密合的無用空間。
首件案例：練馬區旭丘2・西武池袋線江古田車站內（1973春）⑥
〔例〕 港區赤坂8-5（1985.10）⑦⑧

蜂蜜蛋糕——附著在建物牆面，無明顯用途，類似蜂蜜蛋糕的凸出塊狀物。

首件案例：千代田區西神田2-1（1976.？）⑨

〔例〕杉並區梅里2-22（1982.8）⑩

壁簷——失去原本要遮避的東西，卻依然殘留著的壁簷。
首件案例：千代田區神田駿河台2-5（1979.10）⑪
〔例〕 新宿區坂町20（1983.8）⑫
中央區新富町1-2（1985.9）⑬

愛宕——排列於道路、建物旁，用途不明突起物群。
首件案例：港區愛宕1-2（1981.3）⑭⑮
〔例〕 澀谷區代代木1-34（1983.2）⑯

漆牆——乍看很像塗漆的牆，細微處可以聽見被上漆物件的呢喃。
首件案例：浦和市岸町（1982.8）⑰
〔例〕 港區南麻布3-13（1983.6）⑱
與野市上峰2-1（1983.2）⑲

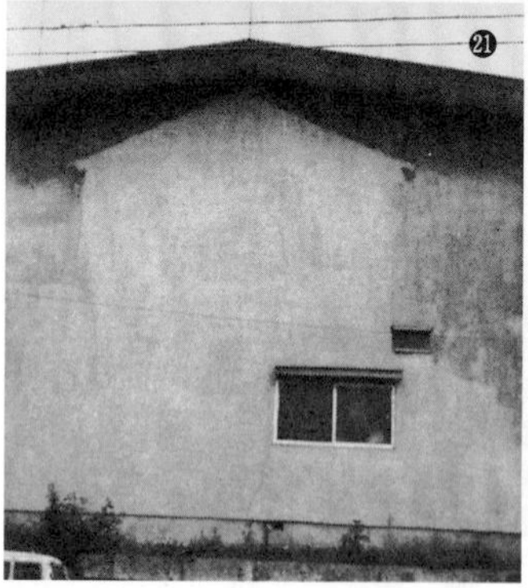

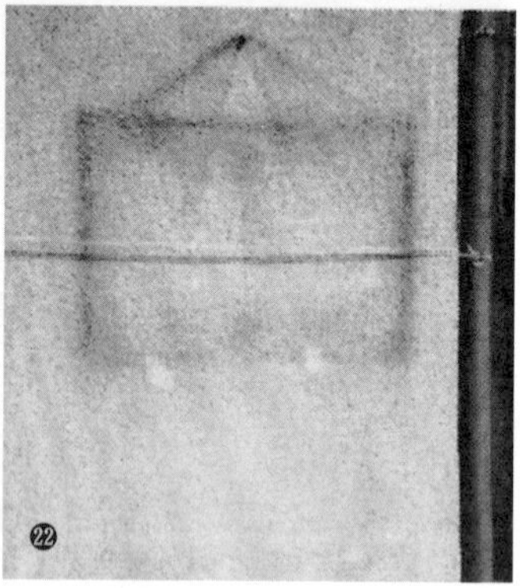

原爆——物體拆除後，在隔壁牆面殘留的原尺寸的印子。
首件案例：愛媛縣松山市（1981.10）⑳
〔例〕 澀谷區猿楽町5-1（1982.10）㉑
中央區新川1-28（1984.7）㉒

阿部定——模仿知名駭人事件的手法，被切斷的電線桿、樹木等。
首件案例：澀谷區千駄谷2（1983.2）㉓
〔例〕 浦和市常盤5-15（1983.9）㉔
中央區新川1-17（1984.9）㉕

高處類型——以機能而言，設置在不合常理高處的門等物件。萬一場合逃生用的門，但是否真能使用令人懷疑。

〔例〕 澀谷區猿楽町6（1982.10）㉖
荒川區西日暮里5-15（1983.6）㉗
文京區水道2-9（1981.3）㉘

其他——無法列入以上類別的特殊物件。

〔例〕⑴港區六本木1-1（1981.3）麻布谷町的無用煙囪。此為該物件的存在被否定時期的發現照，雨中無語的模樣好美。煙囪被迫拆除的時期（1981.3），建築殘垣收集（箭頭）和湯馬森迷曾接近過的樣子。㉙㉚

⑵文京區大塚5-18（1982.5）停止營運，只剩下最後殘留的看板兼牆塀。㉛
⑶新宿區高田馬場・地下鐵東西線高田馬場車站內（1982夏）的高田馬場三角。和原目的相悖、歧視無用空間的手扶桿，呈現湯馬森式的構造。㉜
⑷中央區新富町1（1983.7）長約50公尺三重構造的柏油步道。㉝

(5)浦和市元町2-9（1983.12）每天重複同樣的開關，後面是牆的鐵捲門。每日湯馬森。㉞㉟㊱㊲

⑹台東區根岸3-8（1985.4）蓋在緩坡上的建築物。要走到正面玄關，只能登上這座混凝土台。㊳㊴

作業概要

和其他田野調查一樣，超藝術湯馬森的觀測也可以分成①準備工作、②正式調查（勘查）、③事後作業（製作報告）。這一連串的工作之間息息相關，前一個階段如果不夠仔細，必會影響下一個階段，因此希望每個部分都能仔細的執行。

①包括設定調查區域及路線、事先調查、準備調查所需工具等。

②田野及街頭的調查行動，通常被稱為「勘查」。

③完成報告文件的書寫，成為今後研究的指標。

對於超藝術，我們的角色只能定位在「發現人」、「報告人」，而非「表現人」或「創作人」。基本上須秉持科學的誠實態度仔細對應，極力避免疏漏及粗糙的作業。以下針對各個階段的作業內容和注意事項詳細說明。

①準備工作

〔設定調查區域及路線、事先調查〕

當即將進行調查的目標為未曾被調查過的區域，或範圍廣大需要投入相當的人力做集體調查時，此階段尤其重要。除了先到當地初步探勘獲得感覺外，還得參考口碑或是從報章雜誌等收集到的資料，選定適合的區域，並且先研究地圖，取得大致的地理概念。

至於路線，湯馬森調查除了需要明確的起點和終點，途中還有所謂「味道」追蹤的突發路線。這不是什麼特別值得興奮的事，重要的是邂逅物件，這其中的況味視狀況而定，也是必要的一環。只要抓住重點，設計一條約略的路線就夠了。此外，終點最好有空間能夠充裕的檢討當天的調查。

〔調查工具〕

相機可說是最重要的必備工具。記錄物件的狀況和樣態可以有各種方式和手段，但客觀、精確又可輕易取得的優良工具，非相機莫屬。同時相機也被公認是湯馬森觀測時必須攜帶的工具。簡單的傻瓜相機就好。至於底片，可以想像投入調查時底片的消耗量必然是一張接一張，最好準備充足的底片，不要因為擔心底片不足而影響了實際的勘查。

接下來是**筆記本和地圖**，這兩項是記錄、確認物件所在地，及事後寫報告書時的必備用具。

用市面販售的一般筆記本即可，自行設計適合的筆記本更佳。像是準備畫板，並且附上方格紙；或用線把筆綁好固定。這部分可自行發揮想像力。

背包裡至少要準備一本東京二十三區的分區地圖集。另外，還有比例尺及各種不同用途的尺，也可以多準備一份調查區域的住宅平面圖等作為輔助，如此一來也容易比較判斷物件所在地的狀況。湯馬森的調查原本就處於生產性和非生產性之間的模糊魅力地帶。「模糊地帶」的部分原本就是被認同的，有時會以新、舊，有時則以高、低的樣態出現。國土地理院發行的萬分之一的地形圖可以清楚得知街道和小巷弄交錯的複雜模樣，也可以顯示土地的高低差異，可當成補強地圖，也算能輕易取得的工具之一。除了實際勘查時派上用場外，也是調查中可找到「重點」的好幫手。

為了隨時保持「不論何時遭遇物件，都能立即進入觀測」的狀態，除了維持「平常心」和「平常穿著」，以上的工具最好隨身攜帶。好不容易遭遇的物件如無法立刻當場記錄下來，下次再去有可能已經消失，故要有萬全的準備，不要錯失任何機會。多準備肯

如果希望資料更為完備，事先調查時就可準備捲尺等測量工具。

定沒錯。

如果希望資料更為充實完備，也可準備折尺或捲尺、指北針、碼錶等測量道具，或是看狀況準備雨具、厚手套等裝備。按季節、地點的特性來做適當的準備。雖然不是特殊的工具，但我還是要在這裡提醒，一雙輕便又耐操的鞋子是實際調查行動時最讓人能玩味現場的必要之物。

②正式調查（勘查）

〔新手的心情〕

沒有發現的探勘就沒有樂趣。如果沒嘗過自己發現的喜悅，很難持續這類的研究。如果我說發現物件也需要才能，這肯定是沒有依據的，但確實需要某些訣竅。我並非故弄玄虛，留一手不想外傳，而是很難以口頭說明。新手最好跟著前輩一起進行實地勘查，在現場親自吸收學習這些要訣。但是這種機會本身就可遇不可求，我還是在這裡說明調查時的注意事項，並舉例說明發現新物件的線索和暗示。沒有任何新發現的情況也時常發生，此時就把當天的調查當成「也不過是湯馬森」，不必再做無謂的堅持。

▽觀測地域的選擇，與其盡選一些新奇又遙遠的地方，不如先從自己熟悉的區域或通勤通學的路線開始觀測。

正是這樣的地點，充滿了日常生活中堆積的濃厚污垢，空間中充滿了「理所當然」的氣氛。一旦改用質疑的角度來眺望這些「理所當然」，埋藏其中的湯馬森將鮮明地浮現上來。人的眼球也覆蓋著鱗片，這樣的說法或

從車窗向外看到的「兩國階梯」。

兩國階梯

許是真的。作為入門者大開眼界之處及品味「發現湯馬森」的醍醐味地點，「熟悉的住家附近」可說是首選。

現在被認為是最美麗的「純粹楷梯」——「兩國階梯」，即是報告人平常通學乘坐總武線時，從車窗往外眺望時發現的物件。

▽進行勘查時，一定要承受所有人，尤其是當地居民懷疑的眼光。

在實際進行探勘時，惱人又無可避免的是總會遭受許多人懷疑的眼光，而覺得有點受傷。此時不能退縮煩惱，倒不如以一位探究真理的研究人自居，表現出堅毅的態度。但還是要小心一點，若是玩笑開過頭，刺激到別人，最糟的狀況，可能會被撤除物件。

▽同樣的，在追究物件的原委時也要自己拿捏分寸。尤其當（可能的話盡量避免）要直接詢問他人，甚至關係人的看法時，更要小心謹慎的應對。對於物件本身，要像對待出土遺物和遺跡一樣，在追究原因時盡量發揮想像力，對看不出用途的物件，推測其使用方法。這一點可以考古學者為範本。

▽不要想節省底片。

如果是既有類型的物件，不論是不是湯馬森都較容易判斷，但尚未被發現及報告的物件，即使是老手也不容易判斷。最好養成只要稍微感到「怪異」，就先按下快門的習慣。因為不易判斷的物件通常也很有想像空間，切忌隨意放棄，可以留待相片洗出後再慢慢玩味。

更重要的是，一樣物件至少要拍二至三張照片。為了讓報告不致顯得馬虎粗糙，除了照下物件的全貌和特寫，覺得必要的角度也別忘了按下快門。

▽報告書裡需要的資料，盡量在實際調查時全部取得。

如當天時間不夠充裕，可先把人或適當的物品（如菸盒等）一起納入畫面中，作為判斷實物規模的比例尺。

▽除了依賴相機記錄，探勘的時間也會被季節的日照長短所左右，夏天和冬天的差距甚大。步行速度可以配合季節天氣來調整，最重要的是切忌勉強，以自己覺得最舒服的速度移動。新手可先以放鬆的散步方式來進行觀察。浦和分部的湯馬森觀測中心注重機動性，聽說也嘗試以汽車進行移動。

▽經驗累積愈多，愈常會忽略較普遍的物件，建議盡可能仔細的記錄下來。像是被認為是最容易發現的「壁簷」，就有「壁簷三年」的警惕語。（編註：諺語「禍三年」擬句，取「熬個三年，總會被發現」之意。）

〔集體勘查〕

依觀測中心的資料，到目前為止集體勘查實施過的地點有新橋、澀谷、四谷等都內的幾個地方，和大阪、京都等地。集體勘查是為了提升時間和空間上的效率，此外也兼做新手的訓練實習。

集體勘查重視的是在質或量上都不能有疏漏之處。事先選定作為深入探勘區域的四谷附近，物件的密度很高，可說是目標幾乎都達到的成功例子（請參考四谷周邊湯馬森分布圖）。這個地區曾編列六次以上的觀測隊，動員三十名人力，總共發現了九十三樣物件。

集體探勘時，必須明確指定每個部分參加者負責的作業，再針對每個部分提高效率，以期達到更精密的調查目的。以一九八四年一月一日至四日實行的大阪勘查為例，觀測隊四人一組，一個人專門負責記錄影像並可搭配一位助理，一位專門負責路線及測量，另一位則專門搜集並記錄資訊，以這樣的陣容，在指定的時間內進行調查。包含最後一天的京都市內的行動，這次勘查總共走了六十六公里，在大阪發現了七十八件，在京都發現了十一件物件的豐碩成果。可以把此大阪的例子當成標準，參考其組成人員及分工，超過此規模時，分成幾個小組來進行是合理的作法。另外，在影像記錄上，即使有專門指派負責人員，其他成員在完成自己的任務後，如有餘力也可自行拿相機記錄，以達到更全面完整的調查成果。

③事後作業（製作報告）

即使在探勘中發現美麗或劃時代的物件，只要沒有製作成完整的報告書並提出，就不算曝光，因此做完現場探勘後還不能鬆懈。此外，一旦提出報告，不論是否被認可，資料都會被保存在觀測中心，所以請務必盡量提出沒有缺漏的報告。報告將成為今後探勘和研究的出發點，除了要有正確評價該物件的基本資料，必要事項也一定要完整不缺的記錄下來。粗糙馬虎的報告容易讓人看輕物件的價值，也會讓此次勘查的精密度受到質疑。

記述方式要盡可能簡單扼要，寫法請參考下面的例子自行研究。

在勘查結束的同時，也要明確的指定各物件報告的分工，才不致發生遺漏。這點要

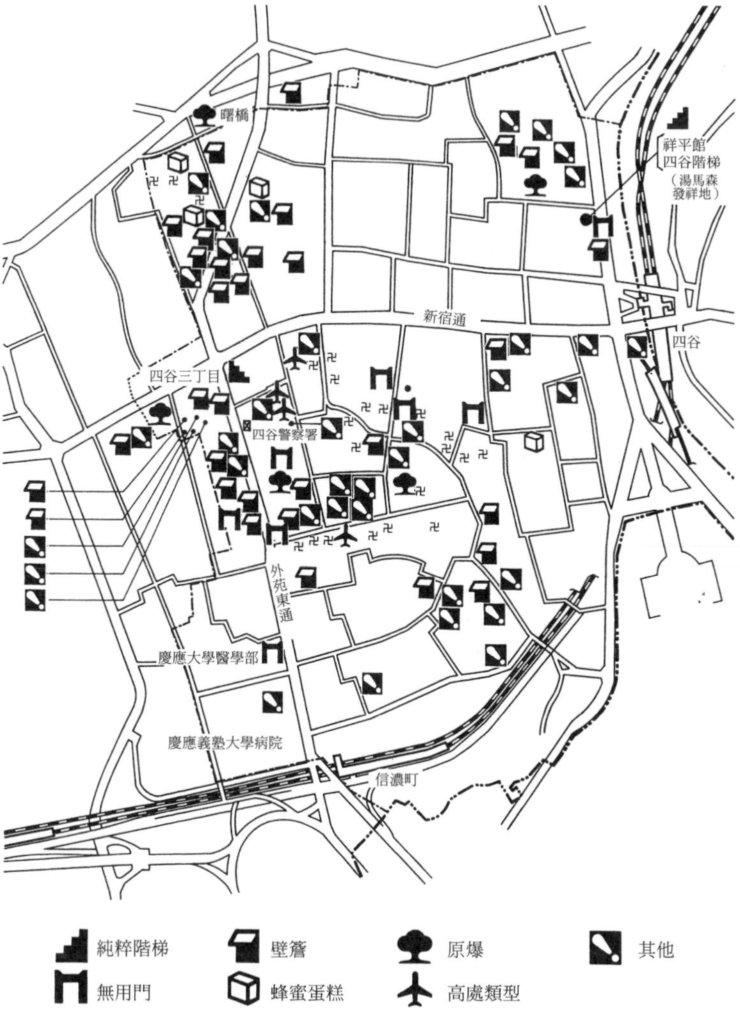

四谷周邊湯馬森分布圖（勘查時間：1983年8月到9月）

特別注意。此外，也要留下能概觀作業全貌的概要書。分好幾天進行的探勘行動，最好養成每天作業完成就填寫日誌的習慣，這在概要書的製作上有很大的幫助。

＊

和「四谷的純粹階梯」、「江古田車站的無用窗口」並列為湯馬森的基礎、被譽為「古典三部曲」中唯一現存為人熟悉的物件——「御茶水三楽醫院無用門」，也即將在明年年初被拆掉。像這樣知名的物件就要消失，真是有說不出的落寞，但這或許就是湯馬森的宿命。同時又覺得，雖然這一處消失了，另一處又會誕生吧，這也是湯馬森，即便有點過分樂觀。想到今晚或許在某個小巷弄中，有湯馬森在不為人知的狀況下逐漸成形，就讓我蠢蠢欲動。「同樣的小鎮，從不同的角度來看，竟然像個陌生的小鎮，可謂眺望的景致有多少，小鎮的數量就有多少。」（萊布尼茲）

一個湯馬森迷的彗星獵人

湯馬森觀測中心／田中千尋

一九八三年一月十三日下午二時三十分，我在澀谷區神宮前四丁目的路上偶遇了這個物件。這是個輪胎內的金屬骨架，被當成重物，連著一根長一・五公尺的鐵棒，有點像是公車站牌或標示板的殘骸。

總覺得有什麼怪怪的地方……環視了一圈，瞬間察覺原來是「它」，但當我停下腳步

超藝術湯馬森報告用紙

超藝術勘查本部（東京都千代田區神田神保町2-20 … 2 富 … 大樓 3F　Tel 262 2529

登錄編號		認定印	提出年月日 '84. 7. 17
發現地點	北區中十条 1-14 高山邸橫 之坂	發現年月日	1984年 4月28日（?）
發現人	1 吉野忍	2	3
發現人地址	大宮市日進町 3-85		

物件狀況（性質及其他）

沿著坡道上住家外牆排列的柱狀突起物。距離牆壁約 20 cm，突起物之間的間隔為 1.5 m～2 m。主要材質為花崗岩和混凝土，其中有一個是偏黑的天然石材。形狀為立方體，大小不一。最大的 60 (W) × 12 (D) × 11 (H) cm，最高的 19 (W) × 16 (D) × 33 (H) cm，最矮的 21 (W) × 15 (D) × 7 (H) cm。一般來說以 20 (W) × 15 (D) cm 的斷面居多。從上坡開始先出現 4 根，經過電線桿之後有 11 根，坡道名稱的告示牌後又有 1 根，接著是車庫，最後又有 1 根，共 17 根。（如果把車庫上坡處混凝土＋木材的突起物也算進去的話就有 18 根，但那也有點像車庫木框的一部分。）從大小來看，做為防止車輛衝撞牆壁的護欄，高度明顯不足。沒有跡象顯示這是原本高的柱子被折斷後的可能。（因為柱子原本就不高，而且斷面平整，故此推論。）

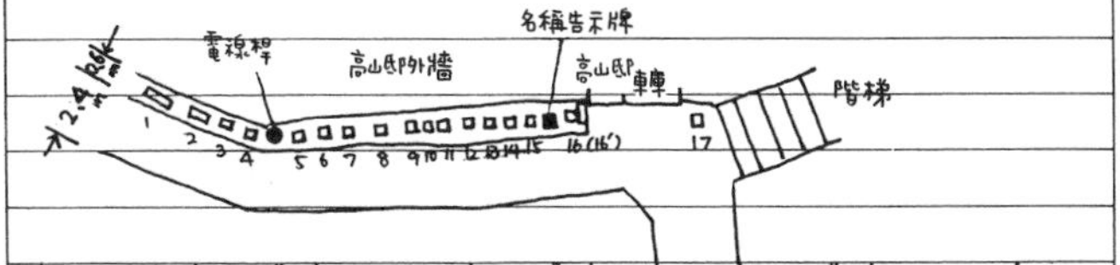

編號	大小 W×D×H（W：寬 D：長 H：高 (cm)）	材質	編號	大小	材質	編號	大小	材質	編號	大小	材質
			5	22×15×7	花崗岩	10	16×14×24	混凝土	15	19×15×11	混凝土
1	60×12×11	花崗岩	6	30×15×9	〃	11	21×15×17	花崗岩	16	12×16×12	花崗岩
2	37×17×16	〃	7	21×15×7	天然石材？	12	16×13×21	混凝土	16'	48×17×11	木材＋混凝土
3	47×18×15	〃	8	19×16×15	混凝土	13	19×15×25	花崗岩	17	16×19×28	混凝土
4	36×15×15	混凝土	9	19×16×33	混凝土	14	15×12×10	混凝土			

地圖

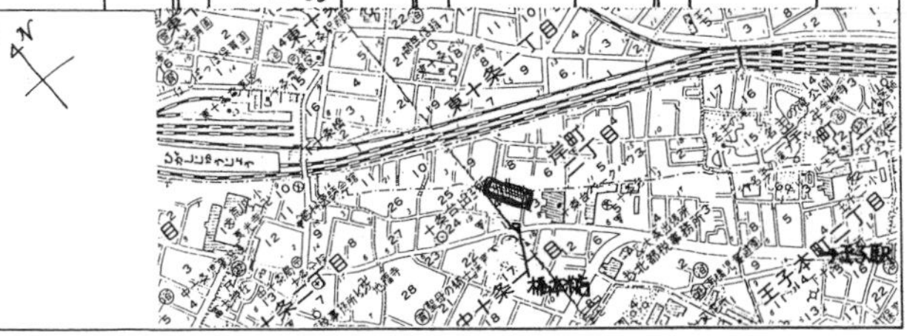

湯馬森報告範例。

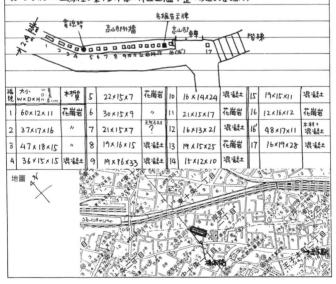

並回頭時，其實已經超前了三公尺左右。即便視覺有反應，腦袋要判斷並下達指令卻沒有這麼快，等手腳收到腦部來的指令「總之停下來仔細觀察吧」，肉體再行動之間的時間落差，約莫是三公尺的距離。

走回頭仔細觀察其細部，才發現自己會駐足的原因。這物件的複雜不可解深深吸引了我。乍看之下這鐵管像是不可燃的垃圾，卻被鐵鍊綑著，固定在一旁的牆上，鐵鍊還上了鎖頭。

我心頭立即浮現疑問，這個東西的用途到底是什麼？為什麼要把兩個大人費力才能搬運的重物用鐵鍊和鎖頭死守住。擁有人的意圖簡直匪夷所思。況且即使用鐵鍊和鎖頭鎖住，只要把底座推倒，不就輕易能讓鐵棍脫離鎖鏈了嗎？這樣根本一點用處都沒有。我愈發覺得困惑難解。

這東西肯定非超藝術莫屬……我的腦海裡出現這個想法，感動莫名，我終於發現了超藝術。我興奮到顫抖，但其實走到這一步，還有一些緣由。

我至今在神田的美學校的考現學工房裡聽過好幾次關於超藝術存在的主題，也看過不少照片。並且曾到過知名物件之一——御茶水三楽醫院無用門現場觀察不下數次，我也以為自己應該很明白其中的原委。

但實際進行田野調查時，竟是如此不易發現。我原本就喜歡徒步四處閒晃，即使沒有什麼目的，也會在街上亂走，尋訪街上奇怪的東西，應該很習慣這樣的感覺才是。但

輪胎內的金屬骨架上插著鐵棒，並用鐵鍊和鎖頭固定在牆上，判斷為湯馬森物件。

我卻無法肯定這和超藝術之間到底有什麼不同。我至今沒有發現什麼成果，也因此曾有「自己是否不適合超藝術領域」這樣的念頭。

就在這樣的狀況下，我突然接到一通邀約電話，超藝術團體要在澀谷周邊進行勘查，同時也當做考現學工房的街頭實習課程。由於我也是畢業生之一，故邀請我參加。剛好我也沒有什麼特別的要事，想要拍照記錄大家探勘的模樣，於是帶著簡單的八釐米相機以輕鬆的心情參加。

然而在這次探勘完的檢討會上，正是超藝術冠上「湯馬森」這個學名的日子，可謂超藝術史上值得紀念的一天。對我而言，這一天的探勘也別具意義。

探勘的成員包括赤瀨川先生共有十一

位。從澀谷車站的西南方走到代官山一帶，當時的領路人也是熟悉此區道路的S君（之後成為會長的鈴木剛）。

他以飯後散步的悠閒速度走在大家的前面，一一嗅聞並分別街上散發的氣味，說著：「往這裡走吧！」、「那邊很臭呢。」、「啊，這邊也有。」、「這也很可疑。」邊把隱藏在街頭的超藝術原石挖掘出來，一件件展示在我們面前。

我透過手上八釐米的相機看著超藝術的模樣，一直盤據在我眼前揮之不去的迷霧突然散開了，真是不可思議的心情，我好像突然掌握了發現超藝術的要訣。

這究竟該怎麼說呢？就像在達到沸點之前、徐徐加熱的溫水中，突然丟進一片滾燙的磚瓦，讓水立即達到沸點的感覺。

又或者像是在沒有任何器材的裸視下嘗試從文字來了解立體照片，怎麼樣都搞不清楚，但由有經驗的人實地教學的話，要點馬上了然於心，一目瞭然。

總之，不放過街頭的一景一物的超藝術，在他執著的眼神一一檢視下，指點了我通往超藝術世界的近路和方法。

前面我描述的鐵鍊和鎖頭綑住的鐵條，就是在這次探勘的不久後遇到的。此外，之後我陸續發現了千駄谷的阿部定電線桿、代代木車站前的石筍型愛宕物件、新富町一丁目的三重步道等，與這些新物件的邂逅都是在澀谷探勘後的事。

在保有眺望無限延伸的平行視線的瞬

間，就像從兩張相隔不遠的平面照片突然穿梭進入了三次元的立體空間一樣，在我獲得觀測超藝術的眼力之時，突然能夠輕易地進入湯馬森的空間。

儘管如此，第一次的發現依然令人感到不安。如果可以被分類到現有的〇〇類型裡還算好，當物件屬於一個完全未知的結構體，到底能不能算是湯馬森，我實在沒有什麼自信，很多時候甚至會猶豫該不該報告。

此時的心情和彗星獵人（comet hunter）在發現彗星的過程很相似。他們為了發現不知道會出現在天空的何處的未知彗星，每天夜裡睜大眼睛盯著天空看。幾乎所有的彗星都是這樣，除了在接近太陽的那段時期外，根本看不到被稱為掃帚的尾巴，只是一團模糊的雲狀光團。要發現這充滿疑雲的天體，要先確認星圖上沒有相似的星體，即使真的很確定是新的彗星，依然會懷疑「是否是星圖上漏掉的微亮天體？」、「也有可能是亮度高的星球反射產生的金色光環？」在向天文台報告之前，似乎還是很猶豫不定。

為保險起見，隔天再進行一次觀測，再確認該天體在星星之間移動的狀況就行了。但有可能因天候等條件的影響，隔天觀測不到，也有可能被其他觀測者搶先一步……當然能愈早確定愈好。

但是，如果自己的報告是錯的……這也是一大問題。因為一件不夠嚴謹的報告，有可能讓日本全國甚至是世界各地的天文台為之白忙一場。真的被確認是錯誤判斷，之後這位觀測家就不再受到業界的信賴，不久後甚至會淪落到被當成放羊的孩子的下場。

因此，彗星獵人在發現新彗星之時，在體驗自己發現了地球上迄今沒有人發現的天體時的宇宙級感動之際，同時也懷抱著比此大上好幾倍的不安，向天文台傳送報告。

湯馬森的狀況還不至於如此誇張，但發現了迄今不曾有過的物件時，就是人類史上最初的報告，發現人的心情應該有如此這般共通之處。

另一方面，抱著追求湯馬森的想法在街頭散步，會遇到接近湯馬森的超次元物件的機率也就變多了。另外，街上還存在著許多不可思議的物件，乍看之下似乎盡到了功能性目的，卻常常可以感受到超出了功能性的、製作者多餘的精力。許多複雜又怪異的物件，讓人不禁覺得：有必要做到這種地步嗎？令人不由得感歎的不可思議物件。

例如，超厚加強車擋，讓人懷疑這麼做車子不是會很容易被擦傷嗎？湯屋的煙囪沿著隔壁住宅大廈的牆面不斷延伸至屋頂，像是傑克碗豆的排氣用煙囪之類的。

此外，還有大樓屋頂上巨大的實物模型。這是企業為了宣傳自家商品所做的巨大模型，像是六本木溜池十字路口，小松製作所屋頂上的巨大推土車；京橋十字路口，朝日油漆屋頂上的巨大刷子和油漆罐。或是神田錦町不二乳膠（Fuji Latex）總公司大樓頂上，如胴體三段緊縮保險套般的巨大霓虹燈塔。這些物件確實是很抽象啊……。

大樓屋頂上巨大的實物模型。

其中最歎為觀止的莫過於目黑車站附近的田村電機，電話機製造公司屋頂上的巨大紅色電話（遺憾的是最近剛被撤除）。除了圓形撥盤和話筒，十圓硬幣的投入口和取出口，甚至「也可撥市外電話」的字樣，都完全按實物放大的巨大紅色電話，就如此坐鎮在屋頂上。

這些巨大的物件，確實達到了企業宣傳的正當名義和效果，超越此目的，製作者花費的心思和心力也確實表露無遺，令人感動到想哭。

看著這些物件，我不由得升起一股、超越是否被認為是湯馬森的共鳴。雖然我無法明確地說出是什麼，當一層層剝去物件本身的實用性外衣時，根本處的相通結構就會顯現吧。為了一窺這些被剝去實用外衣的軀體，湯馬森迷今天也會持續上街頭。

麻布谷町觀察日記

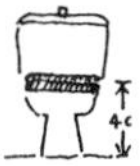

飯村昭彥

在大半都是無人、宛如亡靈街的空地上，只有一座煙囪兀自聳立。這座巨大煙囪的周邊，有一間像是堡壘的矮屋，自從這裡被買斷以來，散發出一股捍衛煙囪般的騰騰殺氣。

麻布谷町位於國道二四六號從六本木往溜池的途中，舊名為六本木一丁目。現在，只剩首都高速公路谷町交流道還保留其名。

從江戶時代就是町人居住的谷町，倖免於關東大地震及戰火的燒燬，為東京仍保有珍貴大雜院的街町。

森大廈株式會社早在一九六九年左右，就已將隔壁街町，也就是榎坂九成以上的土地收購完成了。（森大廈是以東京港區為中心的大廈租賃業者，該公司所有出租大廈都掛著綠色門牌，從新橋周邊開始，目前多達六十多棟）

從那時起，谷町的居民開始搬離此處，任意棄置的荒廢空屋顯得很醒目。其中有二棟公寓作為森大廈的「員工宿舍」；有一棟澡堂被賣掉，成為停車場。居民不知不覺地減

被巨大煙囪占領的矮屋。

少，商店的客人的也減少了。

一九七一年制訂「都市再開發法」，東京都廳將谷町（六本木一丁目）、榎坂（赤坂一丁目）、靈南坂（靈南坂一丁目）等三町合併為赤坂六本木地區市街再開發地域，其面積為五萬六千平方公尺，約為一萬七千坪。

赤瀨川原平和湯馬森觀測中心（當時是「美學校考現學工房」）的成員，偶然踏進這塊窪地。一九八一年早春，三月二十一日。赤瀨川在《純文學之素》中，記錄當時的模樣如下：

簡言之，在大半都是無人、宛如亡靈街的空地上，只有一座煙囪兀自聳立。這座巨大煙囪的周邊，有一間像是堡壘的矮屋，自從這裡被買斷以來，散發出一股捍衛煙囪般的騰騰殺氣。雖然屋內好像有人居住，但在正中央被巨大煙囪占領的矮屋內，恐怕只有抱著煙囪成C字形的睡覺空間吧。（照片①）

澡堂的煙囪，以及周邊堡壘般的矮屋。

大約一年半之後，美學校的友人長澤慎二來訪，對我說：「打算要舉辦『超藝術湯馬森』的展覽，可是還缺谷町煙囪的照片。」聽完長澤的話，我就很想去看一看谷町的煙囪，並且拍照。一九八三年二月，我和長澤組成「調查記錄班」，決定去確認煙囪的狀況和拍攝照片。

一九八三年二月X日

傍晚，終於發現傳說中的煙囪。赤瀨川所描述的堡壘般矮屋，掛著「Y野絹」和「Y野KINU」兩個門牌。信箱內有報稅單、老人手冊等郵件，門是鎖著的，感覺屋內無人。從周圍殘留的磁磚看來，判定應該是澡堂的

煙囪。（照片②）

我從各種角度拍攝一陣子，總覺凸顯不出煙囪的高度和矗立在街町的突出感。相機到底該從哪一個位置，才能確實表現出煙囪和街町的關係呢？我正在物色一處可以俯瞰的位置，突然看見煙囪上附有梯子，於是就爬上去。

爬到約十公尺的高度我就累了，往下一看，才發現自己已經爬到一掉下去就必死無疑的高度。一方面也擔心起自己手中握著的梯子，很久無人使用，鏽得相當厲害。不過，中間部分好像還沒受到腐蝕，轉之一想：「反正不管從天邊掉下去，還是從這裡掉下去，結果都一樣。剩下的一半稍微謹慎點爬就是了。」從附近的高樓來推算，煙囪的高度大約是二十公尺。（照片③、④，長澤慎二拍攝）

煙囪頂端風化得很嚴重，水泥的小礫石浮起，有種粗糙的觸覺。有梯子那邊的煙囪稍微厚些，可能是為清掃煙囪時作業方便吧！內側還有二到三毫米的煤炭附着，頂端附近的煤炭則已剝落。

我對這種陌生的視覺感到興奮，大概拍了半捲底片，雖然使用了廣角鏡頭，卻只能拍攝到煙囪口。因為夜色逼近，時間已經不夠，加上強風搖晃煙囪，只好期待下次再來拍攝了。（照片⑤，攝影資料 Nikon F2 24m/m 1:2 Neopan F 1/60 f2）

❹

❸

❺

從附近的高樓推算，煙囪的高度大約是二十公尺；近看可發現頂端風化得很嚴重。

三月X日

如預測的一樣，是個無風無雨的晴天。我決定一個人去完成前次攀爬時考慮到的剪接攝影。

爬到頂端後，我坐在面向煙囪內側的邊緣約三十分鐘，等待因高度產生的恐懼感以及身體僵硬的情況消退。靠近看才發現，梯子旁的避雷針好像是銅製的，腐蝕後變成一種美麗的色彩。和鄰近靈南坂教堂的銅板屋頂大約是同樣顏色，不過避雷針上有像是煤渣的黑色斑點。

避雷針好像安裝的不太牢固，可能是為方便調整平衡度的緣故吧！我認為過度依靠它反而危險，所以還是不要抓著避雷針比較好。

我把拔掉中軸伸縮桿的捷信三腳架，拿來當單腳架使用，然後從背包中拿出相機安裝妥當。相機為Nikon F11機身，裝上向「花山租賃行」借來的16m/m魚眼鏡頭，使用TRI-X底片，快門速度為1/125-1/250，同時考慮到若將光圈縮為f11，焦點就可以直抵地面。

把安裝在單腳架上的相機，設定為自動快門後舉在頭上。因為要等到快門結束，調整姿勢和表情非常費神，所以單腳攝影只拍攝了十二張就結束了。結果，只有最後一張是比較滿意的照片。（照片⑥）

魚眼攝影結束後，整個人就輕鬆了，悠哉地坐在煙囪邊緣，把相機鏡頭從魚眼更換

站在煙囪頂端，利用魚眼鏡頭拍攝的景象。

成200m/m的望遠鏡頭，開心地眺望街町。除了午休上班族邊散步邊踢開貓之外，街町上幾乎空無一人。也看到好幾個男人拿著文件在核對掛在門口的門牌。

八月X日

由赤瀨川原平領隊，舉辦湯馬森觀測中心成員的煙囪寫生大會。大家絲毫不畏懼蚊群和酷暑的攻擊，有人畫素描，也有人畫油畫。（照片⑦）

八月X日到九月X日

其間，我曾走訪谷町好幾次，將已成廢棄屋的房子模樣及屋內的樣子，還有已遭損壞的地方以照相機記錄起來。

■有的屋內貼著三浦友和和山口百惠，在位於雁木坂（煙囪一旁的石階）的靈南坂教堂舉行婚禮的的海報。（照片⑧）

■被丟棄在空地上的雪見紙門，玻璃上有剪紙。（照片⑨）

■牆壁有貼過照片的痕跡。（照片⑩）

■牆上還留有類似自行印刷的圖片。屋內擺設以七〇年代初期的生活樣態居多。（照片⑪）

■開始拆除的谷町屋群（這兩張照片，為不小心將底片放在牛仔褲口袋拿去洗，才沖洗出如此奇妙的模樣。）。（照片⑫）

■當我問雁木板上拆除隊的歐吉桑可不

八、九月間，於谷町拍攝的照片。

⑭

⑬

可以拍照？對方回答：「擺什麼姿勢比較好呢？」（照片⑬）

■森大廈株式會社的燈光照射在只剩一隻小貓的巷內。（照片⑭）

九月X日

因為煙囪拆除的日子快到了，很想留下什麼當做紀念，後來就想乾脆把煙囪頂拓印下來吧。從三月拍攝的照片中，以我鞋子的實際尺寸推算，算出煙囪的外徑約為七十公分，就開始去尋找拓印用紙。最後在鳩居堂買到適合濕拓法的中國水墨畫用的宣紙。因為進貨少，兩張宣紙竟然要價一千四百圓。墨汁方面，我打算事先磨好，裝進瓶子裡帶上去。

這時，森大廈株式會社的戒備在白天稍稍森嚴，我決定在夜間進行拓本採集。一旦要攻頂時，應該先考慮好作業程序，裝備盡可能簡便。

○點，到達煙囪下，儘速準備第三度攻頂。一到頂上，立刻把向友人坂口借來的安全帶固定在梯子上端，把背包掛在避雷針上就開始工作了。

那夜無月，全靠森大廈株式會社正在加班透出來的燈光。只有在確認是否完成時，才使用手電筒。

因為是雨季，煙囪本身及空氣中都充滿濕氣，氣溫也低，所以拓印乾得很慢。把紙平擺在煙囪上，就沒地方可坐，只能抓住梯子一直等到乾。

我判斷不可能等到全乾，決定拿著半乾的拓本下來。為不讓紙弄髒，真是傷透腦筋。雖然煙囪的空洞部分弄破了，我也不想再重新拓印一次。（照片⑮，拓本實際測量：外徑690mm、煙囪厚度110-120mm）

然後，就跑到停在附近的車內睡到天亮。

十月X日

確認煙囪消失。消失日期時間，推定應該是十三日下午四時。碎片也都清除乾淨，連一片都看不到。（照片⑯，事後，經由一木努的採集確認此事）

這座煙囪和堡壘屋，和赤瀨川原平最初的印象相反，好像是很久以前被森大廈株式會社賣掉的。聽說是買了澡堂的Y野，把澡堂拆掉變成停車場，只有煙囪和堡壘屋沒有拆掉，只有這裡又轉賣給森大廈株式會社。

這座煙囪算不算是超藝術湯馬森呢？現在尚未作出結論。

十二月X日

從教堂往石階方向走，就會看到T女士。她好像是為了餵貓來的。因為總有一隻黑貓和一隻咖啡斑紋的貓會在那裡。

工程持續進行，道路也鋪好了。靠近赤坂公寓的新鋪道路很彎，他們是從上面先把小巷的路面壓碎，再穿過石階中段上來。

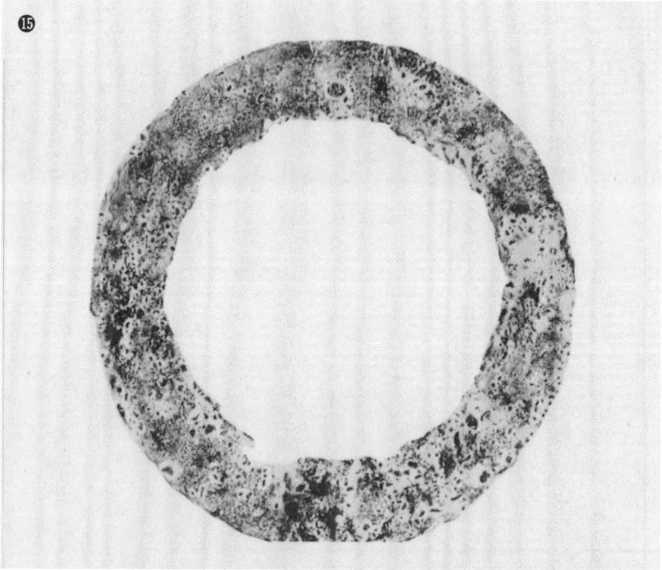

煙囪頂端的拓印及確認煙囪消失。

天氣極佳，初冬的陽光撒落在向南的山丘上。逆光中，怪手就在石階旁挖土，把挖下來的土倒到大貨車上。比起拆除房子，顯得一派安靜景象。機械小心地操作，乾爽的紅土發出好像麵粉般的聲音。瀝青的下方隱藏如此漂亮的紅土，真是令人驚訝！這般保存下來的土，卻被默默的不斷丟棄。實在是非常豪奢的光景。

T女士不知正在和工人講些什麼？現在想一想，我每次到谷町好像都會看見這個人。站在能夠俯視整個谷町的高級公寓屋頂上等待日出時，從小巷的對面走過來的黑點，就是那個歐巴桑T女士；週日當我在無人的麻布公寓內拍照時，質問我：「你到底在做什麼？」的人也是T女士。

聽說開美容院的T女士，最初是以非常低廉的價格，把屋子賣給森大廈株式會社。既然如此，為何T女士每天還都跑回來這裡呢？只是為了要餵貓嗎？我之所以把餵食棄貓的人當成一回事，大概是希望把自己腦海裡某處被「遺棄街町」所牽絆的想法消除吧！

若是新大廈完工，貓也不見了，T女士又該如何呢？

一九八四年八月X日

曾經被說是「高低起伏的地形妨礙開發，阻礙地區發展」的谷町山谷，已經到處都是高樓大廈矗立。過去的谷町，在大廈街完工之日，就被埋入地底下了。（照片⑰）

⑰

⑱

谷町的山谷，到處都是高樓大廈矗立。過去的谷町，在大廈街完工之日，就被埋入地底下了。

一九八六年二月X日

ARK・HILLS和赤坂六本木地區開發計畫，已進入尾聲。一九七〇年的戶數為六百五十戶，完工後將搬回新建住屋成為再開發工會成員的戶數有四十七戶。至於這個再開發工會的理事長，正是森大廈株式會社的董事長森泰吉郎。

這一條大廈街，預定可以建蓋全日空摩天飯店、摩天辦公大樓、朝日電視公司的攝影棚（地下）、三多利會館、新靈南坂教堂、大廈二棟、舊居民的住屋等。（照片⑱）

高中女生制服觀察

森　伸之

自己到底以怎樣的視線在看這些高中女生呢？仔細思索的結果，發現這不就像是自己小時候對待鳥類和昆蟲的態度嗎？「鳥類」和「昆蟲」和「高中女生制服」，其共通點可舉如下……

有個「高中女生是鳥類呢？還是昆蟲呢？」的問答題。雖說如此，先不說最近的高中女生如何大膽，她們也不致拍拍翅膀在空中四處飛翔，或以六隻腳在地上爬行吧！這當然只是「比喻」。

總之，當我們凝視這群穿著制服女生時的心情，應該說比較接近在凝視哪種生物呢？最近，我常在思考這些事情。如此一來，我好不容易才感覺出她們應該比較像鳥類……不，比較像昆蟲吧！

世間一般人看到高中女生，根本不會以這個方向來思考。看到高中女生，覺得就是高中女生，這是比較普遍的現象。只要是穿著水手服或背心裙制服，就認定是「高中女生」，不曾有更深的追究。雖然不知是真是假，喜歡「水手服」的中年男人之類凝視高中女生時，有人說其視線也許有穿透水手服而對準「內在體」的傾向吧！不過，這當然是個人的自由。

但是比起「內在體」，高中女生的「外在物」，也就是她們穿著的「制服」，所產生的問題也一樣多。此處所指並非像電視劇中出現的那種，只是單純讓人看起來像高中女生的那種「觀念性制服」，因為如果仔細觀察現實中那一件一件、具有不同色彩和設計的高中女生制服，將會為其多采多姿而感到驚訝！因此，我們才會思考將這些做成個什麼紀錄。為了觀察她們的制服，我們每天在街上跑來跑去、不停地換搭電車、守在剪票口、埋伏在校門或混到補習班。不知道其他人的狀況如何，至少我和我的兩個朋友就這樣度過大學生活。然後，把收集來的東京都內大約一百五十所私立高中制服的相關資料，以插圖重現，約略依型態、地區、校風等，分類集結出一本《東京高中女生制服圖鑑》。

雖然，前後歷經五年的觀察活動暫告一段落，卻很在意自己到底以怎樣的視線在看這些高中女生呢？仔細思索的結果，發現這不就像是自己小時候對待鳥類和昆蟲的態度嗎？

「鳥類」和「昆蟲」和「高中女生制服」，其共通點可列舉如下幾點：

㈠在身邊，數量很多。
㈡種類繁多。
㈢依季節，其色彩和圖案不同者居多。

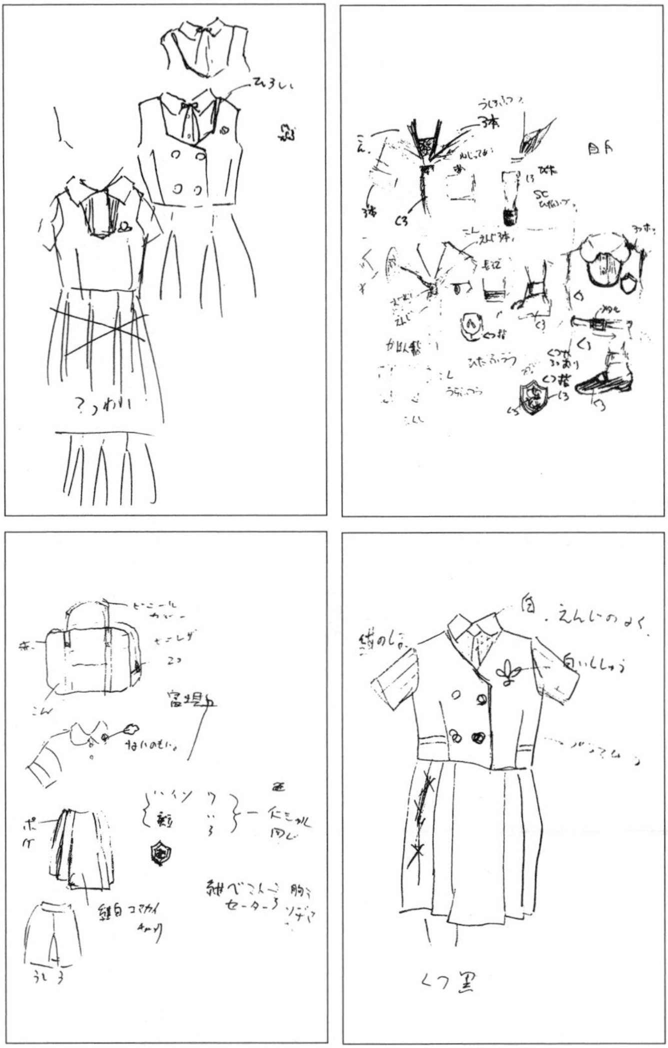

高中女生制服採集筆記(一)。

高中女生制服採集筆記㈡。

除此之外，群聚於覓食場也算是其特徵吧！如同以樹汁為目標的昆蟲會聚集於樹幹般，現在全日本的速食店，總有高中女生群聚在喝可口可樂和玉米濃湯。還有因種類不同而有各自的習性，這一點也很像。有溫馴的種類，也有喧鬧聒噪的種類；有動作敏捷的種類，也有遲鈍的種類。當然啦！就智能和外表也有各式各樣的變異種。（講到這裡，就不光是制服而成為內在的問題了。）

總之，如此一比較，觀察「鳥類」、「昆蟲」和「高中女生制服」時，其視線相當類似這一點應該是可以被接受的。

在此，我們回到了最初的問題——「所謂高中女生是鳥類呢？還是昆蟲呢？」

我想，觀察鳥類和昆蟲，最大差異不就

是「距離」嗎？譬如：賞鳥的基本方法，是從遠處以望遠鏡來眺望鳥類的動靜。假如觀察者距離縮短到某種程度，警戒心強的小鳥肯定會飛走。

反之，觀察昆蟲時，大多的情況是透過「採集」的型態來進行，其距離接近零。首先，將捕獲的昆蟲，依研究目的放進飼養箱，或以藥劑殺死後製成標本。然後，使用放大鏡或顯微鏡來觀察。

那麼，觀察高中女生制服又如何呢？在此，先再次確認我們在觀察制服之際的二大原則吧！

㈠不跟高中女生搭訕、不碰觸。

㈡不拍攝照片。

首先來談談原則㈠。這和賞鳥時採取保持距離的方式極為相似。縱使不知道鳥的種類，也不可去詢問鳥名，所以絕不可隨意去詢問校名。我們只依照學校指南所載的校徽、所在地、附近車站等資訊來查出對象的種類。因為這種作業本身就具有高度遊戲性。當然也決不碰觸。雖說有時為確認制服的材質和配件，直接碰觸也很重要，但是若被誤解為是想確認制服裡的內在體形狀，就會變得很麻煩。假如在電車內做出這種事，警戒心強的高中女生不但會飛走還會製造騷動，也許在下一站觀察者就會被抓進警察局。若被誤認為色狼，又該如何辯解呢？因此可以說，觀察高中女生時，保持某種距離才是正確的方法。

其次是原則㈡。這個不拍照的方針，

並非從一開始就是一個鐵則。當我們察覺到這個默契時，已經養成以自己的手拚命素描的習慣。這是從尚未打算出書之時就有的作法，從要出書而共同作業以來也持續以這個方式記錄，說起來之所以想儘快把高中女生制服畫下來，也是包含強烈遊戲的要素吧！

當時要去素描制服這件事，我們都稱之為「制服採集」。雖然，那時只是隨口說說而已，如今想起來卻和揮舞著捕蟲網、採集昆蟲時的心情一樣。我們經常都是和高中女生保持一定的距離，同時動作敏捷地捕獲她們身上制服的相關資訊後，慎重地帶回家。

然後，把那些零零碎碎的資訊，以自己的記憶和印象作為黏著劑，再以插圖重建起來。換一種說法，就是「採集」制服上的客觀資訊，注入自己記憶和印象的主觀「防腐劑」，把「標本」永久保存在肯特紙上。如此一思考，從制服素描到插圖完成的過程，完全就和採集昆蟲↓製成標本的過程一模一樣。

最後，就是高中女生對自己而言，到底是「鳥類」還是「昆蟲」這個問題了。其結果好像應該說——在調查校名、觀察行為的階段，其作法和賞鳥相近，所以把高中女生當「鳥類」看待。到了以素描為本畫插圖的階段，就像採集昆蟲和製成標本，於是把高中女生當成「昆蟲」看待。我的意識中，高中女生有時是小鳥，有時是昆蟲。我認為也許有人聽到這種說法必定大怒，卻也沒辦法。以前，東京都內制服業者工會所發行的新聞，提到「片面地忽視高中女生的人格，以昆蟲

傳說中的純白水手制服為英國人發想出來的

24 東京女学館高等学校

〔所在地〕澀谷區廣尾3-7-16
〔交通〕國鐵＝從澀谷・惠比壽，
搭巴士至東京女學館前下車
〔學生人數〕988名

A ♡ ◆

類似緞做的
藍色的領結
是註冊商標

〔解說〕講到制服的相關事宜，沒有其他地方比名校集中的港區、澀谷區更有得說了。乍看之下，毫無任何奇特之處的水手制服，為何不斷有粉絲出現呢？有所謂「因為有好多可愛女孩」的美貌說。有所謂「因為有品味的女孩才會穿」的穿法得宜說。其他還有各式各樣的說法，不過真相到底如何呢？

可以肯定的是，沒有一個高中女生以她們身上所穿的學校制服感到自豪。所謂「我穿著高雅的水手制服」的自信和自負，只有呈現在她們的品味和容貌上，卻也未讓制服顯得特別出眾啊！

出自《東京高中女生制服圖鑑》，1985。

東京都內報考率第一

28 富 士 見 丘高等学校

〔所在地〕澀谷區笹塚3-19-9
〔交通〕京王線＝笹塚3分鐘
〔學生人數〕1,938名

E ♡

純白水手服也只剩二年。特意去更換這麼獨特的制服有必要嗎？
明朗的灰色格子

〔解說〕從60年度起更改制服樣式。以新樣式的圓領襯衫搭配細藍線條的小格子裙，替代純白領子、深藍領結，也就是大家所熟悉的水手服。這是現在最受歡迎，也就是所謂「聖心學院式」的制服。看起來設計得不錯，一年級學生也很滿意的樣子，不過坦白說，我對這種變革無法接受。講直白些，就是晚了三年。目前，這種樣式確實很流行，可是制服完全更替是在二年後，那時候恐怕已經失去新鮮感了吧！事實上，連現在都感覺不出更換制服所帶來的榮耀和喜悅。不過，假如每三年更換一次制服的話，那就另當別論。

出自《東京高中女生制服圖鑑》，1985。

和鳥類虛擬處理之，以獨斷和偏見來觀察之」，也曾遭受嚴厲的罵聲。但是，我們的問題並非「內在」而是「外在」，所以只能將人格之類的言論暫且擱下吧！

世上，既有喜歡「穿制服的高中女生」，也有喜歡「高中女生穿的制服」，總之就是這種問題囉！

龍土町建築偵探團內部文件

崛　勇良

《建築偵探學入門》一書記載：「無論怎樣無趣的地方，也不要忘記拍攝全景照片，拍攝照片非常重要。為避免漏掉煙囪或地基，應該從原本站立處再後退一步拍攝。」……

團歌

大約十幾年前，在天才馬鹿坊(天才バカボン)裡，赤塚不二夫把那些怪誕歌謠最精采處全拼湊在一起，寫出那種奇妙的歌詞(?)，不知您還記得嗎？雖然歌名都忘記了，不過卻被美川憲一的「給我錢」所引用。其實，這首歌是我們龍土町建築偵探團的所謂團歌。那大約是田森開始走紅的時候吧！赤塚不二夫↓田森↓瀧大作，這麼一來就和明治時代的建築師——瀧大吉(瀧大吉：請參照拙稿〈豪壯一生的奇傑瀧大吉〉，近江榮、藤森照信編，《近代日本的異色建築師》，朝日選書，昭和五十九年。瀧廉太郎為其表兄弟。大作為大吉的直系子孫。)連結在一起了。不過，我們倒也不是當真邊哼著團歌邊出征。

總而言之，這就是偵探團筆記的封底背面會有赤塚不二夫作詞的演歌歌詞的原因。

團規

讓我順便來說一下，偵探團筆記的封面背面應該是寫著「一屋一張全景照片！」這是建築偵探拍攝證據照片的鐵則，在《建築偵探學入門》一書中也記載：「無論怎樣無趣的地方，也不要忘記拍攝全景照片，拍攝照片非常重要。為避免漏掉煙囪或地基，應該從原本站立處再後退一步拍攝。」首先壓抑興奮的心情，想辦法收錄全景，趕緊從自己設定的位置進展吧！此時，縱使被斥喝：「你是誰？」而逃命，全景照片也已經到手了。事後，全景照片必得和文獻資料比對。如此一來，就可以知道有幾棟建築物的面貌已經改變；或是確認樓層和窗戶數，以了解整修後的改變，諸如這些都無法瞞騙偵探團的眼睛。反正無論如何，就是要「一屋一張全景照片！」（此句出處當然就是赤瀨川原平的「一屋一張零圓紙鈔！」）

團章

龍土町建築偵探團的標誌，大家都說是〈拱門〉。建築偵探團曾經到處探尋拱門，有拱門的建築物，屬於昭和初期之前，這點應該是不會錯。我們的團章的出處，為分離派瀧澤真弓的「公館」（大正十三年作品，收錄於《分離派建築會作品第三》一書）的窗戶，那是大正時期特有的蛋形拱門微微修改後的產物。

團員

龍土町建築偵探團的組成成員，老闆是村松貞次郎，團員有藤森照信和堀勇良計二名，團址在東京都港區六本木七－二十二－一，東京大學生產技術研究所村松研究室。之後加入的團員，還有小林景子、中山信二、松鵜秀也、時野谷茂、堀江章彥、崔康動等諸位。有關建築偵探團如何在全國各地開展，請參照藤森照信所著《建築偵探團始末記》。（收錄於東京建築偵探團，《近代建築指南「關東篇」》，鹿島出版社，昭和五十七年）以下的文章中，藤森照信將以冖⃝堀勇良以凵⃝符號代替之。

組團紀念日

雖然諸說紛紜，我採用昭和四十九年（一九七四）一月五日的說法。那是新年聚會，年初首次參拜神社的歸途中，路過明治神宮本殿，說要去探索明治神宮寶物殿（設計者大江新太郎，設計時間為大正十年）時候的事情了。那時的紀念照應該就是建築偵探記錄的第一張照片。

回溯一下往事，組團之初大概都是找尋諸如龍土町周邊、國分寺的冖⃝宅附近、龍土町↔國分寺之間通學道路沿線所看到的洋樓等隨手可及的適當地點。在偵探團筆記中，有所謂的教養課程，可列表作為目前探索地點的除了銀座、日本橋、兜町、上野等近代建築的集中地，以及麻布、長者丸、田園調布等住宅區之外，還有瀨田的誠之堂或調布的京王閣等單獨處所。

依當時㈠所歸納的擬洋風論（村松貞次郎編，《明治的洋風建築》，至文堂，昭和四十九年一月，〈近代美術〉第二十號），我們對於明治時期的建築研究相當強，而大正、昭和時期的建築似乎還無人涉獵，我們為拔得頭籌，自是奮不顧身加入競爭行列。「找到啦！找到啦！」——當時我們的偵探熱正高昂，沒有週日、沒有假日，單身漢的㈡也就算了，還有一個襁褓中乳兒的㈠，他的家庭到底如何呢？雖然是人家的事，我卻也不免要擔心。看著每天晚上帶著幾捲底片回來的我們，老闆村松老大和掌管財務的中川宇妻女史驚訝地說道：「這些傢伙到底在做什麼？」經費開銷令人質疑，老闆終於要親自出馬了。我們問他前往淺草一帶如何呢？帶著他到處跑的結果，不可思議竟然走到駒形泥鰍料理店的門簾前。

如此折騰當中，㈠說應該鎖定一定的區域來尋找目標，所以就開始我們地毯式的調查了。首先，有一半就鎖定在宮城的千代田區。這就是「我們建築偵探團」的正式出征。當時，㈠是東京大學研究所博士課程一年級，㈡是同校碩士課程從一年級要升二年級的那一年春天。

偵探心得

有關這個主題，請閱讀〇著《建築偵探學入門》（雜誌《Space Modulator》第四十七號，昭和五十一年五月，日本板硝子）吧！這應該是最初對外自稱「建築偵探團」的開始。偵探心得就以這本入門書說得最好，聽說大阪「堺之明治建築研究會」的柴田正已先生完全依照這本入門書身體力行，卻指出這本書未記載被看門狗追趕時應採取何種對策。其實，我們偵探團也曾經在侵入岩崎家的靜嘉堂文庫時，意外撞見管理員和看門狗。那時的立即判斷就是趕快逃、趕快撤——當然，全景照片已拍攝完成——，雖然我們曾有那種經驗，卻沒特別在入門書中提及，因為我們兩個人對如何處理狗都很有自信。

三種神器

其一為「調查筆記」。

如同屢次登場般，本團有一本偵探團筆記。是因為組團當時並未以「建築偵探團」名義對外公開，還是因為殘留著學究心態呢？現在已經不得而知。這本所謂「大昭建築調查筆記」，是一本到處都看得到的大學筆記，也是一本除了書寫著團章、團規、團歌之外，還有羅列必要教養課程和主要建築師作品清單的一本預習簿。雖然已經寫到No3，不過不知是幸？還是不幸？具有紀念性的No1，目前行蹤不明，不在手邊。

當時作戰完畢，一到黃昏就到喫茶店呆坐——尋找適合偵探團的店也是另一個苦差事——，邊啜咖啡邊記下當天的調查筆記。「那建築物的設計者是○○吧！」、「不，看起來更接近××的風格。」如此邊談邊打賭，賭注就是一杯咖啡的費用。因為是常有這樣的討論，不知不覺中就能夠分辨出設計者了。

其二為「圖書讀本」和「建築書捕物控」。

下雨天，偵探工作就休息。不過，偵探團並未休息。而是到圖書館搜尋文獻資料。首先就是相偕前往國立國會圖書館。從圖書編目中的建築、住宅項目隨意抽，依手氣來申請借書。曾過目的書籍就打上L（Look）的記號，有用處的文獻就印上good。如果發現曾經偵探過的建築物就影印起來，用來和「一屋一張全景照片」比對。比對之下，「那建築物的設計者果然就是○○」，咖啡的出資者就此決定了。「圖書讀本」可以說是具有通覽所有建築文獻野心的預告筆記。

前往圖書館的同時，逛舊書店、舊書展也不能不提及。當時是《武田博士建築作品集》之類的書籍只要兩百圓就可以到手的時代。也許啊！也許啊！原本只在書架上的一層書籍，不知什麼時候已經占滿本部整間研究室時，連神保町的紙價也會高漲吧！我們偵探團淘舊書的實況，在㈠所著《年紀輕輕該做的事嗎？搜尋建築珍本書》（《別冊capsule・建築指南1000》，昭和五十九年）一書中有詳細記載。

昭和五十年（一九七五）四月，因留級以致獎學金被取消。老闆可能看不下去吧！每個月從錢包中抽出一萬圓充當我購買舊書的費用。「建築書捕物控」，就是為了向援助者作報告才開始的記錄筆記。老闆雖然拿出錢卻不曾講出口，在我寫到第三本時，突然就變身為「近代建築文庫目錄」了。

其三為「聽問記」。

除了到處偵探建築物、淘建築書，接下來就是到墓前祭拜。龍土町本部的背後，就是青山墓園。瀧大吉長眠在此。墓前祭拜是尋找建築師遺族的第一步。遺族的住所錄就是「聽問記」筆記。原本的目標是整理老人家的口述歷史，但是我們去得都太晚了，大部分都只有遇到遺族而無緣見到本尊。這本筆記別名是「白鳥黨」筆記。和建築師家屬取得連絡的就加上白鳥印，有時難免因為不謹慎，大意失荊州而被其他研究者捷足先登的建築師就加上骷髏印。白鳥黨的成果就是把《日本的建築・明治大正昭和》全十卷靈活運用，若有興趣請自行參照。

以上「三種神器」，當然和㈠所訂定的日本近代建築史研究三大計畫㈠盡覽現存近代建築、㈡通覽建築古書、㈢試圖收集保存設計圖等原始資料，有所對應。

看板建築之發現

龍土町建築偵探團最大的學術貢獻，就是發現「看板建築」。發現地為神田神保町。

首先，來翻閱㈠的學術論文〈有關看板建築的概念〉（《日本建築學會大會學術演講梗概集》，昭和五十年十月）。

……從昭和三年起，開始進行關東大地震災後重建，其中確立以正面具有獨特西洋風格的都市居住形式，代替昔日的町屋形式。那是一種在鄰棟計畫、平面計畫、構造技術等方面，基本上都因襲先前的町屋，但在建築物的正面卻迥然不同的建築形式。換句話說，也就是像在建築本體的前方立了一道屏風，而這道屏風可以像畫布般嘗試各種造型。因為這種建築物正面有如看板，所以稱之為看板建築。

「各種造型」當中，以銅板做成的青海波、麻葉、龜甲等江戶小紋的看板建築受到相當高評價。雖然看板建築的稱呼是◡的想出來的，當然也是◠和◡喝茶聊天中作出的決定。原本◡把青綠色的銅板誤以為是塗了油漆的白鐵皮，真是太丟臉了。練馬區關町出生的◡，早就看慣附近貼著白鐵皮的看板建築，萬萬沒想到從神保町走到荻窪一帶的元祖看板建築，銅板竟然被白鐵皮所替代。就這樣，出生在不使用白鐵皮的諏訪的◠大勝了。

上信越遠征

習志野團，就是——和日本大學生產工學部山口廣研究室——聯合出擊的上信越建築偵探，也是令人懷念的回憶。其中有「浪華商人出身的上方武者清水慶一、浪人出身的坂東武者高橋喜重郎」，一行四人。四天三夜跑完群馬、新潟、長野三縣的強行軍。決定投宿在高崎、新潟、松本等三處。從上野搭乘快車。每到一站，就有一個人下車。一個都市約兩、三小時，每個人一天要跑兩、三個都市，最後好不容易才趕到投宿地。限於時間，我們的宗旨就是：「最小的努力獲取最大的效果！」一下車，就得先找車站前的地圖。以銀行街和市公所為目標，去探索其周邊，大致上就不會錯。但是，如果抵達的市公所是新開發地區，那就很悲慘了。當然也常碰到沒有地圖的車站，不過卻能感受到好像有什麼在呼喚我們。碰到比較落後的城町雖是莫可奈何，倒也沒有任何重大缺失。上信越遠征算是順利完成。

土木探險隊

昭和五十四年二月起，在科學雜誌《自然》（岡部昭彥主編）連載〈建築系譜——明治大正昭和〉（隔月），由增田彰久擔任攝影，由老闆、㊀、㊁三人共同負責解說。第一回由㊁負責，打頭陣的主題為「倉庫」。那時剛好村松研究室正在實地測量調查橫濱新港埠頭紅磚倉庫。我們的方法是依照主題來解說，原本訂出「圖書館」之類的老套題目，第一回為讓人耳目一新，又要切合科學雜誌的宗旨，就打出「氣象台」、「天文台」等主題，後來漸漸就脫離「建築系譜」，往「煙囪」、「火警瞭望台」、「發射鐵塔」、「窯」，然後進入「燈塔」、「發電所」、「閘門」、「隧道」、「水壩」、「船塢」等土木領域，連載時間長達三年。號稱建築系譜卻進入土木領域，聽說土木學會曾抱怨「豈有此理」。其實，我們偵探團受到老闆的影響，對土木領域原本就具有強烈興趣。㊀在進入村松研究室那一年的夏季集訓，曾做過兵庫縣生野鐵鑄橋的實地測量調查。（〈神子畑鐵鑄橋調查報告〉收錄於昭和四十九年三月《J．S．S．C》）那暫且不說，以這次連載為契機，我們偵探團也走進土木探險了。

近代建築當中，明治十年（一八七七）以前殘留的舊建築物大約都可以查出所在處，跨距百年的土木建築仍然隨處可以發現。有一次，我們去勘查明治年間雇用荷蘭人指導而建設的防砂堤壩，建築偵探所必備的分區地圖完全派不上用場，因為土木所用的地圖是五萬分之一。車子開到已無路之處，然後沿溪谷攀爬了一個小時，好不容易才隱約看到石造的堤壩，接下來還有漫漫長路。不知誰嘟囔一句：「找土木建築物，根本不能稱為偵探而是探險。」大家一致同意這種說法，「土木探險隊」於焉誕生。

後援團

我們和建築攝影家增田彰久先生的交往，可以追溯到組團之前。「照相機要放在水平處！從正前方拍攝！」——這是他給我們的箴言，與其說他是後援團，毋寧說是我們的師父。

碎片收藏家一木努先生也是老朋友。換句話，也可以說是第一代的後援團團長。最近，才舉辦一個空前絕後，最早也是最後的「碎片收藏展」。（昭和六十年十二月四日到六十一年二月二十三日ＩＮＡＸ藝廊所舉辦「建築物的紀念品—一木努收藏展」）接下來，還有《建築速寫之旅——西洋館漫步》（昭和五十九年，鹿島出版會刊）的田中薰先生，另外還有風景明信片歐吉桑、都市研究會（都市研究會刊，《從風景明信片看日本近代都市之變遷——街道「明治大正昭和」》，昭和五十五年）的尾形光彥先生。

近年來，後援團的成員已經擴展到建築領域之外，有輸送管老闆大槻貞一先生（日本鋼管「輸送管博物館」負責人）、下水道史發掘者照井仁先生（日本下水道協會下水道史編撰）、人孔蓋研究者林丈二先生（《人孔蓋「日本篇」》，科學人社，昭和五十九年）、磁磚、磚頭砌牆業大老，也是收藏家的鬼頭日出雄先生（《日本的紅磚》，橫濱開港資料館，昭和六十年）以及磚頭青年水野信太郎先生等，真是熱鬧滾滾。依市井坊間的傳聞，我們的後援團就連雞鳴狗盜都列於其中。

現在的建築偵探團

建築偵探團於昭和五十五年（一九八〇）三月，出版《日本近代建築總覽》（日本建築學會編），算是結束階段性任務。現在的建築偵探團，到底如何呢？

龍土町偵探團老闆，擔任「近代和風」建築探查總管已經很久了。㈠曾經短暫走煙囪、火警瞭望台、風車等有聲有色的大眾化路線，他毅然決然宣稱要在現地讀破《日本近代建築總覽》——也就是俗稱的建築黃門全國漫遊——聽說最後只剩下二縣而已。另一方面，㈡將龍土町變更為橫濱，因為覺得「偵探團」（宍戸實先生命名）這名稱很俗氣，所以改成橫寫文字Yokohama Seekers' Club，雖然大家依舊致力於土木探險隊、政府機關產業，也還保有我們三十多歲時的幹勁，體力上卻漸漸變得力不從心。新一代的建築少年偵探團喲！到底在何處啊？歐吉桑正在等待中。

四、觀察之眼

以博物學為父
給路上觀察學的進化史論述

荒俣 宏

不過，原本是純粹野生的自然物，卻不一定和人類文明對決。自然當中，有動物生活的場所，如果把都市當成是所謂人類這種生物居住處來考慮……

有關路上觀察學和博物學的系統學研究——特別是基於眼球特殊性的分類

真實存在於世界上的，不是定義而是實例——

一開始就寫出這種好像很有道理的格言，其理由為博物學，大致如下述情形而存在，這是我想先讓讀者明白的事。也就是說——博物學者罹患近視眼的人比較好，私生活悲慘的人比較好。

在此，就先來羅列格言中所教導的實例吧！首先是盧梭(Jean-Jacques Rousseau，一七一二至一七七八)。他有一位薄命的妻子，泰蕾絲為伴，雖然每天都在被害妄想症和內自反省當中度過，卻熱中植物學。提到盧梭的浪漫主義，並非浩瀚的宇宙、夢想、山川之類，而是開放在鄉野間的小花。為什麼呢？因為他的近視非常嚴重，路邊野花之外的「浪漫景色」，縱使以雙筒望遠鏡來窺視，也是根本看不清楚。

其次談的是後來經由我們偉大的先進種村季弘氏的介紹，以打油詩詩人風靡日本國內的愛德華．李爾（Edward Lear，一八一二至一八八八）。他的情形又是如何呢？因為他要負擔二十幾個嗷嗷待哺子女的家庭經濟，所謂「多子＝貧窮之家」啊，所以大概從年輕時候就不得不為增加收入而四處奔波。當他還是十幾歲的少年時，就以擁有繪畫才能而成為博物畫的畫師。李爾所描繪鸚鵡和鴿子等博物畫，至今仍為收藏家垂涎之目標。由於他過度從事縝密畫工作，不到三十歲，視力已經惡化到「無法描繪比鴕鳥還小的小鳥」了。

另外，十八世紀後半在巴黎獨領風騷的博物學者邦納（Charles Bonner，一七二〇至一七九三），日以繼夜、夜以繼日使用顯微鏡的結果，僅僅二十五的年歲，不但前排牙齒全掉光，也成為一個形同失明的「用盡眼力之男」，除了悲慘，還能說什麼？在此之前，邦納觀察蚜蟲、確定所謂單性生殖現象的存在，親眼觀察出現於顯微鏡下無數不可思議的微生物，為史上有名的「先成說」和「存在連鎖說」，提出有力的科學證據，說起來真是一位視覺型人物。但是，他在二十五歲的晚年（！），不得不成為一位只能以朦朧眼睛來凝視迷濛大自然的觀察者。

我再舉一位博物學史上的大人物吧！那就是獨自收集十六世紀文藝復興的百科全書之人——格斯納（Konrad Gesner，一五一六至一五六五）。瑞士人格斯納娶了一名惡妻，所謂「種到歹田望後冬、娶到歹某一世人」，真想同聲一哭啊！首先，悲慘的私生活已符合博物學者的要件，其在博物學的成就也是非常驚人。格斯納編纂的，不僅只是有關植物或動物的知識和文獻書誌而已。他的成名作《動物史》和《植物史》，只是其貢獻的一小部分，根本就是九牛一毛而已。格斯納在攀登瑞士諸山，以滿足對博物學的關心之餘，將所有以拉丁語、希臘語、希伯來語文獻的著作者相關資料歸納為《文獻・百科全書》，同時羅列當時一切知識的出處，編成分類索引《潘德克頓・百科全書》；甚至試著將世界語言中相似之處以序文的方式連結成為《米特里達斯》（Mithridates）等。格斯納長期孜孜不倦於那些出人意料的文獻書誌的編纂。

光是集中精神持續這些工作，眼睛當然會變不好啊！

博物學者格斯納，最令人感動之處在於他對植物的研究。他研究並非只有植物的整體，更注意局部性，並且持續不斷加以記錄。例如他認為一般人都喜歡去比較植物的葉子，其實比較花朵和種子更可以得到有趣的見解。因此，格斯納對於當時在歐洲剛流行的鬱金香很感興趣，為研究鬱金香的類緣關係，希望能夠取得種子，四處訂購「鬱金

流行於文藝復興時期的自然珍奇標本陳列室之例。出自希京・文生特，《自然驚異博物誌》，1706。

香的果實」。雖然鬱金香不可能有果實，格斯納卻因這股傻勁，讓自己的姓名被留在鬱金香研究的領域中。那就是原種鬱金香的學名，「Tulipa gesneriana」。

縱使不談這些閒話，從格斯納留下來無數的寫生圖，也可立刻明白，他對植物觀察所付出的可怕熱情。當時的寫生圖大抵都是毫無條理，但是在他指揮下所製作的植物圖，細部之精密卻是卓越拔群。不過，讓人忍不住讚歎格斯納圖版「太厲害！竟然可以把植物細部描繪到這種地步」的祕密，恐怕就是重度近視吧！換言之，他那扭曲的眼球，肯定是愈靠近對象物才愈能夠看得清楚。

格斯納的博物學生涯中，充滿極致的要求。以他為首的博物學者們，過著悲慘日常生活，除了被當成「蛀書蟲」外，還有一個大為不同的奇特習性。那就是他們在觀看事物時，兩眼睜得大大的，就好像要把對象物吃下去般把眼瞼睜開，那可以說是他們最貪婪的一個入口。此外，那些「蛀書蟲」的眼睛，想生吞活噬的不是掉落在原野上的石子、小蟲或花草，而是滿布在白紙上的活版字，令人毛骨悚然地一點一滴吞下去為其特色。若說博物學者的近視眼，宛如為生吞活噬堅硬的事物而張大嘴巴的爬蟲類；生吞活噬版字的近視眼，就讓人連想到吸食母乳幼獸的嘴巴，吸得又深又用力。

在此，還有一種將眼睛當嘴巴靈巧運用的生物。那就是以今和次郎、吉田謙吉為嚆矢的考現學（Modernologio），或稱考現學者。從他們的血統看來，在外頭到處徘徊、睜大眼睛四處觀看的本性，應該屬於博物學者的系統，從飲食習慣看來卻有些相異點。那就是考現學者不愛吃自然物，專門吃人工物，因為都會（city）正是他們的生活場域。

不過，依照博物學者的說法，這個都會派的變種，是一個以如同蟑螂、溝鼠般向外適應、擴散的群組。

博物學的眼球構造

那些以自然界的一切事物為糧食，邊生吞活噬邊如同要斷氣般恍惚的博物學者的眼球，到底是何種狀態呢？若是深入追究這問題，或許也可間接解釋和考現學觀點有關的幾個祕密。

第一、所謂非問不可，正是取名為博物學的好奇體系的原本意義。在這種情形下，日語的「博物學」這個名稱，不僅很容易招來誤解，也會失去問題的本質。總之，就是這個名稱並不好。因為博物學的真正意義，和現代的所謂「學」並不具任何關係。整體而言，比較接近所謂雜學的「學」。因此，首先應以這個用語來對應西歐派的稱法，才會有更多的成果。

所謂博物學，在西歐通稱為「自然史」或「自然誌」。拉丁語為Historia naturalis，法語為Histoire naturelle，英語則為natural history。為何博物學被認為是「自然的歷史」或「自然的故事」呢？

DE SALAMANDRA.

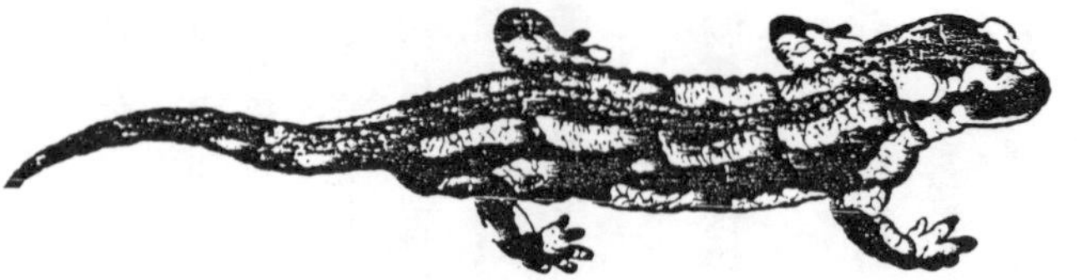

De Salam. A. Lib.II. 81

Figura prior ad uiuum expressa est. altera uero quæ stellas in dorso gerit, in libris quibusdam publicatis reperitur, conficta ab aliquo, qui salamandram & stellionem a stellis dictum, animal unum putabat, ut conijcio. & cum a stellis stellionem dictum legisset, dorsum eius stellis insignire voluit.

Salamander, real and imaginary, Gesner, 1554.

格斯納的博物圖例。

格納斯為磨練自己將肉眼所見之物，忠實重現的技術，留下許多親手描繪的寫生畫。左為描繪本草學草藥的植物畫(1565)，對於細部形態極盡詳細之能事還附上筆記。處理山椒魚的動物畫(1554)，是他指示畫師所描繪的木版畫。上方為實物的寫生畫。下方為從記述山椒魚的舊書物中所摹寫出來、加入了過多想像的圖像。雖然格斯納知道這張圖對於實物有過多的歪曲，不過從這種圖像中，所謂「肉眼觀察」的面貌躍然而出，無論如何稚拙的舊圖，依然「一如所見」地複寫，就是博物學的使命。

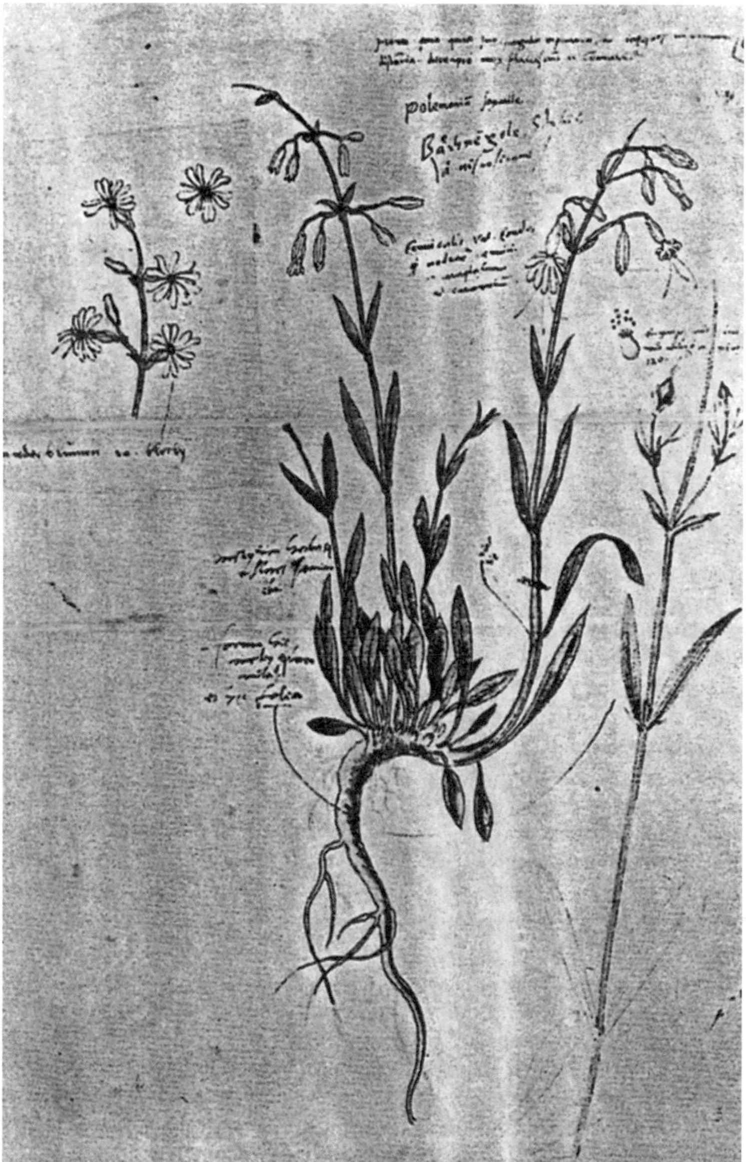

關於命名，其實就很西洋作風。換言之，雖然在說明萬物的現況，卻也追著時間打算弄清楚其變遷。若拿一個人的歷史來當例子，就是從出生到現在的經歷。因為這是歷史，同時也是傳記——或說是故事，一般所謂history就是兼具歷史和故事的用語。

在history的概念中加入考現學的意義，正是博物學之父——亞里斯多德的想法。他在那本著名的《動物誌》中，將history定義為「記述體驗和觀察的成果」。而且唯有在自然史，將history的意義限定為「觀察和記述之學」。

接下來，natural當然是表示「自然」之用語。所謂自然，表示形成世界或「世間」的物質要素，具體內容即為水、空氣、土、火等。因此「自然」具有「本性」的意味，差不多就是持有空氣、水、土、火等性質的元素。更進一步說，這些元素化為物質界中、眼睛看得到的具體事物——例如：山、川、動物等，即為希臘語的physica。現在這個用語已成為「物理學」之意，但原本的意思其實涵括了自然物及其現象（自然學）。

所謂物質界，可二分為包含宇宙的用語cosmos和以地球為中心的用語mundus。cosmos為希臘語，原本具有「修飾」之意。修飾任何事物時，樣式為必要之條件，樣式中的規則和秩序則不可或缺。西元前六世紀，希臘數學家兼神秘家畢達哥拉斯（Pythagoras，西元前五八二至四九六）說，井然有序運轉的宇宙才能稱為cosmos。亞里斯多德接受這種說法，將cosmos分割為月下界（地球）和月上界。

這個cosmos在拉丁文化圈翻譯出來時，變化為mundus一語。拉丁語的mundus也有「修飾」的意思。最早以這個單字表現出宇宙的人，為羅馬詩人恩尼烏斯（Quintus Ennius，西元前二三九至一六九）。這種表現方式傳到伊特魯里亞（Etruria），成為意味著屬於「天」的那半球的「相反」（換言之，就是屬於「地」的那半球，也就是地球），不久mundus就成為表示地球的用語。

對於語源的探索就此打住，重點在於表示「現世」的用語都具有「修飾」的原意。所謂修飾，為修辭、措辭之意。如文字所示，不但矚目，且說明是透過觀看而獲得的世界。

在這世上，若有詩的視線和科學（散文）的視線的話，natural history肯定是包含於前者。為什麼呢？因為所謂詩的視線就是「依照所見去記述看見的事物」，換言之，就是觀察和記述的別稱。相對於此，所謂科學的視線，不外就是「記述所看見事物中，看不見原理的抽象性概念體系」。總之，科學的視線就是不能只是注視事物的具體案例而已。近年來，不斷叫喊「知性！知性！」的精神活動的內涵即是如此。

順便說一下，為何在日本會將natural history翻譯成博物學呢？這是依據中國百科事典的綜合學名詞而來。原來如此！若是從所有事物都羅列成目錄的構思看來，natural history的翻譯還滿相稱的。

這個博物學眼球成果最偉大的時代，當

然就屬十八世紀。在這時期，林奈（Carl von Linné，一七〇七至一七七八）、勒克萊爾（Georges-Louis Leclerc，Comte de Buffon，一七〇七至一七八八）、拉馬克（Jean- Baptiste Pierre Antoine de Monet，Chevalier de Lamarck，一七四四至一八二九）、邦納（Charles Bonnet，一七二〇至一七九三）、班克斯（Sir Joseph Banks，1st Baronet，一七四三至一八二〇）等著名學者全登場了。然後，宛如協商過一般，以「知覺」作為博物學的方法論，其中最極端者就是龐內。他原本就厭惡「觀念」，以「無論如何操作抽象性思索，也只能產生如同假議題般的哲學思想」和當時一般潮流切割。能夠確實告訴我們事實的只有觀察——換言之，就是看。除此之外，以其他方法得來的知識都是無稽之談。現在，一般都把《聖經》中所說聖母瑪麗亞處女懷孕當成「奇蹟」的代名詞，但是只要觀察一下昆蟲界，就會發現單性生殖的種類多到不勝枚舉。換言之，處女懷孕根本不是什麼奇蹟。龐內如此主張，並下結論只有觀察才是生物至高的幸福。直到晚年還提出如下的理論，從觀察獲得的知覺和保存此刺激意象的神經結合，即為聰明才智的源頭。依據他的說法，所謂知識就像生物所吃的食物會自然形成肉體，知覺不過就是「吃下去」的神經「同化」成為「以刺激為名的養分」。因此，眼睛必得正確地把「光景」吃下去。另外，龐內還說以大腦來思考或思索，如同以「斷食」來減肥，消費知識等同讓神經瘦弱的自虐行為。因而，教育決不可像同時代的盧梭所說，依照孩子的自由思考和興趣的放任主義是最好的方法，而應該好好利用知覺的反射機能來背誦，使知識鑲入神經才是重點。哇！現代日本的教育媽媽，原來是偉大龐內的忠實繼承者。

無論如何，厭惡所謂思考的知性活動，把「知的本質」下降到和「飲食」同等水準的勇敢博物學者，對他們而言，最大幸福就是把自己的理念深深紮根於現代的昆蟲採集少年

龐內《有關絹的生產技術之論考》(1622)。這個時代的博物學者受《聖經》中的敘述影響，將昆蟲的臉部畫成惡魔的形象。

和考現學追隨者的深層意識中，為不爭的事實吧！因此，與其追求神經的知覺機能，更想去追求外部知覺機能上的知性刺激者的源流於焉成立。

純粹的好奇心

接著，我們從側面來看博物學者的私生活，譬如貝恩德．海因里希（Bernd Heinrich，一九四〇）這位昆蟲學者，他的《柳蘭花盛開的野邊》（渡邊政隆翻譯，動物社）的現場筆記就非常有趣。海因里希曾在波蘭大農場度過幼年時期，二次大戰離開故鄉，跟著業餘動物學家的父親越過威廉皇帝運河，逃到哈漢迪的自然叢林。他們一家在此居住了五年，那才是真正「和自然融為一體」的生活，到底有怎樣的命運在等待這一個博物學者的家族呢？

原來如此！因為海因里希家的共通興趣就是博物學，亡命的波蘭人陷入沒工作、沒屋子的困境時，就出現了以下的「優勢」——「捕捉到的動物，除了食用牠們的肉外，還有其他用途。譬如：收集寄生在哺乳類身上的跳蚤，賣給倫敦的跳蚤專家米利安．羅斯柴爾德博士。哺乳類種類不同，寄生蟲的種類就不一樣。雖然賣跳蚤所得並不是什麼大不了的金額，對我們家而言卻是很重要的小錢。」（渡邊譯）

但是，除了賣跳蚤謀生計是博物學者的智慧外，遭逢戰爭苦難的這一家人，對博物學領域最大貢獻，無疑就是「消磨時間」。

譬如：幼年時的海因里希，擔負採摘一家人唯一糧食——木莓的重大任務，因而整天在山中做這單調的工作。木莓上偶爾會有胖嘟嘟的毛毛蟲，不久就會結成繭，然後孵化出蛾來。他覺得很有趣，不知不覺中就把採木莓降格為採集毛毛蟲的「副業」。此外，對比於捕捉「美食」老鼠，少年的他更著迷於為捕捉老鼠以甲蟲為餌的陷阱，於是開始熱中採集甲蟲。據說九歲時的他，在父親贈送的生日卡背面寫著「已經採集一百三十五種，四百四十七隻甲蟲」，真是令人欽佩。這不得不讓人思考所謂生活艱苦，到底是什麼？

這恐怕是博物學特有的源頭性魔力本質吧！竟然出人意料地顯露在這個極端的事例當中！無論是狩獵還是農耕，縱使正在進行和維持自身生命有關的重要作業時，卻會出現那種猛然去注意旁騖的力量。問題在於這種咒語的咒縛力確實存在。

有關博物學者的性向，日本也有實例。當然那種絲毫不必擔心生活的華族和大富豪另當別論，當我們追溯一般人在激盪時期的博物學界，也各有其戲劇性發展。譬如《戰線的博物學者「北支那、蒙古篇」》（昭和十七年〔一九四二〕）的著者常木勝次的例子。他在〈戰線的博物學生活〉一文中有如下記述：

> 天壇位於北京外城的一角，廣大土地上有一大排建築物（中略）這裡是我的採集場，也是他處所無法相比的最佳觀

> 察場。造訪天壇的人很多，走進樹林中去看的人幾乎沒有。因此，這裡既沒有礙手礙腳的好事者，也不必為了體面煞費周章。我可以在大熱天脫掉上衣，也可以追著珍貴的昆蟲到處跑。昭和十三年，從春天到初秋，我去了二十多次。我隨心所欲去研究樹林裡的一切，特別是蜜蜂。

從春天到初秋，這麼說來一個月去四、五次，換言之就是每週都去採集。對常木勝次而言，好像也不因戰爭而減少前往的次數。不過到了昭和十七年的階段還是會感到緊張不安，如下的敘述令人不禁莞爾。

> 如此說，讀者也許會認為因為戰爭我才會那麼閒吧！其實我白天之所以有較多自由的時間，是因為我經常整夜都在工作的緣故。原本應該好好睡覺的白天，我就分出一些時間來作昆蟲的研究。

我很能夠理解常木勝次的心境。因為這就好像到九州去修學旅行，卻把名勝古蹟丟一邊，獨自跑到森林中，不斷翻攪馬糞或狗糞的生物狂熱高中生。

順便再舉一個更逸出常軌的例子吧！

所謂被自然事物包圍的體驗，原本就是充滿驚奇。為了能夠有這種體驗，別說是知性，要有連優雅的生活都得拋棄的覺悟。一九三一年的聖誕節，有一對德國夫婦前往加拉巴哥群島（Galapagos Islands）所屬的佛羅雷阿那島（Floreana）。那就是漢斯和瑪格莉特。丈夫是當時的科隆市市長艾德諾博士（Konrad Hermann Joseph Adenauer，一八七六至一九六七，後來當上德國總理）的秘書。這個兩人未向身邊的人告知此事，有一天忽然就跑到加拉巴哥群島了。

有關這事件的背景，因為有後來艾德諾被納粹逮捕下獄的事件，所以對於其秘書的這種怪異「逃避行為」，就有人說是夫婦是為了躲納粹，才會逃亡到加拉巴哥群島。但是，一九三一年當時，希特勒只是一個默默無聞的無名之徒，艾德諾理應沒有什麼需要「交付秘書保護的秘密」。所以說這對夫婦恐怕只是「純粹被好奇心」所驅使，而前往那個天之涯、海之角旅行吧！另外，他們也可能受到當時所發生的兩起博物學事件的刺激！

首先，就是威廉・畢比（William Beebe，一八七七至一九六二）在英國發行的著作《加拉巴哥群島——世界之涯》所受到的評價。這本書，至今仍為該島自然史的基本文獻。

再則，就是一九二九年柏林的牙醫師李岱爾博士（Karl Friedrich Ritter），突然放棄柏林的文明生活，跑到加拉巴哥群島的佛羅雷阿那島上。李岱爾主張素食主義、裸體主義，相信若是人類在大自然中和所有生物共生，就可以活到一百四十歲。同時，他還是一位認為牙齒是肉食者才需要，所以就把長得好好的牙齒全部拔光的勇者。總之，他為證實自己的信念，帶著信奉「李岱爾哲學」的情人前往海角的孤島。

因此，推測漢斯夫婦是因為這樣才會追隨李岱爾的腳步，遷移到佛羅雷阿那島上。夫人把之後的始末詳細寫成《魯賓遜之妻》（小松鍊平等譯，文藝春秋新社發行，昭和三十六年）。書中反覆敘述，在大自然中眺望大自然的生活為何美好，在此也讓讀者感受到一個事實，即夫婦前往孤島還是以博物學的樂趣占絕大因素。另外，寫出來僅供參考，以活到一百四十歲為目標的李岱爾博士，住在島上僅數年後，因為肉中毒病逝。大抵上，對於博物學者而言，長命百壽是不可能，假如博物學者有這種願望就錯了。

雖然牧野富太郎和中西悟堂，確實是健康又長壽，不過這種長壽的博物學者，肯定是把「反射性利益」當成享受。從另一方面來說，著迷於博物學的人，都是一群忘卻生活的無謀之輩。

從自然觀察到習性觀察

從一開始就長篇大論敘述博物學者的性向及其眼球。雖然以眼球的使用方法直接連結到路上觀察學並不周延卻也論述了，因為直覺上博物學和路上觀察學，是站在不知從哪裡可以畫上一線的對立點上吧！

博物學在獲得對自然倫理的認識方面，確實有一個重要的問題，就是——自然是美的、自然是活生生的、自然是協調的種種自然觀。這種自然觀，若換成對都市中雜然巷弄的關心、對機械的興趣、對於文明力動性及其倫理感，幾乎都成為對立。更不幸的一點，就是路上觀察學把都市當做「博物學」樂趣的本質。若是如此，我們不得不作出結論，兩者的眼球構造另當別論，其關心的對象也有很大的差異。

不過，原本是純粹野生的自然物，卻不一定和人類文明對決。自然當中，有動物生活的場所，如果把都市當成是所謂人類這種生物的居住處來考慮，可以包含兩種觀點：都市可以是脫離幸福的存在：但也有把這兩者緊密結合的例子。其代表，可舉西頓（Ernest Thompson Seton，一八六〇至一九四六）為例，像他這般具有構思能力的博物學者，精確地統合時代潮流，博物學因而邁入更寬廣的「觀察樂趣」的領域。

假如大家去閱讀西頓那本論及動物足跡的著作《西頓的自然觀察》（藤原英司譯，動物社出版），肯定會接受博物學和路上觀察學果然是在同一軌道上的事實。他在那本書的開頭，題名為〈最古老的記錄〉的象徵性一文中，敘述如下：

> 若是能夠到西部過印第安人的生活，不知有多好？因為不去讀書也沒關係。——聽到不想去學校、對上課絲毫不感興趣的少年這般說時，我就會這般回答。——才不是這樣啦！其實，印第安少年必須學習很多的事情。他們所學的文字，並非清楚印刷出來的文字。他們沒有頭腦聰明、意志堅強的老師來教導，也沒有舒適的椅子可以坐。他們所

要學習的對象，是遠古以來書寫在地面上的事物。所有一切生物和天候的相關標識、足跡以及那些記錄。譬如：埃及的象形文字、或是像洞窟壁畫以古代書寫方法的記載。這些都是比人類有記錄以前更久遠時代就開始了，所以世界各地都有一些共通的記錄。

在此，西頓所解讀的大自然記錄，原本是原始時代的獵人為捕捉獵物所發明的技術。不過，我們發現像西頓一樣脫離幸福，運用了解野生生物生活技術的人了。

從某種意義來思考這種解讀術，應該是結合以文字為媒介的思索文化，和以足跡為媒介的狩獵文化兩者的原始科學技術。同時，在關心這種技術時，不難想像會與那些一味為觀看自然所得到的樂趣的密度和廣度，顯現出明顯的差異。我們可以從他對那個只把自然單純當成具有倫理性、美學性的哥哥（企業家）所說的一段話中找到證據。同時，他在此也傳授了「自然的路上觀察學的樂趣」。

「我（哥哥）和你，二十年來都住在美國的同一地點。但是，我從來不曾見過動物的有趣生活，為何你卻不斷發現呢？」

「那主要是因為哥哥從來不研究動物的腳印啊！譬如說：啊！哥哥可以看一下自己腳底下的雪地上。那裡記錄動物的一切生活。

那裡有綿尾兔的腳印。對不對？那隻兔子是往西邊跑。為什麼我會知道呢？後腳的

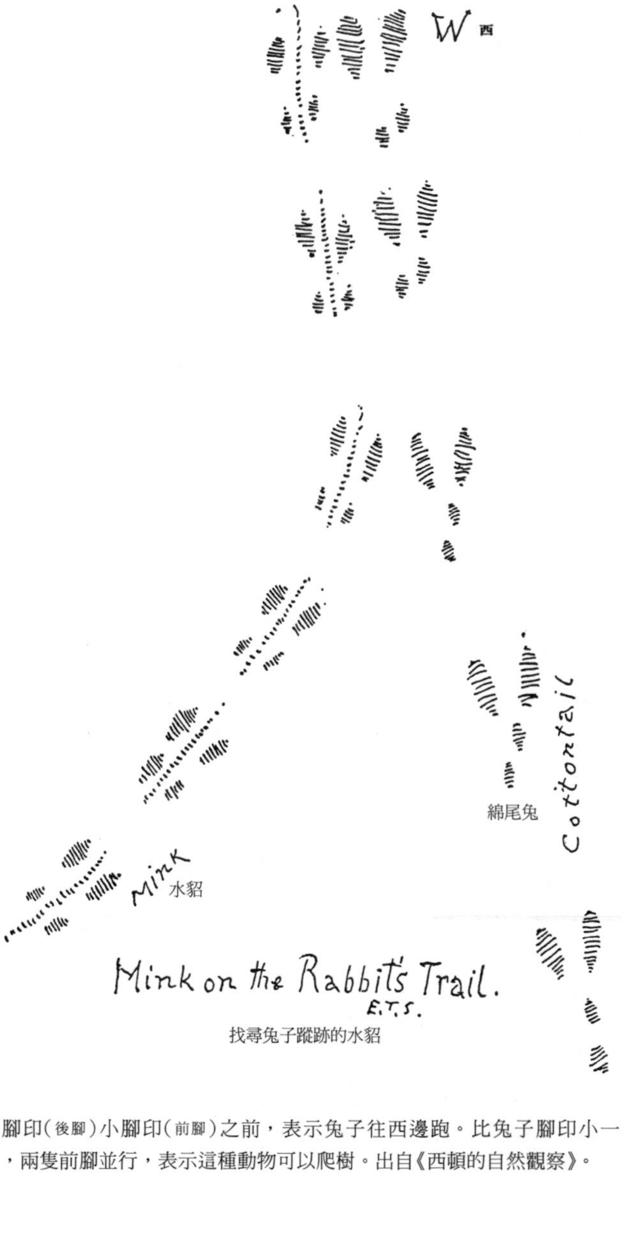

大腳印(後腳)小腳印(前腳)之前，表示兔子往西邊跑。比兔子腳印小一點的，兩隻前腳並行，表示這種動物可以爬樹。出自《西頓的自然觀察》。

大腳印，在前腳小腳印之前。這是所有四腳獸類加速跳躍時的腳印形態。同時，因為腳印是筆直向前，所以應該是經常行走的熟悉道路吧！腳印的間隔在二十到二十五公分，看來這裡是牠很安心的空間。但是，這邊就不一樣。這些新腳印比綿尾兔還小，前腳多少有些齊驅並進。那表示這種動物可以爬樹。因為顯示出有腳趾的痕跡，也有尾巴的痕跡。我判斷那是一隻水貂，牠發現兔子的腳印，正想找出兔子的行蹤。你看！腳印的間隔開始擴大。不過，兔子還不知道已經被發現了。」

然後，兩兄弟循著腳印，來到約在一百公尺外的木柴堆。

「哥哥，如果你撥開那一堆木柴，我保證一定可以在正中央發現被吃掉的兔子殘骸，接著還會在附近發現吃得飽飽、縮著身體正在睡覺的水貂。」（筆者簡要其文）

西頓哥哥的驚訝程度，自不在話下。實際上，西頓顯示出自古以來的博物學趣味裡，踏入一個嶄新的古老考現學。所謂嶄新的古老，那是因為其根本上和文字文明、狩獵文明有其共通性。

《西頓的自然觀察》一書，也可以說是記錄他的技術與方法的書籍。令人驚歎的，應該是他對「看起來好像只是以兩隻腳走路的貓科腳印」的觀察吧！他說——貓在靠近獵物時，前腳會小心翼翼地走著。不過，縱使前腳謹慎地不發生聲音來，若是後腳不小心發出聲音，一切就完了。於是，貓開發出一

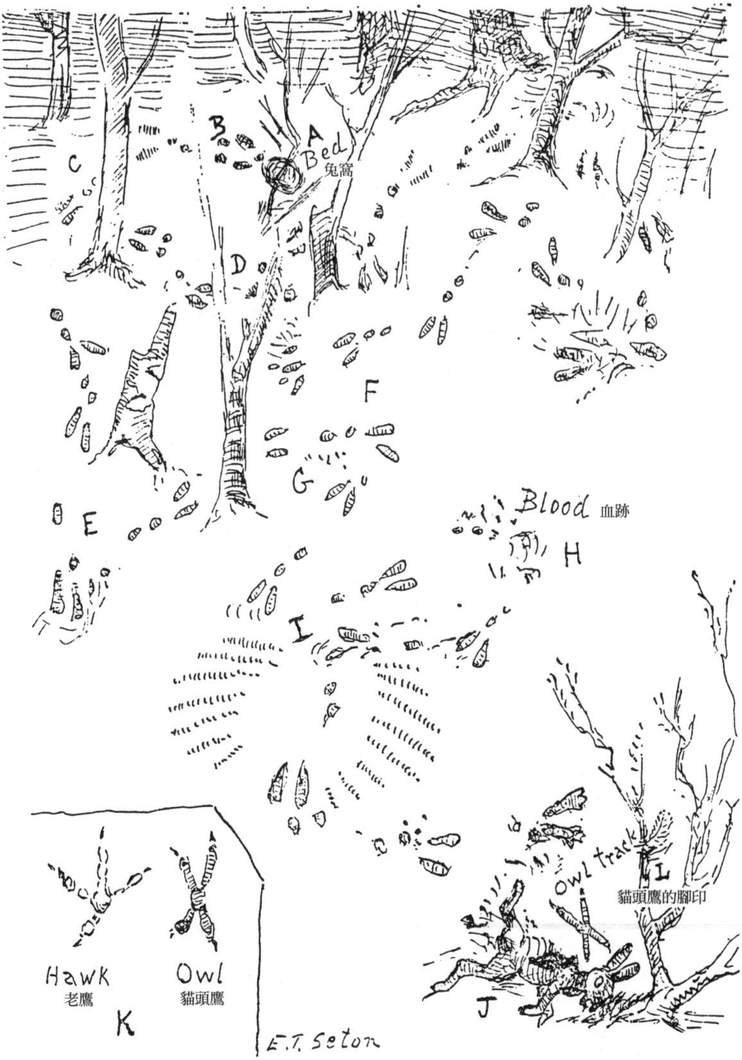

西頓從腳印的探究中，重現了一場「森林的悲劇」。出自《西頓的自然觀察》。

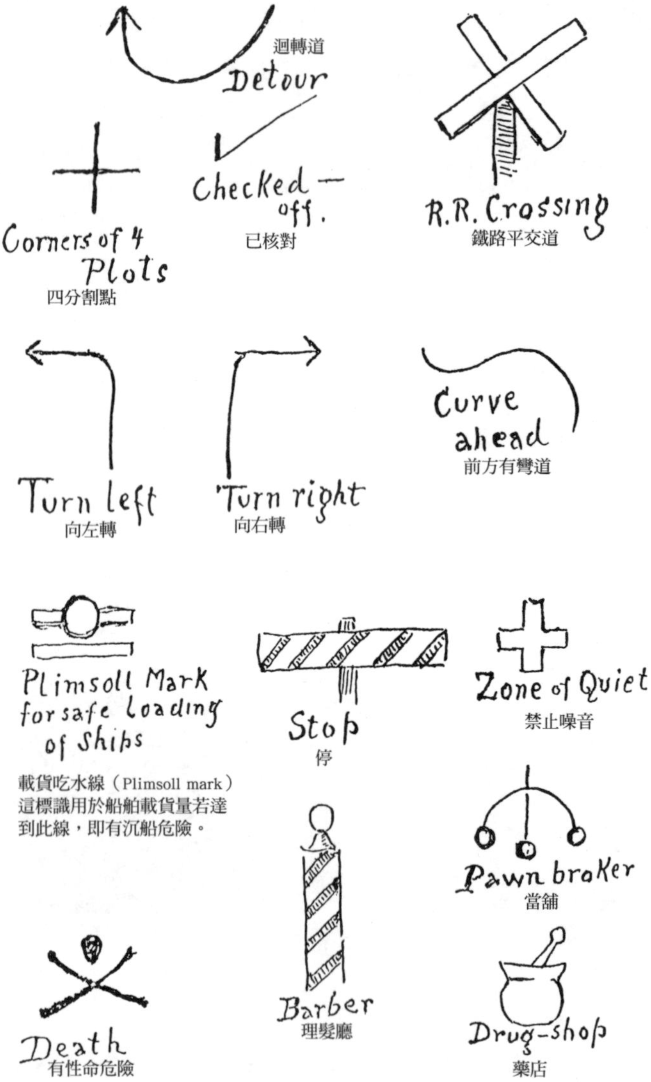

迴轉道

已核對

鐵路平交道

四分割點

向左轉

向右轉

前方有彎道

載貨吃水線（Plimsoll mark）這標識用於船舶載貨量若達到此線，即有沉船危險。

停

禁止噪音

當舖

有性命危險

理髮廳

藥店

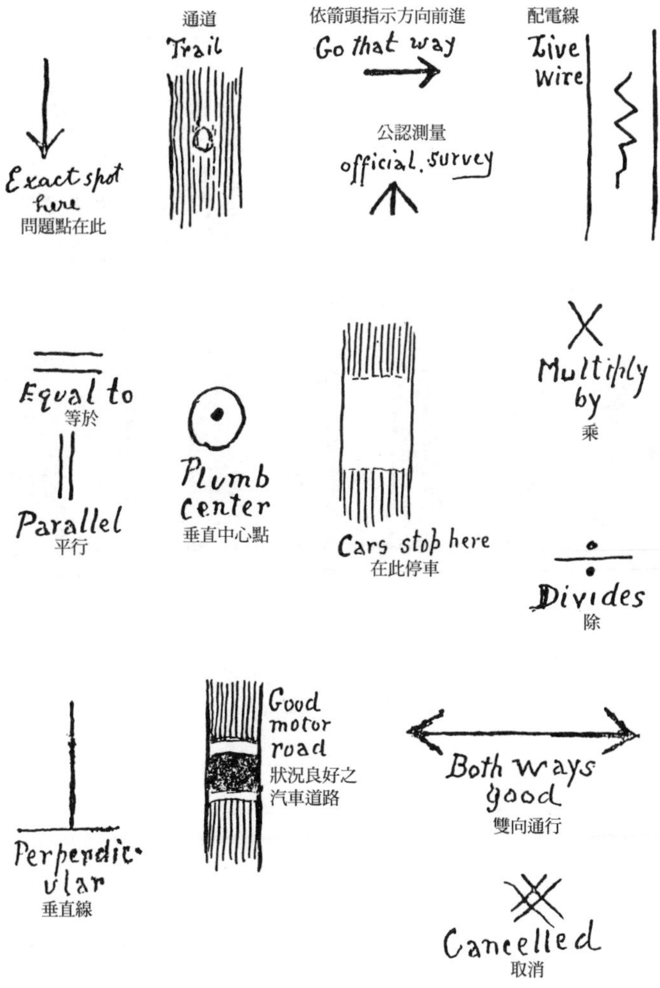

街上使用的圖示。出自《西頓的自然觀察》。

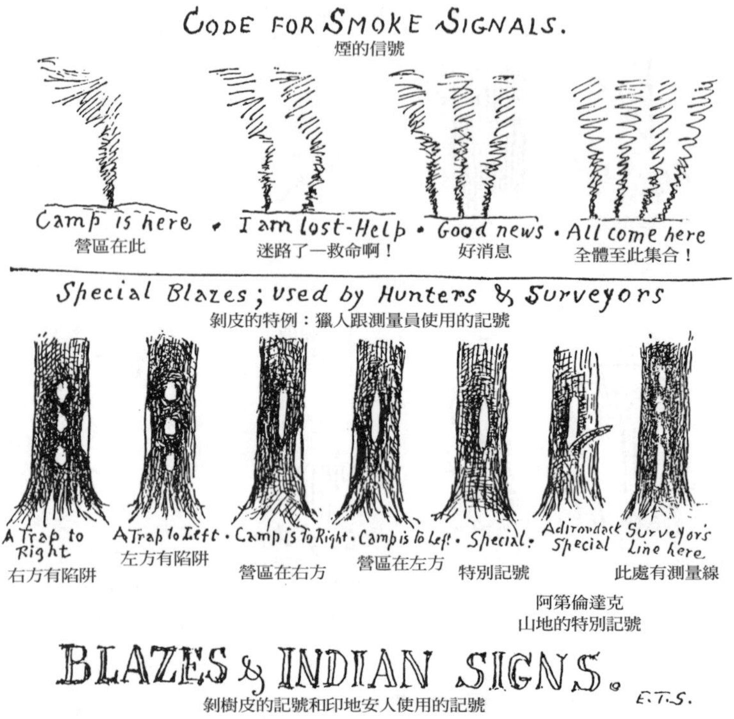
CODE FOR SMOKE SIGNALS.
煙的信號
Camp is here
營區在此
I am lost-Help
迷路了一救命啊！
Good news
好消息
All come here
全體至此集合！
Special Blazes; used by Hunters & Surveyors
剝皮的特例：獵人跟測量員使用的記號
A Trap to Right
右方有陷阱
A Trap to Left
左方有陷阱
Camp is to Right
營區在右方
Camp is to Left
營區在左方
Special
特別記號
Adirondack Special
阿第倫達克
山地的特別記號
Surveyor's Line here
此處有測量線
BLAZES & INDIAN SIGNS.
剝樹皮的記號和印地安人使用的記號
E.T.S.

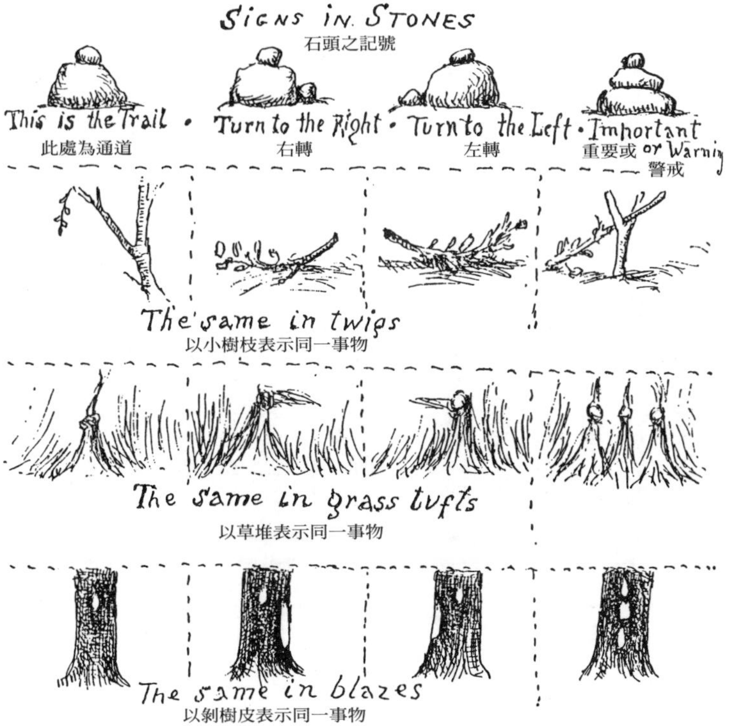

剝樹皮的記號和印第安人使用的記號。出自《西頓的自然觀察》。

種後腳完全依著前腳走動的技能。

他於一八八五年二月，從腳印的探究中重現了一場「森林的悲劇」。那一天，他發現一處如插圖上腳印凌亂的地方。A地點踞蹲的綿尾兔，加快速度往C地點和D地點猛跑。因為後腳印在前腳印的前方，就是全力奔跑的佐證。果然在G地點發現血跡，而且還發現應該是羽翼的痕跡。在附近的J地點看到兔子的殘骸。

這明顯就是兔子遇到兇猛禽類襲擊所留下的「記錄」。但是，鷲類有一種把獵物從近處帶到遠處的習性，所以不是牠。那麼剩下就可能是老鷹或貓頭鷹了。兩者的區別，在於老鷹的腳印前方為三根腳指，貓頭鷹則為二根腳指。西頓就這樣把昨晚所發生的悲劇全貌重現出來。

我認為比較細心的讀者，已經察覺這種森林追蹤術可以應用到各式各樣的事物上。西頓從此對於各種標識都很感興趣，書中也提及印第安人的「狼煙」、「刻記」、「剝樹皮」等標識方法。那麼到底應該說是如預測呢？還是應該說出乎意料呢？在此，順便把在都市裡看到的各種道路標識，與印第安人的標識方法作比較和檢討，並發展成一個主題。

「割樹皮作記號，只是一種不使用言語和文章，來傳達想法和消息的單純手段。一般人也許會認為，當白種人不再過原始狩獵生活，而居住在鎮上後，就不再關心、也不再使用這些記號和暗號了。不過，這是對事實的誤認。確實，往昔在大自然中所使用的方法，大部分已經不再使用了。可是當時所使用的暗語和記號的根本原理，仍存在市內的交通標識、居住地區的指示標識以及日常生活的許多記號中，只是改變了型態罷了。商業界、汽車交通業或市內街道等，都仍絞盡腦汁做出許多標識、記號和紋章。」

無庸贅言，西頓所實踐的正是有關博物學中「某種根源性樂趣方法」的技術及深奧義涵。那就如同和所謂collection（收集）的根源性行為有很深的連結。追尋行為就是收集行為，收集行為與了解多樣性具有同樣意義。總之，所謂博物學，愈深入、愈探究，並非縮小而是擴大對象的範圍。那是自然的真相，而且既然把這些事物當成有趣對象，就必須要有敏感的神經。

以後，在一陣壓倒性事物的風暴中，我們只要開放自己的恍惚和感官就可以了。

西頓在博物學中的發現，就是這般驚奇。

雪伍德森林（Sherwood），如今安在？

少年漫畫中的〈荒地〉

四方田犬彥

所謂「諾亞方舟」，就某種意義而言，如同漫畫中的荒地，原本代表小孩子的自由樂園，轉身一變卻成為充滿不信賴和孤獨的不毛空間。現實裡，荒地和空地從東京消失，小孩子漸漸轉到室內遊玩的過程和軌跡，不是與此如出一轍嗎？

卡嚓——。

圖片可以了嗎？

眾所周知，這是藤子・F・不二雄老師和藤子不二雄Ⓐ老師連載於《少年Sunday》的《小鬼Q太郎》（オバケのQ太郎）中，第一回的場景（圖①、②）。後來，在電視台播出時，有一首三根頭髮……什麼的歌，其實一開始小Q的頭髮還滿多的。漫畫受歡迎後持續連載，漫畫中的人物逐漸就會一點一點簡化，好像小孩子隨意模仿漫畫人物般，總會有所變化。具體說來，人物會變矮、變形或更誇張。因此，無論怎樣的搞笑漫畫，第一集和最終集的人物模樣應該會有很大的差異，這和繪製蝴蝶、金魚時，紋路和形態會愈來愈複雜、優美，恰恰相反。

小Q這名字，大概是從坂本九而來的吧！當時，漫畫中最常用的名字就是小九和長島君。今村洋子老師的《小恰克的日記》（チャコちゃんの日記）中的男孩子，長得帥的叫「長島君」，個性浮躁、滿臉雀斑的叫「小九」。和知三平老師也有一本，名為《長島君》（ナガシマくん）的漫畫。

哎呀！話題扯太遠了。每次一談到漫畫和電影，總是會脫線……對、對，有一件事情可不能忘記，漫畫小Q的故事是從雜樹林中開始。玩家家酒扮忍者的膽小少年正太，偶然在樹下發現一顆蛋。這應該是從昆蟲採集中構思的吧！妖怪從那裡現身，然後兩人變成好朋友，把那些壞孩子痛毆一頓。那些搞笑漫畫的情節，大抵上都是如此。《怪物》（怪物くん）、《哆啦A夢》（ドラえもん）的情節也是如此。不過，在一九六四年，也就是東京奧林匹克運動會那一年開始連載的《小鬼Q太郎》，卻是以森林為最初的舞台。正太為首的許多孩子，都著迷於玩殺刀。這一點非常重要。因為現在已經不可能做這樣的安排。一般而言，藤子老師所描繪的都市住宅區中層階級家庭孩子，比起赤塚不二夫老師的作品中孩子的生活水準略高些，但是在七〇年代以後卻不斷出現以時間旅行或空中飛行作為故事主題。會產生這種情形，難道不是因為現實中孩子可以自由玩耍的場地愈來愈少，所以很難再以森林或雜樹林作為故事的舞台嗎？就某種意義而言，六〇年代中期也許就是一個分水嶺吧！

圖①

圖②。出自小學館・瓢蟲漫畫《小鬼Q太郎》。

好。下一張圖片，謝謝。

卡嚓——。

這是早期收錄在手塚治虫老師《原子小金剛》中的作品，一九五三年所畫的〈紅貓〉（赤いネコの巻）（圖③）。故事舞台應該是二十一世紀初。（嚴格說來是二〇一七年，不過細節暫且按下吧！）不愧是手塚治虫。這本漫畫的開頭是這樣的，「佇立於二〇〇〇年的東京，外國人立刻會驚慌失措吧。這是二十一世紀的文明和二十世紀的落後混雜、亂無秩序的奇怪大都會。」這種《銀翼殺手》般的說話語調，讓人想起那個大鬍子歐吉桑。

確實是如此，穿過摩天大樓旁的樹林，就什麼都看不到，一派昭和二〇年代後半的東京模樣。請看一下道路的樣子。這裡被設定是東京唯一留有雜樹林的笹谷一帶，還殘留著木板牆。從地面上的小石子看來，顯然尚未鋪設柏油路。再從所謂十三丁目看來，街町名稱的變更和區域重劃已經進行得很徹底了吧！咦？靈光一現，說不定是京王線的笹塚和幡谷合併，所以才稱為笹谷吧！不過，戴著棒球帽的光頭小學生在路上玩尪仔標，這是手塚老師執筆當時，到處都看得見的光景。好像少有車子經過，大約都還是泥土路吧！

《原子小金剛》從一九五一年起持續畫了二十多年，我們一路閱讀下去，就可以透過一位漫畫家了解有關日本對未來社會願景的變遷。詳情可參閱我的隨筆〈手塚治虫的聖痕研究〉（手塚治虫における聖痕の研究，《評論家》，冬

如果頭頂上有小鳥在鳴叫，就是你的幸福……。
這就是武藏野嗎!!
我小時候，這裡還都是雜樹林。
現在只剩下山手的笹谷……。
不久那裡也快變成商業中心了吧！
請問一下，十三丁目十三番地在哪裡？
往右轉大約走三百公尺就是了。
從早上，這已是第四個來問路的人了!!
大家都問同樣的地點。
請問十三……、
丁目十三番地，往右轉啦!!
喂……。
又來了……。十三丁目十三番地，往右轉啦!!
還在玩尪仔標這種古早遊戲啊！
哇？老師!!

圖③。出自〈紅貓〉。

樹社，一九八四）。啊！這算是置入性行銷嗎？

手塚老師在一九五二年時，已經意識到東京武藏野的雜樹林和大自然逐漸消失的危機（圖④）。在〈紅貓〉中，有一個瘋狂的科學家為保護武藏野森林，想研究出讓動物狂暴的裝置，結果夢碎而死。當時手塚老師為了把這種鄉愁簡單明瞭傳達出來，因此得描繪出未來社會的輪廓。無論如何，那是一個高喊戰後重建，任誰都在為所謂「神武景氣」喧鬧歡欣的年代。最初我們看到的雜樹林，也就是正太發現小Q的樹林，成為最後的一瞥，不久後東京都內幾乎再也看不到了。

那麼，**孩子們玩尪仔標的泥土路、玩探險遊戲的荒地，又變成怎樣呢？**來看一下在一九五〇年代和六〇年代少年漫畫中登場的

請看吧！多麼美麗又寧靜的大自然啊！自古以來，地球就是像這般靜悄悄的，這才是原本的世界。
你們打算要破壞這般美麗的風景嗎？被塵霾、噪音所充斥的東京，連這一片最後剩下的淨土也即將消失了嗎？

圖④。出自〈紅貓〉。

圖⑤。出自《愛的旋律》。

荒地和空地的光景吧！好。下一張圖片，謝謝。

卡嚓—。

這是柘植義春老師在一九五五年發表的《愛的旋律》（愛の調べ）（圖⑤）。當時，老師只有十八歲。

這是雪子在母親過世後，從故鄉到東京來找父親，包袱被小扒手偷走後的沮喪場景。在此之前，出現「這附近一定是曾經被空襲過」的一句台詞，請大家仔細觀察這張圖。畫面上有彎曲裸露的水龍頭、未燒盡的木頭、傾圮的水泥塊。左前方有臨時搭建屋的白鐵皮屋頂，如果繼續往下看就會知道那是小扒手和臥病不起的母親所居住的地方。若是沒有親自深刻地體驗過戰火燒毀後滿目瘡痍的人，畫不出這般的光景。當然啦！那些聚集在租書店的小讀者，懂事以來理應也都見過同樣的光景。

雖然，荒地的產生有種種因素，我認為其中最大原因就是空襲屋舍被燒毀所致。重建工作尚未開始前，燒毀崩壞的屋舍被遺棄在蔓草中，成為包括小扒手和流浪兒在內的孩子們所占據的三不管地帶。

卡嚓——。

這是馬場登老師的《郵筒君》（ポストくん）的一個場景（圖⑥）。咦？怎麼好像布勒哲爾（Pieter Bruegel de Oude，約一五二五至一五六九）的繪畫般的遠拍呢？

《郵筒君》一書中，以街町上某處木材場為舞台，郵筒君、癩蛤蟆公等「雪伍德勇士」和黑麵包黨相互對抗，這不太像給孩子看的政治故事，比較像西班牙的市民戰爭。所謂雪伍德（Sherwood），就是俠盜羅賓漢棲居的雪伍德森林，不過我不知道一九五七年的讀者能夠接受的程度，到底如何呢？說不定在GHQ的文化政策或什麼當中，或出乎意料的是從連環畫劇或繪本中得知姓名吧！

現在看到的場景，就是明天將要爆發戰爭，全體雪伍德勇士在鷹派癩蛤蟆公的指揮下，正以木材場的木材建設一個堡壘。住宅區四周圍著木板牆，有大樹的荒地宛如孩子們的殖民地。若說雪伍德是一個富裕的國家，黑麵包黨就是一個貧窮的國家。因為沒有地方可以玩，所以虎視眈眈要進攻木材場，占為己有。

用石頭比較厲害啦！
不行，不行。不可以用石頭，炸彈只能用沙子……
對啦！我們不幹卑鄙的事。
完成了，完成了。真是堅固的要塞。
哇～太棒了，太棒了。
趕快把沙子搬過來，這是製造炸彈的原料。
用沙子來撒敵人的眼睛。
17

圖⑥。出自《郵筒君》。

然而，戰爭爆發的前一天，來了兩輛大卡車，毫不留情地將堡壘摧毀，把木材全部運走。雪伍德成為一塊什麼都沒有的空地，結果二大集團締結光榮的和平條約。

以現在的角度來思考，所謂「和平、民主主義」之類的話，任誰都天真地信以為真，不禁令人深深感覺這真是古老而美好時代的漫畫呀！孩子們的任何夢想、熱情，在大人卡車的所謂超越性之前，完全無能為力。而且他們對於這種無力感也只能採取束手無策的消極態度，令人感到有一種孤單感。

那麼，空地上又有些什麼呢？

有刺鐵絲網、鐵皮桶和涵管。

卡嚓——。

這和剛才一樣，是《原子小金剛》的場景（圖⑦）。荒地四周圍全部繞著有刺鐵絲網，相當醒目。後方則是怪獸時常喜歡來破壞的變電所。

卡嚓——。

接著是上田俊子老師的《小圓子》（ぽんこちゃん），兩個孩子透過有刺鐵絲網正在窺視荒地的場景（圖⑧）。

最近，為什麼都看不到這種有刺鐵絲網了？觀看收容所或越戰的紀錄片時，若沒看到有刺鐵絲網，總覺得整個氣氛就出不來。不過，現在幾乎都看不到了。現在連美軍基地也是架起高高的金屬網，以前都是圍著那種有刺的鐵絲網。總之，過去無論是荒地、私人農地，舉凡一切所謂界線的地方，都是圍著密密麻麻的有刺鐵絲網，東京的小孩子

圖⑦。出自《原子小金剛》。

圖⑧。出自《小圓子》。

總愛賭命越過有刺鐵絲網潛進荒地。對啦！當通訊員時的我，也曾被那可恨的鐵刺，狠狠刺進右手腕，至今傷痕還在。也許是因為太危險才會逐漸消失吧！或者是說因為整個日本變得富裕了，駐紮軍隊不再像以前得以有刺鐵絲網將土地圈起來，而是以水泥蓋起厚厚的高牆比較安全呢？無論原因為何，反正完全不見了。

當時的空地有所謂三位一體，和有刺鐵絲網並列的還有鐵皮桶和涵管。那麼，請放下一張圖片。

卡嚓—。

這是一九五九年，橫山光輝老師的《鐵人28號》（圖⑨）中，殺人狂和人造人，從人孔蓋越獄的一個場景。右方有二個被丟棄的捆紮形鐵皮桶。這是被市中心大樓群所圍繞的一片空地，不久後大概也會蓋起高樓大廈吧！反正現在還是空地嘛，姑且就把桶子擺在那裡吧！若是把對話框掀開，說不定還可以發現一、二個如草履蟲般的無用之物。

話說鐵皮桶，終究還是和美國駐軍有關嗎？可能是為運送物質或臭油所使用的用具吧！用完之後，隨手就丟棄在附近的空地。柘植義春老師的《老李一家人》（李さん一家，一九六七）中，就把它撿回家當洗澡桶（圖⑩）。

接下來，我們繼續來看涵管吧！

卡嚓—。

這是赤塚不二夫老師的《甜蜜小天使》（ひみつのアッコちゃん，一九六二至一九六五）中，勘吉和迷路的美國小女孩成為朋友的場景（圖

圖⑨。出自《鐵人28號》。

圖⑩。出自《老李一家人》。

⑪、⑫）。兩人所在的荒地，就有些或豎立、或翻倒在地的涵管，往下看還有池塘，周圍環繞著有刺鐵絲網。儼然是班長的厚子把女孩帶到派出所，勘吉在不知不覺中又把那女孩帶到他最愛去玩耍的地方，也就是那片荒地，對小女孩說出唯一會說的一句英語「I love you.」呵呵~加油啊！勘吉！所謂荒地，竟是小孩子可以如成人般表現的社會。這個孩子的個性像「小太」，長相總覺像「小松君」的弟弟，不一樣的地方只有嘴角那三撇。那三撇到底是什麼呢？因為是小孩子也不可能是鬍鬚啊！若說是皺紋又很怪啊！大概是吃了糖果黏才在嘴角的吧！算了。

卡嚓—。

這是益子勝己老師的《快球X君現身》（快球Xくんあらわる）的開頭（圖⑬）。原本連載於《少年Sunday》的第一年，所以應該是一九五九年的作品。看！有涵管。左邊可以瞥見的大約是櫻花樹的樹枝吧？這多半是住宅的工地現場。懦弱的蹦太郎偶然遇見宇宙人X君並成為好朋友，借用X君的超能力抓小偷、痛毆欺侮弱小的壞孩子等的模式，已經預告五年後登場的《小鬼Q太郎》。在此我們千萬不能忘記的就是兩人關鍵性相遇的荒地，而且還是夜深無人的荒地。周邊的空間啦！和外面的相遇啦！忍不住覺得好似人類學家們的議論在沸騰。荒地對小孩子而言，肯定是「令人愉快的祕密基地」。那也是可以實現少年超自然夢想的一個特權空間。

那麼再來談一下手塚治虫老師的《不可

圖⑪

圖⑫。出自《甜蜜小天使》。

思議的少年》，這本科幻漫畫是講述在地鐵工地現場迷路的少年，穿過牆壁走進四次元世界的故事。只有像工地現場那樣的空間，才可能完全沒有理應出現的建築物，所以當大地出現一個開口時，超自然力量就會噴出來，無論在歌舞伎還是少年漫畫都是一樣的道理。在這種場景中，肯定會出現二、三根並列的涵管，宛如拉麵上不可或缺的魚板。

卡嚓——。

是吧！很可愛吧！

這是剛才稍微看了一下，上田俊子老師的《小圓子》中的場景（圖⑭）。

左邊的女孩子就是小圓子。很大的涵管啊！既有傘、又穿著雨衣，為何在涵管內躲雨呢？那個阿姨的裝扮也很惹人注目。因為小忠忘記帶家庭作業，所以她趕緊要幫小忠送到學校去，撐著一把蛇目紋雨傘，腳踏木屐，身穿和服。

那些涵管，到底有何用途呢？一時能夠想到的就是下水道工程吧！當時日本的住宅大部份都是汲取式廁所，為更換成抽水馬桶，到處都在進行埋管工程。因此，空地、荒地，或是路邊到處都擺放著涵管。

東京的街頭，在一九六四年的奧林匹克運動會前後，有關鍵性的改變。不僅市營電車消失、高速公路出現了；更換為抽水馬桶自不待說，還有所謂「增加街燈運動」、「消除垃圾桶運動」等活動一個接一個出現，一下子夜晚的街頭變亮了，塗著黑焦油的垃圾桶變成合成樹脂的圓形桶。這應該就是中產

圖⑬。出自《快球X君現身》。

階級化（gentrification）。這麼說來，好像也有一個什麼「不要在外國人面前隨地小便運動」。喔！不！大概沒有吧！

對荒地而言，奧林匹克運動會自是不用說，日本經濟高度成長正是其大敵。地價高漲之下，不容浪費土地，小孩子遊玩的場所漸次消失，反倒是掩埋河川或運河所闢出的那種長形公園增多了。那是沒有遠見的空間強制管理。

如今再次閱讀赤塚不二夫老師的《小松君》，那真是令人非常感動的故事。麻煩圖片，謝謝。

卡嚓—。

這是大約一九六三左右所作的〈從桃子生出來的小太郎〉（モモからうまれたチビ太郎）的

圖⑭。出自《小圓子》。

故事(圖⑮、⑯)。基本上是因襲桃太郎的故事。有一天，小太郎如往常和村裡的小孩子來到荒地玩耍，來了二個拉著壓土機的魔鬼，逕自宣告這裡是拗林匹克運動會(取オリ和オニ之諧音)的用地，硬拗要大家立刻滾出去。抵死不從的小太郎，就像後來三里塚農民般斷然拒絕並且開始靜坐抗議，然後就被輾成像煎餅般扁平。之後，荒地上立起「禁止進入」的牌子，四周圍以有刺鐵絲網圍了一圈又一圈。憤怒的小太郎，前往請求桃太郎來消滅魔鬼。這和前面所引用的《郵筒君》相比較，實際抵抗的自覺更加明確。不過，僅僅經過六年而已，在《郵筒君》中，就算木材不見了，空地依然還在。相對於此，《小松君》中，空地的存在已經面臨危機，問題更加嚴重。這兩部漫畫之間到底發生什麼事呢？不說也知道，那就是一九六〇年的安保事件。

雖然，這和荒地沒有直接的關係，現在我們恭請那個無名時代的鬼太郎先生，在雷雨交加的深夜裡，從墓地的土中爬出來登場吧！

卡嚓——。

這是水木茂老師的《墓地鬼太郎系列2・我是新生》(ボクは新入生)中，鬼太郎父子兩人於一九六三年在新宿散步的場景(圖⑰)。

「因為奧林匹克運動會，所以很熱鬧吧！」

「是啊！看起來全國人民好像只為讓建築

圖⑮⑯。出自〈從桃子生出來的小太郎〉。

業和旅館業者得到好處才這麼熱烈。」

真不愧是成年人的想法。

進入七〇年代後，搞笑漫畫以荒地或路上為舞台的機會，慢慢減少了。

說起來，以前也有人是住在涵管內。矢代雅子老師在六〇年代結束時，在〈COM〉中發表的《尋找諾亞》中，有一個住在荒地上所堆放的涵管內的奇怪中年男子。這是一部嚴肅的漫畫。這個人好像曾經殺過人，卻活在烏托邦的妄想世界裡。附近的小孩子跟他處得很好，很愛聽那個人講述諾亞方舟的故事，可是大人卻以變態者把他抓進收容所，最後的結局相當悲慘。所謂「諾亞方舟」，就某種意義而言，如同漫畫中的荒地，原本代表小孩子的自由樂園，轉身一變卻成為充滿不信賴和孤獨的不毛空間。夢想幻滅，完全被吞噬於無聊的日常生活和窠臼式的思考中。現實裡，荒地和空地從東京消失，小孩子漸漸轉到室內遊玩的過程和軌跡，不是與此如出一轍嗎？不久後，搞笑漫畫的舞台就脫離路上和空地，移到學校、公園、市內。譬如八〇年代初的柳澤公夫老師，在《飛翔的情侶》中，即使有街道樹和路石，卻完全看不到那種什麼都沒有的光禿禿地面。

不。這樣就死心，未免過早吧？請繼續下面的圖片。

卡嚓—。

哎呀！現在播放的不就是荒地嗎！而且三種神器中的涵管和鐵皮桶，好似不經意地又跑出來了，不是嗎？

玖保霧子老師的《憤世嫉俗・歇斯底里・時光》(シニカル・ヒステリー・アワー)(圖⑱)。這可是一九八五年的作品。到底怎麼一回事啊？真是困惑。連牆壁都是木板牆。現在的漫畫中，可以說是非常少有的現象吧！若說是古館伊知郎的風格，也太過偏激了。這應該是返祖現象。原本這部漫畫就是以「裝貧窮遊戲」為主題，只有這個場景是在荒地，其他都是在和八〇年代很相稱的公園或大廈內。猛然間，靈光一現，說不定這是一個意圖讓傳統搞笑漫畫重現的傢伙。下次碰到作者，直接詢問看看吧！

咦？時間快到了。其實，我還有其他的調查，譬如木頭垃圾桶、黃色小手旗、泥土道路、電視天線等。今天很可惜，只講到荒

圖⑰。出自《墓地鬼太郎系列2‧我是新生》。

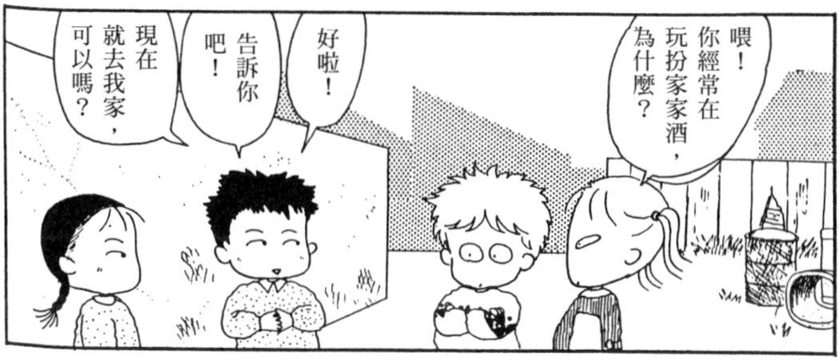

圖⑱。出自《憤世嫉俗・歇斯底里・時光》，©玖保霧子／白泉社／花和夢漫畫系列。

地就要結束了。某一個時代的漫畫中，無論有什麼小道具登場，是否就可以決定那個場所的同一性呢？這是至今不太受到注目的問題。路上觀察的底蘊真是很深奧啊！

那麼，今天我的幻燈片播放會就此結束。不知各位是否有任何問題？

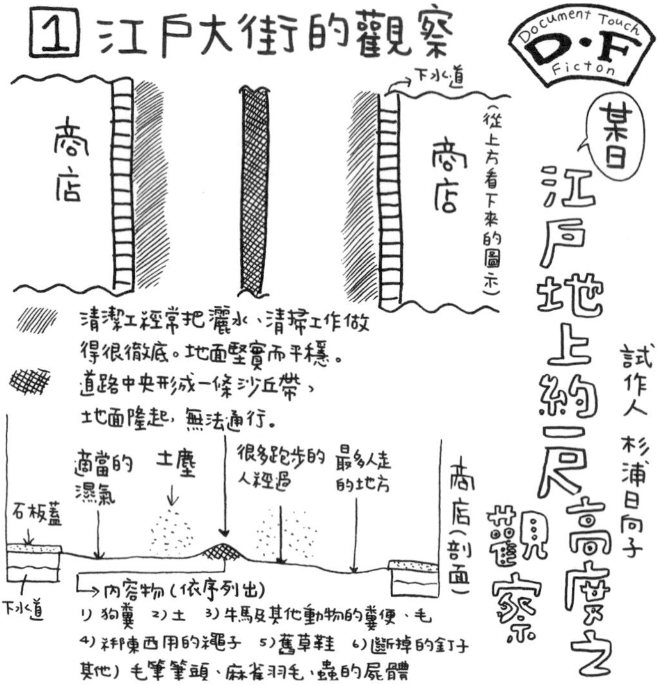

路上觀察，前往江戶。

決定以地上約一尺為目標，所以始終低頭向下走。

所幸這回沒踩到狗糞。

所謂「伊勢屋、稻荷神社有狗糞」，就是指江戶最多的三種事物。能不需特別注意腳底，隨意行走，只有在大街兩旁商店的屋簷下。

江戶人果真經驗老到，盡是靠邊走。偶然有那趕路的傢伙，跑也是在外側跑。

商家不斷叫小廝打掃店門口，土塵揚起，道路中央自然形成沙丘帶。只在官方

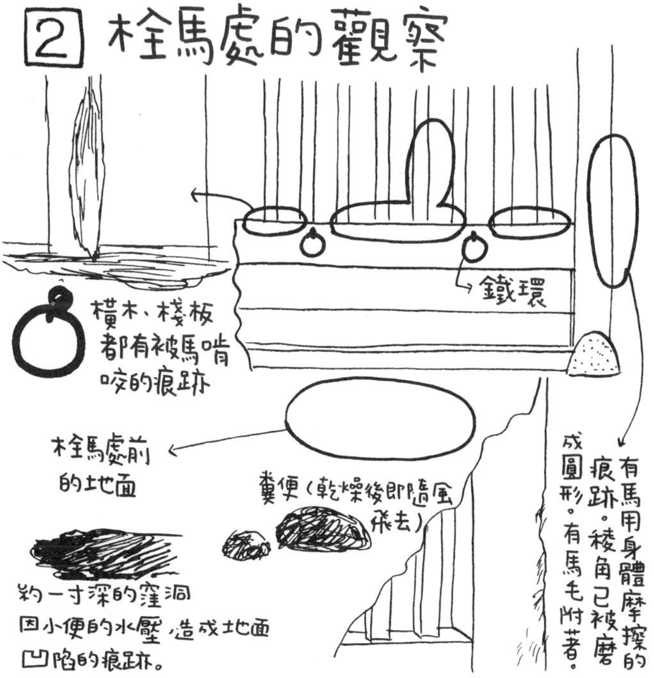
2 栓馬處的觀察
鐵環
橫木、棧板都有被馬啃咬的痕跡
栓馬處前的地面
糞便（乾燥後即隨風飛去）
約一寸深的窪洞 因小便的水壓造成地面凹陷的痕跡。
有馬用身體摩擦的痕跡。稜角已被磨成圓形。有馬毛附著。

舉辦活動時才會派人打掃。

觀察紙類批發商的拴馬處。

所謂栓馬處，就像收費停車場。韁繩綁在鐵環上。

栓馬處有一些特有的印記。橫木和棧板被啃咬得坑坑洞洞；方形柱子上，有馬匹摩擦身體的痕跡。柱子的稜角已被磨損，有很多馬毛附著在木頭裂縫中。

地面上有好幾處凹陷的窪洞。那是小便的痕跡。糞便都已被收拾乾淨，偶爾也會看見。

3 商店門檻的觀察

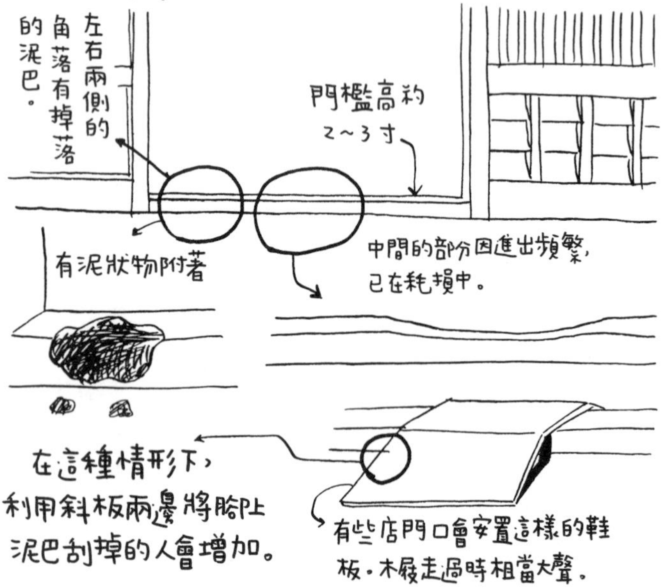
左右兩側的角落有掉落的泥巴。
門檻高約2～3寸
有泥狀物附著
中間的部分因進出頻繁，已在耗損中。
在這種情形下，利用斜板兩邊將腳上泥巴刮掉的人會增加。
有些店門口會安置這樣的鞋板。木屐走過時相當大聲。

觀察門檻。

不習慣時很容易踢到，
江戶的商店幾乎都有門檻。

大體上，中間部分因進出頻繁而磨損，嚴重時還會以板子來墊。有些店會將板子擺成山型，一方面防止踢到，另一方面也可以保護門檻。

無論哪一個門檻都可看見的印記，就是木屐上刮落的泥土。通常都是以稜角來刮落泥巴。雖然小廝認真清掃，新的泥巴立刻又會附著上去。

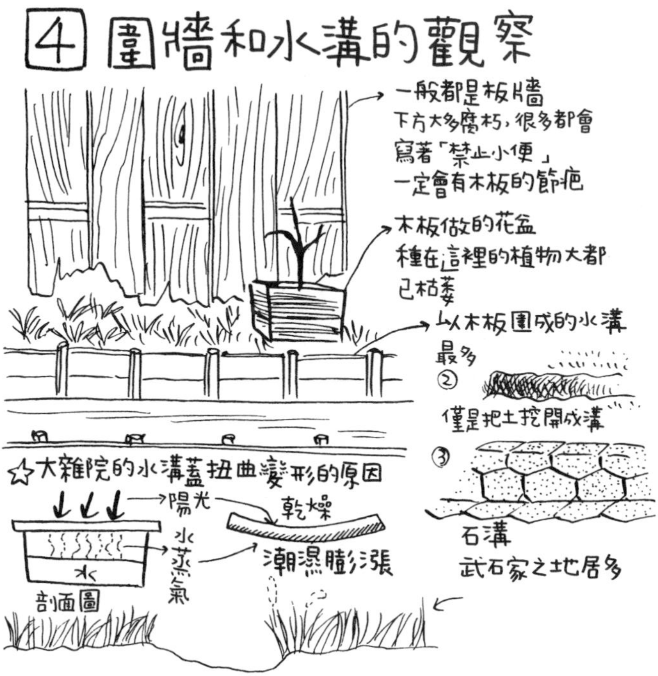

大部分圍牆都是簡單的板牆，單手輕易可推倒者居多。下方通常都已腐朽，顯得粗糙不堪。圍牆外側有水溝，是小孩玩耍的地方。經常看見有人沿著圍牆和水溝間狹窄的縫隙行走，所以也能看見一些行走的痕跡。

溝裡有藻類，還有灰色小魚兒、河蝦、蟲等。這些都是孩子們玩樂的目標吧！

雖然大雜院的水溝蓋為粗製濫造、製造噪音的代表，但只要每天記得翻面，應該就不會變形了吧！

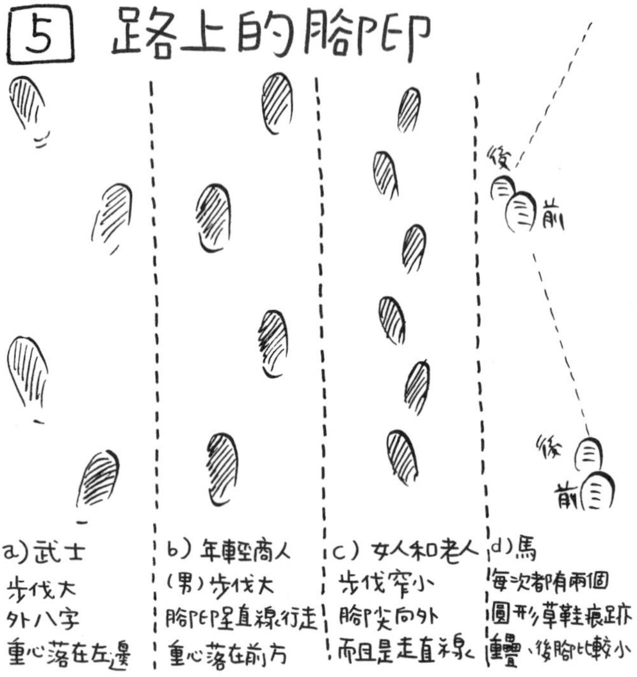

首先以掃帚把小巷清掃乾淨，以採集腳印。

武士的腳印被認定最具特徵。外八字。步伐寬大。聽說武士左側帶刀(約五公斤)，所以重心落在左邊，但光以腳印無法判定。實際上武士的左腳好像比較大，但是也沒人訂製左右尺寸不一樣大的草鞋。成年的男性商人步伐也很寬大，不過行走較筆直。老人和女人的步伐窄小。觀察七名女人的足跡，連一個內八字都沒有。老人有時有拐杖的痕跡。

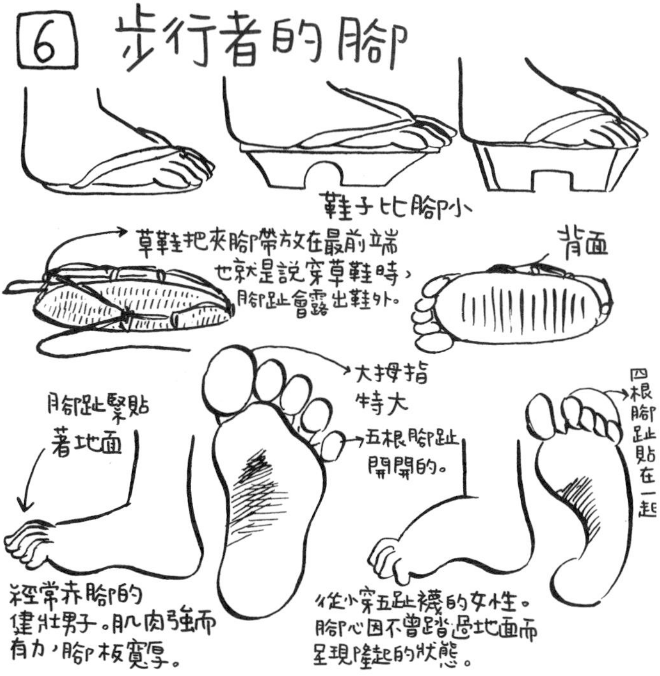
6 步行者的腳
鞋子比腳小
草鞋把夾腳帶放在最前端
也就是說穿草鞋時，
腳趾會露出鞋外。
背面
腳趾緊貼
著地面
大拇指
特大
五根腳趾
開開的。
四根腳趾貼在一起
經常赤腳的
健壯男子。肌肉強而
有力，腳板寬厚。
從小穿五趾襪的女性。
腳心因不曾踏過地面而
呈現隆起的狀態。

腳形也是各式各樣。武士幾乎都穿著二趾襪。商人則以赤腳壓倒性地居多。

赤腳行走於土塵多的道路，會使腳色黯沉，腳趾甲又夾著泥，看起來很骯髒。

有些得脫鞋子的地方，若必須洗腳，就會提供洗腳用溫水。

最具魅力就是街町飛腳的腳，有彈性、柔軟、腳底肌肉強勁，可說是腳中之王。相反地，經常穿著二趾襪的女性，大部分都腳心隆起內縮，近乎畸形。

譯註

1 當時美日簽訂新安保條約，日本社會黨試圖阻止自民黨代表進入眾議院；學生與工會組織也紛紛群起抗議。

2 偶發藝術(happening)，由表演者與觀眾共同創造，或以不同時間、地點的事件集合而成的環境藝術作品。

3 宮武外骨(一八六七至一九五五)，新聞記者，活躍於明治、昭和年間，同時也是新聞史暨世相風俗研究者。

4 美學校為一九六九年由當時現代思潮社總編輯川仁宏創辦，位於東京神田神保町，開設美術及藝術相關課程。

5 一九八一年，日本讀賣巨人隊以天價重金禮聘美國大聯盟選手Gary Thomasson遞補退休的王貞治，但他卻屢屢遭到三振，表現遠遠不符期待，被媒體謔稱為「活體電風扇」或諧音「湯馬損」等；所以路上觀察學將「湯馬森」作為「不具實際用途的建築物」的代名詞。

6 《ファディッシュ考現学》，是田中康夫當年為各週刊撰寫的社會評論，集結成書，題材包括飯店、車子、用餐、女學生等。

7 阿部定為日本名噪一時的社會事件女主角，大島渚並根據真人真事改編為電影《感官世界》。

8 此處所說的「兒童的科學」是指《兒童的科學》(子供の科学)雜誌，由誠文堂新光社出版，創刊於一九二三年。

9 淺田彰，日本思想家、評論家，著作包括《構造與力》等書，曾對教育問題提出多項建議。

10 伊藤若冲(一七一六至一八〇〇)，江戶中期重要畫家，主要以動植物為題材，作品包括三十幅《動植彩繪》等。

11 川原慶賀(一七八六至一八六〇)，江戶後期的長崎畫家，在日本畫中融入西洋技法，作品除了描繪精細的動植物圖，還有肖像畫、日本各地的風景畫。

12 渡辺華山(一七九三至一八四一),幕府末期藩士、畫家,作品包括描繪江戶時期各社會階級生活的《一掃百態圖》等。曾受中國文人畫影響。

13 葛飾北斎(一七六〇至一八四九),江戶後期浮世繪畫家,以《富嶽三十六景》、《北斎漫畫》聞名,畫風受歐美人士喜愛。作品超過三萬幅。

14 平賀源內(一七二八至一七八〇),江戶中期的學者、醫生、畫家、發明家。曾赴長崎學習荷蘭文、醫學、油畫等,作品多半是西洋人物畫。

15 秋津洲瑞穗為日本的古稱。

16 日本推理小說家江戶川亂步筆下的怪盜,擅長變裝,下手目標鎖定在寶石、藝術品等收藏。

17 「野次馬」意為好事者、愛看熱鬧之人。

18 白南準(Nam June Paik),韓裔美籍藝術家。一九六三年,白南準首次將黑白電視機作為藝術素材,開了影像藝術之先河。

19 意指原理簡單,但要有第一個成功例子很難。

20 田辺茂一(一九〇五至一九八一),紀伊國屋書店創辦人。

21 刀根康尚,日本前衛藝術家、音樂家,一九三五年生於東京。一九六〇年代參與多項前衛藝術活動,曾與Hi-Red Center合作。一九七二年赴美發展。

22 瀧口修造(一九〇三至一九七九),近代日本美術評論家、畫家、詩人。一九三〇年翻譯安德烈・布列東的《超現實主義宣言》,將超現實主義引進日本。

23 花輪是姓氏,但字義是花圈,所以會讓人聯想到喪事。

24 柘植義春,漫畫家,一九三七年生於東京。畫風陰暗,有許多描繪人性黑暗反差的超現實魔幻作品。代表作有《ねじ式》、《紅い花》、《無能の人》等。

25 東京的中央二十三區通稱「都區」或「都心」,多摩地區通稱「都下」。

作者介紹

赤瀨川原平

一九三七年出生於橫濱。畫家、作家（筆名為尾辻克彥）。六〇年代參加創作團體「Hi-Red Center」，以前衛藝術家活躍藝壇，七〇年代大力投入〈櫻畫報〉等插畫工作。一九八一年，作品《父親消失》（文藝春秋）一書獲芥川賞。從七〇年代起，於美學校教授「繪畫・文字」、「考現學」。主要著作有《櫻畫報大全》（青林堂）、《超藝術THOMASSON》、《外骨這個人曾經存在過！》（以上為筑摩文庫）、《想有一台照相機》、《東京路上探險隊》（以上為新潮社）、《名畫讀本》（光文社）、《來歷不明》（東京書籍）等。

藤森照信

一九四六年出生於長野縣茅野。建築史家。東京大學生產技術研究所助教授。孜孜不倦於近代建築文獻之研究，七四年起和研究室同僚堀勇良開始進行東京都內近代建築之實地調查，隨後又有其他成員加入，以所謂「東京建築偵探團」名義出版《近代建築指南「關東篇」》（鹿島出版會）。主要著作有《明治的東京計畫》（岩波書店，獲每日出版文化獎）、《建築偵探的冒險「東京篇」》（筑摩文庫）、《日本近代建築（上）、（下）》（岩波新書）等。

南 伸坊

一九四七年出生於東京。插畫家。美學校「美術演習課程」（由赤瀨川原平等人擔任講師）修畢。擔任七年的漫畫雜誌〈GARO〉編輯後，以插圖搭配隨筆活躍於藝文界。主要著作有《門外漢的美術館》（情報中心出版局）、《招貼考現學》、《好笑的科學》、《好笑的照片》（以上為筑摩文庫）等。

荒俣 宏

一九四七年出生於東京。奇幻文學、神祕學、博物學研究專家。慶應義塾大學法學部畢業。學生時代即著手翻譯奇幻文學，不久將觸角擴及神祕學和博物學，其知識之豐富宛如百科全書。主要著作有《大博物學時代》、《理科系的文學誌》（以上為工作舍）、《圖鑑的博物學》（LIBOROPOTO）、《99萬年的睿智》（平河出版社）、《偏執狂創造史》、《眼球和大腦的大冒險》（以上為筑摩文庫）、《帝都物語》（角川書店）、《大東亞科學綺譚》（筑摩書房）等。

林 丈二

一九四七年出生於東京。設計師。武藏野美術大學設計科畢業。從小學時代開始就是一個調查狂，舉凡人孔蓋、空心磚圖案的調查，東京都內各車站剪票器票屑、旅行時挾在鞋底小石子的收集，無論多麼瑣碎之物也都抱持探究之心，仔細歸納成資料。主要著作有《人孔蓋「日本篇」》、《人孔蓋「歐洲篇」》（以上為科學人社）、《有如在街町轉動的眼球》（筑摩書房）、《走在義大利……》、《走在法國……》（以上為廣濟堂出版）等。

一木　努

一九四九年出生於茨城縣下館市。牙科醫師。東京齒科大學畢業。高中時碰到下館菓子工廠的磚頭煙囪解體，從那時開始撿拾碎片，二十年之間收集了約有四百多處各式各樣建築物的殘磚斷瓦，共計一千多件。一九八五年十二月起在東京（一九八六年六月起在大阪），舉辦「建築物的紀念品——一木努收藏展」。喜愛騎腳踏車，學生時代曾經從北海道騎到沖繩。

堀　勇良

一九四九年出生於東京。建築史家。橫濱開港資料館館員。京都大學工學部建築學科畢業後，轉往東京大學生產技術研究所村松研究室研究近代建築史。與同僚藤森照信等人組成「東京建築偵探團」。主要論文有《日本鋼筋水泥建築物成立過程的構造技術史之研究》。主要著作有《日本的建築（明治大正昭和）日本的現代主義》（三省堂）等。曾在橫濱開港資料館策畫「日本的紅磚展」等。

田中千尋

一九五〇年出生於東京。美學校「繪畫・文字工房」課程修畢。編輯、「THOMASSON觀測中心」會員。經鈴木剛之刺激，開竅而成為超藝術觀測家。為「筍狀愛宕物件」、「阿部定電線桿」、「三層步道」等名作物件最早發現者。另外還擔任擁有赤瀨川原平、南伸坊、渡邊和博等會員的學術團體「皇家天文同好會」會長。

四方田犬彥

一九五三年出生於兵庫縣。東京大學人文系大學院博士課程修畢。專攻比較文化、影像論。曾任首爾建國大學客座教授，現為明治學院大學助教授。主要著作有《閱讀之靈魂》（筑摩書房）、《月島物語》（集英社）等。

飯村昭彥

一九五四年出生於東京。桑澤設計研究所寫真科畢業。攝影師。爬上光靠近都讓人感到畏懼的「谷町煙囪」的頂上，拍攝恐怖的大俯瞰照片，而成為世界煙囪攝影師第一人。這種連鬼神都不忌憚的魯莽行為，使得超藝術研究的氣勢立時衝高。「THOMASSON觀測中心」光學記錄班班長。

鈴木　剛

一九五七年生於東京。美學校「考現學工房」課程修畢。雜誌書籍校正者。改變被認為是腳踏實地追求真理的觀測態度，在「THOMASSON觀測中心」成立時擔任首任會長。日常行動皆以徒步為主，其信念為徒步二、三小時可到達之距離，走路前往是理所當然之事。

杉浦日向子

一九五八年出生於東京。漫畫家。日本大學藝術學部美術科肄業。跟隨稻垣史生學習時代考證方法，八〇年以〈通言室乃梅〉（〈GARO〉）初登漫畫界，以描繪江戶、特別是以遊廓吉原為舞臺之作品為主。一九八四年以《合葬》（青林堂、筑摩文庫）榮獲日本漫畫協會賞優秀獎。主要著作還有《朱鷺》、《沒醉》、《東京的伊甸》（以上為筑摩文庫）、《百日紅》（實業之日本社）、《歡迎來江戶》、《大江戶觀光》、《YASUZI東京》（筑摩書房）、《百物語

（壹）到（參）》（新潮社）等。

森　伸之

一九六一年出生於東京。八四年美學校「考現學工房」課程修畢。約在八〇年，與中學時代的友人間島英之、三島成久開始觀察、收集高中女生制服（＝海軍領制服），八五年將其成果集結成《東京高中女生制服圖鑑》（弓立社）一書，引發話題。此外還有《教會學校圖鑑》（扶桑社）。

松田哲夫

一九四七年出生於東京。筑摩書房編輯部。路上觀察學會事務局長。

國家圖書館出版品預行編目(CIP)資料

路上觀察學入門／赤瀬川原平、藤森照信、南伸坊　編；嚴可婷，黃碧君，林皎碧譯.
-- 初版. -- 臺北市：行人文化實驗室，2014. 05
352面；12.8 x 19公分
譯自：路上観察学入門
ISBN 978-986-90287-3-8(平裝)

1.都市 2.社會調查 3.日本

545.1931　　103006246

路上觀察學入門　路上観察学入門

編者　赤瀬川原平、藤森照信、南伸坊
譯者　嚴可婷（第一、二部）、黃碧君（第三部一-五篇）
林皎碧（第三部六-八篇、第四部、作者介紹）
李建銓（第五十二、八十八、八十九、一〇二-一〇七、一二三頁圖文）

總編輯　周易正
責任編輯　孫德齡
封面設計　王小美
版型設計　黃瑪琍
手寫字　小鳥茵
企劃　沈小西
行銷業務　林佩儀、鄭湘榆
排版　Bear工作室
印刷　崎威彩藝
定價　三八〇元
出版日期　二〇二二年十二月四版六刷
ISBN　978-986-90287-3-8
出版者　行人文化實驗室（行人股份有限公司）
發行人　廖美立
地址　10049台北市中正區南昌路一段四十九號二樓
電話　（〇二）三七六五-二六五五
傳真　（〇二）三七六五-二六六〇
網址　http://flaneur.tw
總經銷　大和書報圖書股份有限公司
電話　（〇二）八九九〇-二五八八

ROJOU KANSATSU GAKU NYUMON
by AKASEGAWA Genpei, FUJIMORI Terunobu, MINAMI Shimbo

Originally published in Japan by CHIKUMASHOBO LTD., Tokyo.
Chinese (in complex character only) translation rights arranged with
CHIKUMASHOBO LTD., Japan
through THE SAKAI AGENCY and BARDON-CHINESE MEDIA AGENCY.